차 인문학 이야기

국제차문화 · 산업연구총서 제6호

차 인문학 이야기

2019년 08월 12일 초판 1쇄 발행

글쓴이   정병만

펴낸이   권혁재

편 집   조혜진

제 작   동양인쇄주식회사
펴낸곳   학연문화사
등 록   1988년 2월 26일 제2-501호
주 소   서울시 금천구 가산디지털1로 168 우림라이온스밸리 B동 712호

전 화   02-2026-0541
팩 스   02-2026-0547
E-mail   hak7891@chol.com

책값은 뒷표지에 있습니다.
잘못된 책은 바꾸어 드립니다.

ISBN 978-89-5508-400-9 93910

차 인문학 이야기

정병만 지음

학연문화사

발 간 사

　목포대학교에서는 2003년부터 '동서양의 차문화'라는 교양과목을 개설하여 학생들로부터 큰 호응을 받았다. 여기에 힘입어 2004년에는 국립대학교 최초로 일반대학원에 국제차문화과학협동과정 석사반을 개설했고, 2011년에는 박사반까지 개설했다. 차에 관한 연구분야가 넓기 때문에 석사반과 박사반 모두 문과와 이과 투트랙으로 운영하고 있다. 차문화는 물론 차산업 전반에 대한 심도 있는 교육을 통해서 국제적으로 인정받을 수 있는 전문가를 육성하기 위해 매진하고 있다.

　이를 바탕으로 2004년에 개소한 국제차문화연구소가 2012년에는 목포대학교 국제차문화·산업연구소로 정식 개소하게 되었다. 국제차문화·산업연구소는 한국은 물론 세계 차문화의 원형발굴과 이를 활용한 관련 산업과의 융·복합을 기반으로 차의 6차산업화를 최종목표로 하는 세계 유수의 연구기관이다.

　본 연구소에는 다양한 전공의 교수급 20여명과 박사급 연구교수 및 전문연구원 30여명 등 국내 최고수준의 연구진이 포진하고 있으며, 주로 차 관련 연구사업과 세계 차문화·산업계와의 학술교류에 집중하고 있다. 2017년 7월에는 중국 제2의 차산지인 귀주성(貴州省) 메이탄(湄潭)에 있는 天下第一壺中華茶文化博覽院에서 목포대학교 국제차문화·산업연구소의 박사연구기지 현판식이 성대하게 열리기도 했다.

　국제차문화·산업연구총서의 발간은 연구소 구성원들의 연구의욕을 고취시키는 것은 물론 구성원들의 연구성과를 사회에 환원하자는 취지에서 기획된 사업이다. 연구소 역점사업의 하나로 진행되는 총서발간이 연구원들의 연구력 제고에 기여함은 물론 국제차문화·산업계의 발전에도 일정부분 기여할 수 있기를 바란다.

　기쁘게도 국제차문화·산업연구총서 제3호로 발간된 장효은 전임연구원의『한국 전통 발효차의 생산방식과 소비형태』가 '2017년 세종도서 우수학술도서'로 선정되었다. 또한 제5호로 발간된 조석현 선생의『보성 차밭밑엔 특별한 차문화가 있다』도 '2019년 세종도서 우수학술도서'로 신청되어 선정을 기다리고 있다.

　오랜 공직생활을 마치고 한국차학회 상임이사와 월간『차의 세계』편집위원으로 활동하신 會津 丁炳萬 선생님께서 이번에 국제차문화·산업연구총서 제6호로『차 인문학 이야기』를 상재하셨다. 세계 차문화의 변천과정에서 발생했던 중요하고 유익한 스토리를 4부로 나누어 총 42개의 에세이로 엮었다. 편편마다 차문화의 대중화를 염원해온 저자의 남다른 열정이 돋보인다. 노구를 이끌고 신간

도서를 구입하기 위해 홀로 일본을 다녀올 정도로 학문에 대한 열정 또한 대단하다. 특히 비교차문화에 대한 연구의 필요성을 절감해 국내 최초로 2014년에 동서비교차문화연구회를 창립하고 초대 회장을 역임하기도 했다. 노익장을 과시해 후학들에게 모범을 보여주신 會津 선생님께 힘찬 축하의 박수와 함께 감사의 마음을 전한다.

끝으로 출판계의 어려운 여건을 무릅쓰고 총서 제6호의 발간을 흔쾌히 허락해주신 학연문화사의 권혁재 대표님께 거듭 감사드린다. 한국출판협동조합 이사장으로도 활동하시는 권혁재 대표님은 차문화와 차산업의 발전을 위해 고맙게도 2014년부터 매년 한 권 씩의 총서를 펴내고 있다. 학연문화사와 한국출판협동조합의 무궁한 발전을 기원한다!

2019년 6월

목포대학교 국제차문화 · 산업연구소장 笑庵 趙紀貞 삼가 적음

머리말

　차문화는 이제 차인만의 전유물이 아닌 현대에 사는 사람 누구나가 누리는 일상적인 문화생활의 영역이 된지도 이미 오래된 이야기가 되었다. 이러한 현실을 감안하여 차를 공부하는 사람이나 그렇지 않은 많은 사람들이 차문화를 보다 바르게 이해하고 더 흥미롭게 즐길 수 있도록 도움을 주고자 세계 차문화의 변천 과정에서 일어났던 중요한 사건이나 이야기들을 가려 만들었다.

　전체를 4개부로 구분하고 42개의 에세이로 구성하였다. 1부는 우리 차문화를 돌아보는 지면으로 할애하였다. 우리 차 역사에서 가장 오랜 이력을 간직한 청태전 이야기가 있다. 일제에 의해서 군수용으로 징발될 뻔했던 청태전 그러나 그런 악연으로 우리 옛 차가 제 모습을 찾게 되고 간략하나마 우리 차 역사를 종합적으로 정리한 『조선의 차와 선』이라는 소중한 결과물이 생겨났다는 아이러니한 이야기를 비롯하여 다성 초의 선사가 출가했던 운홍사의 현재와 우리 차문화의 현주소를 가늠해 보는 우리 차문화의 단면 등 11개의 항목으로 되어 있다.

　2부는 중국과 일본의 차문화를 돌아보았다. 한낱 희문戲文에 불과한 노예계약문서인 『동약僮約』이 차문화 사상 세계 최고의 고전으로 군림하게 된 이야기와 차시의 백미라고 할 수 있는 노동의 『칠완다가七椀茶歌』를 실었다. 일본 막부의 무인시대가 문을 닫고 메이지 시대가 열리면서 무인 조직이 해체되면서 쇼군의 경호 책임자인 무사가 오갈 데 없는 부하들을 거느리고 맨손으로 쓸모없던 황무지를 개간하여 세계에서도 명성이 높은 마키노하라 대다원을 조성하는 데 성공하는 인간 드라마가 있다. 또한 남송 사람으로 그 성품이 호방하기로 이름난 시인 육유가 유교사회의 매서운 눈을 피해 가면서 사랑하는 여인 당완唐婉을 잊지 못해 지난날 사랑을 나누던 심원을 찾아 노래한 채두봉釵頭鳳 벽시壁詩의 사연을 담은 이야기 등 11개의 글을 실었다.

3부는 서양 차 이야기로 미합중국 독립의 불꽃을 피운 보스턴 티파티를 비롯하여 차 운반선tea clipper 커티삭호의 저주스러운 운명 그리고 영국 노예 해방운동에 뛰어든 도자기 제조업자 조시아 웨지우드의 노예메달slave medallion, 세계사에 부도덕한 전쟁의 대명사가 된 악명 높은 아편전쟁과 그에 따른 흠차대신 임칙서의 비화 등 모두 11개의 글을 담았다.

4부는 차문화의 만남과 교류 편으로 불후의 명작인 육우의『다경茶經』과 유커스의『차의 모든 것All About Tea』의 문화적 의미와 말차의 쇠락 등 9가지 이야기들을 소개하고 있다.

역사는 차를 "생명의 액체vital fluids"라고 말해 왔다. 먼 옛날 오염된 물을 대신해서 인간을 세균의 위험으로부터 지켜주었고 이성理性을 깨우쳐 주기도 하고 종교행사의 필수품으로 또는 사람의 탄생으로부터 죽음에 이르기까지 축복과 애도와 환희와 갈채 그리고 절망과 회생의 매체가 되어 온 차는 문화환경의 빠른 변화로 하루가 다르게 바뀌고 있다. 그런 상황에서 가장 먼저 직면하는 장벽은 편이성便易性의 문화이다.

간단히, 빨리, 편하게라고 하는 새로운 생활시류生活時流는 우리 전통문화뿐 만이 아니라 차문화의 모든 영역에 걸쳐 거센 파도처럼 밀려오고 있다.

시대적인 하나의 트렌드이거니 생각하고 자위하고 그저 넘기기에는 너무나도 벅차다.

그러면 이처럼 간단히, 빨리, 편하게의 근간이 되는 흐름의 핵심요소는 과연 무엇일까. 거기에는 바로 빨리라고 하는 속도지향速度指向의 정신이 깔려있어서 과거지향성過去指向性이 강한 우리 차문화의 힘으로는 그 바람을 막거나 완급을 조절하거나 거부하기에 벅차기만 하다.

그래서 어제의 사고思考로 오늘의 새로운 문화를 받아들이기에는 너무나도 힘겨운 것이다.

　　아주 가까운 우리 생활 주변에서 비근한 예를 찾아 볼 수 있다. 잘 정돈되고 한거閑居로웠던 차실문화는 실종된 지도 이미 오래되었다. 차실이나 정자 아래서 손님을 맞이하고 담소하는 정경은 이제 좀처럼 찾아보기 힘들어졌다. 어느 드라마에서나 나옴직한 동화 속의 이야기로 묻혀 버린 것이다.

　　길가에 놓인 벤치에서, 공원의 잔디밭에서, 극장 로비에서, 소란스러운 공항터미널에서, 심지어 걸어가면서도 차를 마신다. 다시 말하면 과거와 같은 차실의 벽은 흔적 없이 사라지고 모든 공간이 차실을 대신해 주는 것이다. 또한 차를 마시는 자세도 앉아서 마시는 좌식에서 입식으로 바뀌고 있다. 음차飮茶의 변화 유형을 대별해 보자. 고형차류에서 산차나 가루차로 또한 산차나 파쇄차를 섬유나 종이봉투에 담아서 만든 티백으로 그런가 하면 차 추출액을 아예 공장에서 추출하여 병이나 팩에 담아 두었다가 필요에 따라서 언제 어디서나 들어 마실 수 있는 드링크나 아니면 아예 알약처럼 작은 환을 만들어 넣고 다니면서 마시는 티필tea pill과 같은 즉석음료RTD로 변신을 거듭하고 있다.

이 변천과정에서 편이성 때문에 나타난 티백을 두고 메어와 호 Victor H. Mair & Erling Hoh는 『차의 역사The True History of Tea』에서 "티백은 세계의 차 흐름을 바꾼 또 하나의 20세기 발명품"이라고 추켜세운다. 번잡한 절차가 줄어들고 티백 안의 찻잎은 산차이거나 파쇄된 차이기 때문에 짧은 시간에 우러난다. 또한 마시고 나면 마무리가 간편하다. 봉지째 휴지통에 버리기만 하면 모든 것이 끝나는 것이다. 이와 같이 티백은 시작으로부터 끝내기까지 절차가 간단하면서 시간적으로 빨리 마실 수 있다는 이른바 탁월한 편이성으로 새로운 문화로 정착한 것이다.

국제차업위원회ITC의 발표에 의하면 2017년도 세계 차 총생산량은 5,811,631톤으로 그 중에서 약 80%는 티백용으로 사용되었다고 한다. 편이성의 위력을 실증적으로 말한다. 그 밖에도 이와 같은 예는 많다. 찻그릇의 경우도 딱딱하고 파손의 불안감이 도사리는 도자기류가 아닌 캔이나 페트병으로 바뀌고 차 품질에 있어서도 값나가는 이른바 고급차에 연연하지 않는다. 건강지향적인 차와 쾌적한 차를 택하는 것이다.

몇 가지 예에 지나지 않지만 이상과 같은 변화의 하나하나는 모두가 현실이다.

　이러한 현실은 우리 전통의 가치와 차문화를 필연적으로 훼손시킬 것이기 때문에 갈피 잡기 어려워진다.

　과연 이러한 엄청난 패러다임의 변화를 이겨낼 수 있을까. "현실적인 것은 이상적"인 것이라고 말한 어느 철학자의 말이 생각나는 대목이다. 그래서 일까, 우리 차문화의 전통을 보존하면서 현실을 받아 들이는 이해와 관용의 문화가 가장 현실적인 대안일 듯도 하다.

　이러한 시대적 상황에서 우리는 오늘도 차 한 잔의 여유를 만끽하며 산다. 변화하는 시류에 걸맞은 지혜를 다듬는다면 얼마나 멋있을까, 그건 바로 우리 것만이 아닌 글로벌한 차문화의 여러 장르를 이해하는 데서 출발한다.

　작지만 이 한 권의 책이 새로운 시류를 이해하고 교양을 높이는 밑거름이 되어 주기를 바라는 마음이다.

　끝으로 차문화 연구 총서 발간에 참여하도록 주선해 주신 목포대학교 조기정 교수님의 따뜻한 후의와 동 대학에서 박사과정을 이수 중인 바쁜 와중에도 원고정리를 도와준 변우일군에게 감사드린다.

그리고 언제나 따뜻하게 격려해 준 아내 장문자 혜명전통다례교육원장과 사위 남기범 서울시립대교수, 딸 정은희 박사, 며느리 이주현 박사에게도 감사의 마음을 여기에 남긴다.

2019년 초 여름

會津 丁炳萬

목 차

제4부, 차문화의 만남과 교류

제1부, 우리 차문화의 성찰

한글을 쓴 찻사발의 귀향

국립중앙박물관 2층 206호 기증문화재실에 들어서면 오른편 첫 번째 23번 진열대에 일본 사람으로 골동품 수집가인 후지이 다카아 키藤井孝昭 1913~1983의 유지에 따라 부인이 기증한 지름 13cm 높이 11cm 크기의 소담하게 생긴 말차 찻사발이 하나 놓여있다.

전체적으로 비파 색을 띠는 이 도자기는 일본 야마구치현 하기 山口縣 萩 지방에서 생산되는 하기도자기의 특징을 고스란히 담고 있다.

하기도자기는 일본에서는 첫째 라쿠一樂 둘째 하기二萩 셋째 가라츠三唐津라 하여 아주 귀히 여기는 도자기다. 임진왜란과 정유왜란 때 야마구치지방 번藩의 모리 데루모토毛利輝元 번주에 의해서 일본으로 잡혀간 조선인 도공 이작광李勺光과 이경李敬 형제가 하기 인근의 마츠모토松本지역에서 양질의 도토陶土를 발견

국립중앙박물관에 전시된 찻사발

하여 만들기 시작한 것으로, 2009년 국립중앙박물관에서 발행한 「기

증문화재 특별공개 도록』에서는 이 다완을 17~18세기경에 조선인 도공에 의해서 만들어진 것이라 하였다. 그동안 위탁 보관해 온 일본 교토국립박물관에서는 추철회시문다완萩鐵繪詩文茶碗 이라 불러왔다.

수집가 다카아키의 아버지는 젊어서 신분이 높은 사족士族 가문에 입양되어 본래의 성인 오쿠다奧田에서 후지이藤井幸太郎로 성을 바꾼 후 양아버지로부터 물려받은 재산으로 사업을 하였으나 번번이 실패하고 끝내 양아버지가 애지중지하던 골동품까지 팔아 가계를 꾸리는 처지가 되었다. 나이 어린 다카아키는 골동품 하나에 엄청난 돈이 오가는 광경을 자주 보면서 남다른 호기심과 골동품에 대한 애착을 갖게 되어 교토京都시내 여러 골동품가게에 출입하게 되었고 중학 졸업6년제 무렵에는 높은 감별력과 수집가로서의 소양을 갖추게 되면서 학비를 자력으로 조달할 수 있었다.

"부자가 되어야겠다" "부자가 되기 위해서는 골동품을 사 모아 팔아야겠다" "골동품을 모으기 위해서는 한국이나 중국을 가까이 해야겠다"는 생각으로 리츠메이칸대학立命館大學을 졸업하고 교직생활을 하게 되면서 월급을 타면 그 즉시 골동품을 사 모아 되파는 생활을 시작하였다.

돈이 모자라면 빚을 내기도 하고 심지어는 입고 있던 외투마저 벗어 전당포에 맡기는 일도 비일비재하였다. 그런 와중에 중일전쟁은 장기화되고 제2차 세계대전이 발발하여 다카아키 주변에서 징병으로 출정하는 사람들이 늘어나고 있었다. "미국의 공업력, 과학기술, 자원 등 일본과는 비교가 되지를 않는다. 이길 턱이 없어"라는 것이 그의 지론이었다. 일본이 패전할 것이라는 믿음이 확실했던 그는 군대에 가지 않기 위해서 외무성의 중국파견교원모집에 응모하여 대망의 중국에 가게 되었다. 중국에서 그는 희귀한 도자기, 서화류를 싼 값으로 많이 사들이게 되었다. 일본에 가지고 가면 큰 부자가 될 수 있다는 기대감으로 돈이 될 만한 것은 힘닿는 데까지 사 모았다.

한편 부인 후지이 야에藤井八重는 그의 아버지가 있던 우리나라 광주에 있는 종방전남공장鐘紡全南工場, 속칭 가네보 방직과, 같은 계열사인 중국 허베이 성 텐진공장天津과 스자좡石家莊에서 근무한 관계로 한국과 중국에서 여학교를 다니게 되었는데, 학교를 졸업하고 나서 직장생활을 잠시 한 후에 스자좡에서 다카아키를 만나 결혼을 하게 되었다.

그로부터 얼마 되지 않아 일본의 패전으로 귀국하게 되는데, "(귀환할 때는) 중국 물건은 한 점도 반출할 수 없으며 위반하는 자는 처형한다"는 엄령이 내려져 그동안 정성껏 모아두었던 수많은 골동품은 거래하던 골동품상에게 한 푼 받지 않고 오롯이 건네주었으나 그 가운데 3점만은 엄령에도 아랑곳하지 않고 트렁크 속에 몰래 감춰왔다. 골동품 수집가의 본성이었을까.

무서운 형벌을 마다하지 않고 감춰 가져온 건 도대체 무엇이었을까.

다카아키는 귀국 후 다시 교직생활을 하게 되면서 틈틈이 골동품을 감별해 주기도 하고 사고팔면서 점차 경제적인 안정과 여유를 찾게 되었다.

언젠가는 가마쿠라鎌倉시대에 만들어진 북일대광엄천황법화경요문화가회지北一代光嚴天皇法華經要文和歌懷紙를 10만엔에 구입하여 3000만엔에 되팔기도 한 일이 있었다는데 골동품에 집착하게 되는 이유를 알만도 하다. 실로 요술 같은 이야기이다.

합리주의자이자 반전주의자이기도한 다카아키는 중국에서 귀환할 때 몰래 숨겨온 3점의 골동품이 언제나 마음에 걸렸다. 그러던 어느 날 공산당원인 친지가 찾아와서 일본 공산당에서 병환으로 생명이 위독한 중국 공산당의 요인을 돕기 위해서 "항생제 사 보내기 운동"을 전개하고 있으니 협조해 달라는 권유를 받는다. 당시는 한국전쟁에 중공군이 개입하여 정세가 뒤숭숭하고 따라서 공산당에 대한 일본 경찰의 사찰이 심해지고 있을 때여서 여간 신경이 쓰였으나 절대 비밀을 보장한다는 언질을 받고나서야 승낙한다.

다카아키는 내심 3점의 중국 문화재를 가져 나온 죄책감으로부터 벗어나려는 생각에서 그 물건을 팔아 마련된 돈을 기부하기로 결심한 것이다. 속죄하려 한 것이다.

그 3점은 당나라 이전에 만들어진 세로 45cm 가로 25cm 크기의 실크 직물의 잔결殘缺이었다.

한참 뒷날 알게 된 일이지만 다카아키의 도움으로 목표액이 수월하게 모아 진 돈은 미군부대에서 흘러나온 항생제를 암시장에서 구입하여 중국에 보내져 폐결핵으로 사경을 헤매던 저우언라이周恩來 수상의 부인 덩잉차오鄧穎超 여사를 살려낼 수 있게 되었다고 한다.

일본 공산당 서기장이던 도쿠다규이치德田球一가 중국에 밀항하여 전달했었다고 한다.

교토의 골동품 상회에서 구입한 한글로 쓴 찻사발은 비록 수집의 동기나 방법은 다를지라도 3점의 잔결과 정신적으로 맥락을 같이하는 것이 아니었을까 한다.

간암으로 병마와 싸우는 와중에도 고향에 보내주도록 부인에게 부탁한 점은 실로 고마운 일이다. 부인 야에 또한 소녀시절 한국에서 보냈던 향수가 있어 쾌히 응한 것이리라.

비록 말 못하는 찻사발이지만 다카아키의 깊은 인간애에 감사했을 것이다.

한글을 쓴 『하기』 찻사발

2008년 7월, 하기도자기가 한국으로 기증된다는 사실이 알려지자 일본 현지 언론들은 일제히 "망향의 시를 한글로 쓴 하기다완, 400년 만에 한국으로" "고향에 돌아가고 싶다」는 하기 도자기, 400년 만에 한국으로"라는 표제로 대서특필하였고, "천국에 있는 도자기를 만든 도공이 제일 좋아할 것이다. 일본에서는 창고에 보관될 뿐이지만 한국에서는 뜻깊은 작품이라 생각되어 보내게 되었다"는 야에 부인의 인터뷰 기사를 곁들기도 하였다.

동시에 우리나라 일간지들은 "멀리서 개 짖는 소리가 들린다. 그리운 고향에 돌아가고 싶다"라는 글이 새겨진 찻사발이 온다고 소개되어 많은 사람들이 조선 도공의 한과 슬픔이 담긴 이 찻사발의 귀환을 반겼다.

개야 즈치
말라 밤살ᄋᆞᆷ
다 도듯가 ᄌᆞ
목지 호고려
님 지슘 팅
겨 ᄉᆞ라 그
개도 호고려
개로다
듯고 좀즘
ᄒᆞ노라

원문에 대하여 박물관은 다음과 같이 해독하고 있다.

개야 짓지 마라.
밤 사람이 모두 도둑인가?
ㅈ목지 호고려 님이
계신 곳에 다녀올 것이다.
그 개도 호고려의 개로다.
듣고 잠잠 하는구나.

다만 "ㅈ목지 호고려님"을 이해하는 데는 이견이 있다. ㅈ목지라는 ㅈ곳에 사는 호고려胡高麗 당시 조선사람 지칭 사람을 찾아간다는 말인지, 아니면 통상적으로 사람 이름 밑에 붙여 존경을 표시하는 "님"이 있는 점으로 보아 ㅈ목지라는 신분이 높은 호고려 사람에게 간다는 이야기인지는 명확치 않으나 이 글의 전체적인 맥락으로 보아 "그 개도 호고려 개로다. 듣고 잠잠하구나"의 부분에 글의 무게가 실려 있는 듯하다.

이 글을 두고 고향에 돌아가고 싶다는 망향의 시라고 보기에는 어렵다는 해석을 하는 사람도 있으나 망향의 간절함이 몸에 배어 있지 않고서야 어찌 "그 개도 호고려 개"여서 짖음을 멈춘다는 말이 나오겠는가,

머나먼 이국땅에 붙잡혀 와 오가지 못하는 아픔을 견뎌내며, 수많은 나날 눈물을 삼켜야했던 무명의 도공은, 아니 그 후예는 400년이 지난 오늘에야 고향에 돌아 온 것이다.

일본 도쿄에 있는 세키도미술관石洞美術館에도 같은 시대에 우리 도공이 쓴 또 하나의 찻사발이 놓여 있다. 높이 15cm 지름 17.5cm 백자상감문자문발白磁象嵌文字文鉢 이다. 하기 찻사발의 글씨가 상당히 세련되게 쓰인 것에 비하면 아주 서툰 솜씨에 산만하게 쓰여 있어

일본 도쿄 세키도미술관에 소장 중인 한글을 쓴 찻사발

무슨 말인지 알아 볼 수가 없다. 아니 일부러 일본 사람의 눈을 피해서 알아보지 못하도록 썼을 법도 하다. 그럼에도 유명 미술품과 함께 놓여있는 것은 슬픈 찻사발의 이력을 높이 평가하기 때문이리라.

역사의 숨결이 새겨진 찻사발을 보면서 우리에게 주는 무언의 메시지를 읽는다.

이름 모를 도공의 비애와 망향의 그리움이 한낱 문화적 호기심으로 비춰지지 않기를 바라는 마음이다.

운흥사, 차나무 그늘에서

　초의선사草衣禪師 1786~1866를 우리는 흔히 다성茶聖이라고도 부른다. 다성의 의미를 사전적으로 풀이하면 '먼 후세에 이르기까지 모든 사람의 추앙을 받는 지덕과 인품이 빼어난 다인茶人이자 스승'이라고 풀이할 수 있다.

　우리는 어찌 초의선사를 다성이라고 부르는 것일까?

　선사는 경장經藏, 율장律藏, 논장論藏의 삼장에 통달하고 시와 서화와 범패梵唄 같은 문학과 예술에도 남다른 소양이 깊었던 선승으로, 다산茶山 정약용丁若鏞, 추사秋史 김정희金正喜, 자하紫霞 신위申緯, 연천淵泉 홍석주洪奭周, 해거도인海居道人 홍현주洪顯周, 소치小痴 허유許維 등 수많은 당대 석학들과 교유하면서 지식과 인격을 쌓았을 뿐만 아니라, "차와 선이 별개의 둘이 아니고 시와 그림이 둘이 아니며 시와 선이 둘이 아니다."라는 제법불이諸法不二를 주창하였다.

　또한 종교적 기속羈束을 초월한 실학적 접근을 통하여 많은 사람을 깨우쳤고, 조선조의 불교 탄압 정책과 조정과 관청에 바치는 공차의 악폐 때문에 쇠퇴해 가던 차문화를 개탄했다. 이를 구제하기 위하여 명나라의 장원張源이 지은 『다록茶錄』 중 『만보전서萬寶全書』에 「채다론採茶論」으로 실렸던 부분을 초록 개명하여 『다신전茶神傳』을 펴내어 많은 사람이 오묘한 차의 선미禪味를 가까이할 수 있게 하고, 또한

초의 선사

우리 차의 우수성과 정체성을 『동다송東茶頌』을 통하여 밝힘으로써
민족 문화의 자긍심을 일깨우게 하였다. 이 책들은 오늘에 이르기까
지 우리 차문화의 고전이자 교본이 되고 있다.

이 밖에도 『일지암문집一枝庵文集』, 『일지암시고一枝庵詩稿』, 『선문
사변만어禪門四辯漫語』, 『진묵조사유적고震黙祖師遺蹟攷』, 『초의선사草
衣禪師』등은 귀중한 사료로 높이 평가받고 있다. 더욱이 불교를 멀리

하면서 승려를 여덟 천민 중 하나로 취급하고 왕사나 국사 제도가 폐지된 조선 시대에 헌종으로부터 대각등계보제존자초의대종사大覺登階普濟尊者草衣大宗師의 시호를 받은 사실만으로도 선사의 학덕과 지행이 얼마나 빼어나고 훌륭하였는가를 가늠하게 한다. 과연 다성으로 추앙받아 한 점 부족함이 없을 성인이다.

초의는 1786년 4월 5일 전남 무안군 삼향면에서 태어났다. 그의 성은 장張씨이고 이름은 의순意恂, 자는 중부中孚, 호는 초의이다. 초의의 가계에 대해서는 자세히 알려진 바가 없고 다만 조선 후기의 무신인 위당威堂 신헌申櫶이 해남우수영의 수사로 있을 때 초의와 돈독한 관계를 맺은 인연으로 초의 사후에 쓴 초의대종사탑비명草衣大宗師塔碑銘과 당대 시문에 밝았던 송파松坡 이희풍李喜豊의 초의선사탑명草衣禪師塔銘에 조금 언급되어 있을 뿐이다.

초의는 열다섯 살이 되던 1800년에 발심이 일어 불가에 들기를 맹세하고 출가하여 전남 나주시 다도면 덕룡산 아래 운흥사雲興寺에서 대덕大德 벽봉민성碧峰敏性스님에게 의지해 머리를 깎고 잿빛 가사를 입었다.

왜 하필이면 운흥사로 출가하게 되었을까? 요즘이야 교통이 발달하여 무안과 나주가 지척의 거리이지만, 당시에는 영산강의 여러 나루를 지나고 순탄치 않은 산길을 타야 하는 먼 길이었다. 그리고 무안에서 멀지 않은 해남군 삼산면 구림리에는 수많은 대종사大宗師와 대강사大講師를 배출한 대흥사大興寺가 있고, 장흥군 유치면 봉덕리에는 신라 구산선문九山禪門 중에서 제일 먼저 세워진 가지산파迦智山派의 중심 사찰인 보림사寶林寺가 있었음에도 운흥사를 택한 이유는 무엇이었을까?

한승원의 소설『초의』에 의하면, 초의의 고향에 역질이 만연하여 아버지와 어머니를 잃었는데 그 슬픔이 채 가시기도 전에 할아버지마저 감염되어 임종을 앞두고 있을 때, "운흥사雲興寺로 가거라. 벽봉스님이 너 오기를 기다리고 계실 것이다. 너와 그 스님하고는 전생의 연이 있는 것 같구나."라는 말을 남긴 데 연유하였다고 하였다. 벽봉스님은 할아버지와 동문수학한 벗이자 초의가 다섯 살 되던 해 강가에서 놀다가 익사할 뻔했을 때 마침 그곳을 지나가다 구출해 주고 장차 불가에 출가시키라는 말을 남기고 떠난 그 스님으로 실로 기이한 인연의 회우가 아닌가.

운흥사는 나주시의 남동부에 있으며 동으로는 화순읍 도암면을, 서로는 봉황면과 마주하고 남으로는 장흥군 유치면과 북으로는 남평읍과 각각 인접하고, 다도면 소재지로부터 남쪽으로 약 3.5km에 위치하고 있다. 『덕룡산운흥사사적德龍山雲興寺史跡』과 『운흥사진여문중창기雲興寺眞如門重創記』, 『도성암육창기道成庵六創記』에 의하면 신라 효공왕孝恭王, 897~912 대의 대승이자 풍수설의 대가인 도선국가道詵國師에 의해서 창건되어 처음에는 도성암道成庵으로, 16세기까지는 웅점사熊岾寺로, 다시 18세기 중반까지는 웅치사熊峙寺로 불리다가 웅熊자 아래에 불火을 상징하는 점 4개가 있어 화난이 있다 하여 18세기 후반에 와서 지금의 운흥사로 불리게 되었다. 30여 동의 당우와 20여 곳의 산내 암자를 거느릴 정도로 큰 사찰이었으나, 불운하게도 도선국사가 도성암 터에 초막을 짓고 처음 세워진 뒤로 여섯 차례의 복원과 중창 등의 불사에도 불구하고 조선 시대에 2회에 걸친 대화재로 일부 소실되고 6·25 전란에는 가람이 통째로 소실되면서 폐찰이 되고 말았다.

운흥사 해탈문 조금 못미처 중고개 마을 사람들 사이에 구전되어 내려오는 말에 의하면 조석으로 쌀 씻은 하얀 뜨물이 절 1km 남짓 아래에 있는 지석 굴까지 흘러 내려왔었다고도 하고, 운흥사로부터 얼마 되지 않는 곳에 신비의 천년 고찰 운주사雲住寺가 자리하였는가 하면, 일상적으로 절에 쓰이는 물건을 물물교환하던 장, 즉 승려들의 장이 섰다 하여 오늘까지도 중장터라는 지명이 쓰이고 있는 사실로 미루어 보아 수행자가 많았음을 가늠할 수 있다. 이 중장터는 말 그대로 승려들이 각자 자기 절에서 만든 생산품들을 가져와서 물물교환을 했던 곳이다. 여기에는 화엄사와 내장사, 불회사, 대흥사와 무위사 그리고 송광사와 선암사, 쌍계사 등 남도 지방의 선문禪門 대찰들의 중간에 있었던 지리적인 여건과 당국의 학대를 피하기에 알맞은 궁벽한 산골이라는 이점이 있었기에 장터가 형성될 수 있었다.

그렇기 때문에 이 중장터는 승려들의 휴식처이자 서로의 안위와 가슴앓이를 풀고, 세간의 이야기를 주고받던 통로가 되기도 하였으리라.

이러한 환경 속에서 사미승 생활을 하던 초의는 1804년 열아홉이 되던 해 영암 월출산에서 일락서산월출동日落西山月出東하는 모습에 개오開悟하여 대흥사 제9대 강사인 완호玩虎 윤우倫佑 큰스님의 문하에 들 때까지 약 5년의 짧은 기간이었지만 큰 절의 사미승이자 수행자로서 계행戒行을 지키느라 무척이나 고초가 많았을 것이다.

운흥사 골짜기에서 행자들과 함께 철 따라 야생 찻잎을 따고, 밤새워 덖고 찌고 말려 만들어 부처님에게 차를 올리고, 벽봉 스님의 차 시중을 들면서 차의 수행법과 차의 신묘한 맛과 향, 차가 우리 인간에게 주는 공덕에 대하여 많은 것을 느끼고 배웠을 것이다. 운흥사가 있는 암정리 사람들에 의하면, 옛날에 절 앞에 있는 고랑을 경계로 동으로 중고개, 벼락밭골, 성냥골, 불손재, 막대고랑과 서쪽으로 심방골, 동원암 골짜기에 야생 차밭이 널려 있었다는 것이다. 특히 대웅전과 가람이 집중되어 있던 성냥골 대밭에 밀식되어 있었다는 이야기를 한다.

운흥사에 야생차가 무성했었다는 데는 그럴 만한 연유가 있다. 운흥사와 가까이 있는 보림사에는 도의선사道義禪師가 821년 당나라에서 37년간 백장百丈 회해懷海로부터 배움을 얻어 귀국하면서 차씨를 가져와 심었다는 구전이 내려오고 있다. 보림사 내에 858년 건립된 보조체등선사普照體燈禪師의 탑비문에 헌안왕憲安王이 선사를 만나보고자 했을 때 차와 약을 보내어 맞이했었다고 새겨져 있는 기록으로 보아도 도의선사의 차씨 전래설은 개연성이 매우 높다.

근년에 와서는 보림사 주변에서 당나라 때와 같은 고형차인 전차錢茶, 일명 청태전가 만들어졌었다는 사실이 밝혀짐에 따라 학계에 비상한 관심을 모으고 있다.

이처럼 보림사와 운흥사는 지리적으로 아주 가까운 관계로 운흥사가 세워지면서 바로 사찰 일대에 차 씨앗이 뿌려졌을 것이다. 마을 주민에 의하면 운흥사 일대에 무성하게 자라던 차나무는 조선조의 공차貢茶와 일제의 공출供出을 피하려고 베어졌고, 남은 일부는 해방 후에 절 인근 주민들이 땔나무로 사용하여 뿌리째 뽑혀 없어지고 지금은 살아남은 약간의 나무와 후계목後繼木, 그리고 20여 년 전에 사찰에서 심은 차나무가 암정저수지를 지나서 맷밭 부근과 중고개, 벼락밭골, 성냥골, 동원암 골짜기에 약 4ha 정도만이 자라고 있다.

벼락밭골과 성냥골 일대를 샅샅이 답사하던 중에 오래된 차나무

몇 그루를 발견할 수 있었다. 우람한 바위 틈새에 뿌리를 틀어박은 채 몇 백 년의 풍설을 이겨 내며 살아남은 차나무임이 분명하다. 바위가 차나무의 보호막이 되어 준 것이다.

　아마도 초의 스님이 어버이를 잃고 야윈 몸으로 수행하던 사미승 시절의 손때 묻은 차나무, 그로부터 몇 해 지난 후 은사인 벽봉 스님의 병환을 돌보기 위해 잠시 머물면서 정성 다해 차 달여 올리던 그 차나무였으리라. 높이는 약 2.5m, 줄기는 20여 개, 줄기지름 3cm, 나무둘레 지금 3m의 타원형, 근경根莖은 지름 약 20cm로 줄기는 절단된 근경에서 새로 돋아난 흔적이 뚜렷하다. 초의 스님이 운홍사에서 처음 가사를 입었던 때로부터 약 200여 년이 지났다.

잘린 차나무에서 새 가지가 돋은 모습

차나무가 다른 나무류에 비하여 아주 느리게 자라는 소엽 저목성 관목임을 감안하더라도 그 당시 차를 만드는 데 쓰였던 나무임이 분명하리라는 생각이다. 나무의 나이 측정에는 여러 가지 과학적인 방법이 있으나 구전도 하나의 측정 방법임을 감안할 때 놀라운 발견이라고 생각한다. 사찰 주변에는 그와 유사하거나 외관상 그보다 더 장성한 나무들이 있었다.

이 소중한 나무들이 분별없는 사람들에 의해서 훼손되기 전에 보존책이 마련되었으면 한다. 아무런 역사적인 의미도, 문화적 가치도 없는 쇠잔한 나무를 마치 대단한 것처럼 포장하고 왜곡하는 현실 속에서 찾아낸 유산이 아닌가.

한때는 해남 대흥사의 큰 절이라고 불릴 만큼 가람의 규모가 웅장했던 운흥사는 수많은 법당과 암자를 거느릴 만큼 사세가 번창하였지만, 현재는 조계종 제18교구인 백양사의 말사로 법당만 복원하고 천수전과 요사채는 임시 건물을 지어 사용하고 있으며 관음전은 평범한 민가형 건물을 사용하는 불운에 처해 있다.

초의선사가 이 볼품없는 몰골을 보고 어떻게 생각할까. 우리 차 문화의 발전을 위하여 하루빨리 초의선사의 발자취가 복원되기를 기원한다.

선사가 운흥사를 떠난 지 21년이 지난 1824년 늦가을의 어느 날

운홍사 처마 밑에서 소나무 가지에 걸린 새벽달을 바라보며 남긴 시구를 옮기며 선승을 숭모한다.

소나무와 달

창밖에 너울거리는 소나무와	冉冉窓外松
아름답게 빛나는 솔 위 달이여	妍妍松上月
맑은 소리 어찌 저리 그윽하며	淸響一何幽
환한 빛 어찌 저리 맑을까	澄暉一何澈
정결함과 화사함이 서로 어우러지며	貞華兩相宜
운치와 절조 한 쌍 되어 절묘하다네	韻操雙奇絕
처음에는 애처롭게 비췻빛을 머금고서	始憐含疎翠
옥난간 책상 앞에 비추더니	榻在玉欄闌
나중엔 어여쁘게 싸늘한 가지에 걸려	終愛描寒柯
창문 너머 책 위를 비추네	踰幔侵書帙
교교한 달빛은 몸에 스미고	皎皎淸人髓
서늘한 바람이 뼛속까지 씻어 주네	颯颯涼沁骨
산모퉁이 도니 이미 어두워짐이 염려되어	轉山愁己陰
허공에 별 탈 없기를 빌어 보았구려	度空願無疾
비록 지나는 구름이 가리더라도	縱被橫雲掩
끝내 길이 이 밤 깨끗하소서	終能永夜潔

어찌해 밤은 아직 끝나지 않았는데	如何夜未闌
그 둥근 모습 깊은 산에 감추셨나	團團隱巉巖
쓸쓸하고 수척한 그림자 길게 늘어지니	蕭蕭瘦影長
멀리 이별한 듯 처량하구나	凄凄如遠別
처량하고 또 처량하여라	凄凄復凄凄
가까이 들으니 목메는 소리로다	近聽聲嗚咽
오랜 정만 깊어질 뿐	祗緣舊情深
끝내 인사말조차 못 나누었구나	終不便永訣
시간은 흘러가면 하늘은 맑게 개고	時來逢晴霽
하늘나라 뜬구름도 스러지리니	玉宇浮雲滅
서늘한 산속의 밤은 밝아 오고	耿耿山夜涼
유유히 맑은 모습 떠오르리라	悠悠昇淸質
옥 같은 이슬방울 맺혀서	瀼瀼玉露繁
둥근 네 모양을 말갛게 씻겨 주네	浮洗圓容出
고운 자태에 새로 단장을 더하면	文彩添新翠
광명은 여전히 가셔질 수 없으리	光明殊未缺
처마 끝에 찬 물결 일면	屋角生寒潮
계단에는 작은 돛단배가 새겨지리라	階面鏤輕檝
가을은 더욱 깊어가고	方秋固淡爽
여름보다 한결 청아하였네	在夏益淸越
찌는 듯한 고장에도 촛불처럼 비춰 준다면	照燭熱惱鄕

모든 괴로움 씻어 주겠지   盡使休煩暍

텅 비고 밝은 풍모 나와 같아서   虛明襟期合

영원토록 같은 곳에 벌여 있으리라 萬古同處列

학대받은 자의 승리

우리나라에서 차문화가 쇠퇴한 원인은 무엇이었을까? 구수한 숭늉이 차를 대신하고 담배나 술 등을 즐겨 했던 생활 습관 등 여러 가지 원인이 있겠으나, 보다 직접적인 원인은 유교를 숭상하고 불교를 배척하는 조선의 불교 억압 정책과 공차貢茶의 폐단이었을 것으로 보는 견해가 많다.

특히 조선 초기에서 중기에 이르는 사이 불교에 대한 탄압은 극심하기 이를 데 없었다. 태종이 들어서면서 궁중에 있는 불법 수호신인 인왕불仁王佛을 내원당內願堂, 왕실의 불도 수행을 위한 불당에 옮기고 궁중에서의 모든 불사를 폐지하였다. 또한 대부분의 사찰 전토田土에 부과된 조세를 군용금軍用金으로 사용하도록 하고, 절에 소속되어 있던 노비마저 각 기관에 나누어 분속시킴으로써 결과적으로는 사찰 토지가 감축되기도 하고 심지어는 몰수되기까지 하였다. 그에 더하여 태종은 전국에 242개의 사찰만 남기고 나머지는 모두 폐사시키고, 11개 종단을 7개 종단으로 축소하게 한다.

또한 세종도 즉위하자 전왕 때 미처 다하지 못한 훼불毀佛을 강행한다. 그중에서도 1424년에 단행한 종단 폐합은 불교 탄압의 대표적인 사건이라 할 만하다. 즉 조계종 · 천태종 · 천남종을 합쳐 선종禪宗으로 하고, 화엄종 · 자은종 · 중신종 · 시흥종을 합쳐서 교종敎宗으로 하는 양종파兩宗派로 축소시킴과 동시에 전국의 사찰을 36개소와 토지 7,950결, 승려 3,770명으로 한정시켜 버렸다. 축소로 생기는 사찰 토지와 노비는 모두 국가 소유로 귀속하였는가 하면, 성 밖 승려의 도성 출입을 금지하고 연소자의 출가를 금지하는 강경책을 쓰기도 하였다. 문종도 승니僧尼를 금하였다. 성종 또한 도성 내외의 비구니 사찰을 헐어 버리고 비구니들을 궁방의 노비로 만들었다.

그런가 하면 1492년에는 승려 허가증이라 할 수 있는 도첩度牒[1]이 없는 승려는 모두 노역과 군역에 충당되기도 하고, 마침내 승려가 되는 것을 금하고 환속시킴으로써 많은 사찰이 주인을 잃고 말았다. 그나마 남은 승려들은 관가의 유생들이 사용할 종이나 신발 등을 만들게 하거나 온갖 잡역에 동원되기도 하였다. 한 예로 석축 산성인 남한산성에 치소治所를 옮기는 공사를 하면서 승병장 각성覺性에게 조선 중기 이후의 최고 승직인 팔도도총섭八道都摠聶이라는 승직을 주어 쌓게 하고, 축성 후에는 장경사長慶寺를 지어 승려들이 기식하면서 산성을 수비하게 하는 등 국가적·사회적 냉대와 탄압과 인간 이하의 천대는 그치지를 않았다.

불교 탄압의 정도를 가늠하고자 몇 가지 사례를 들추었으나, 조선

---

1 도패(度牌)라고도 한다. 예조에서 발행하는 승려의 신분증명서. 도첩을 갖지 않은 승려는 사도승(私度僧)이라 하여 공적으로는 신분을 인정받지 못한다.

500년의 불교사는 이루 말할 수 없는 온갖 수모를 겪으면서 명맥을 이어 내려온 수난의 고행사라 할 수 있다.

차는 선禪을 수업하고 깨달음을 얻는 데 반드시 필요한 불가의 필수품이었다. 그러기에 일찍이 회해선사懷海禪師가 『백장청규百丈淸規』를 통하여 참선을 규범화하고, 조주선사趙州禪師의 '끽다거喫茶去' 선심禪心을 통하여 차와 선은 하나가 되어 가는 과정을 밟게 된다. 동시에 차는 어떠한 철학적인 사유와 더불어 정신적·신체적으로 나약해지기 쉬운 수도승에게 활력을 주고 번뇌를 씻게 하는 영험한 선약仙藥으로 인식되었다.

차의 약성은 신농神農 신화에서 널리 알려져 왔지만 선약설을 공식화한 것은 육우의 『다경』에서 비롯된 것이다. 육우가 『다경』을 저술한 760년경은 신선도교神仙道敎가 최성기를 만났던 시기로 진나라 갈홍葛洪의 신비주의에 의한 금단金丹으로 중독 등 약화藥禍가 속출하고 있을 무렵이었다. 천연의 황화수은인 단사丹砂를 조합하고 단사에서 다시 수은, 수은에서 단사로 여러 차례에 걸쳐 질을 전환시켜 만든 금단을 대체하는 선약으로 차의 효용을 제시된 것이다.

특히 불가에서는 속계삼욕俗界三欲이라 하여 음식욕, 수면욕, 음욕을 이겨 내는 약리적 효능이 뛰어나고 양생약養生藥으로도 탁월한 차를 참선의 가장 친근한 식재로 받아들임으로써 다선일미茶禪一味,

즉 차와 선을 같은 범주에서 인식하고 나아가서는 불성佛性과 차성茶性의 상호 융합으로 "중생을 괴로움으로부터 구하고, 마음을 맑게 하여 본래의 자기를 깨닫게 하는普渡衆生 明心見性" 양약이자 선약이 되었다.

그러나 가혹한 탄압으로 인해 마침내 사찰 주변에 정성 들여 가꾸어 오던 차나무 역시 훼불의 희생양으로 폐전廢田되거나 퇴화되는 안타까운 운명을 맞이하게 된 것이다. 오늘날에야 민간의 다원茶園이 주류를 이루지만 당시에는 주로 불도 수행의 도량인 사찰 전토에서 자급자족하던 수준이었기 때문에 사찰에서 경작하던 차나무가 사라지는 것은 우리나라에서 차문화가 사라지는 것과 같아서 불교의 쇠락과 함께 차문화도 운명을 같이하기에 이른 것이다. 호암 문일평도 그의 「차고사茶故事」에서 이를 지적하고 있다.

공차는 여러 가지 공물 중의 하나로 차의 산지에서 궁중이나 중앙 관서의 수요에 따라 바치는 토산물인 차를 말한다. 이 공물은 초기에는 지방 장관에게 지역의 토산물을 헌납하게 하는 성격이 짙었던 것으로 자의적인 헌공獻供과 유사하게 이루어졌으나, 재정 수요가 늘어나고 중앙집권이 강화되어 조세 제도의 틀이 잡히면서 타의적이고 작위적인 조세의 형태로 변질된 것이다.

우리나라에서 차가 언제부터 공물로 지정되었는지에 대해서는 정확히 알 수 없으나, 삼국 시대에는 주로 마포나 비단 같은 직물이, 고려 시대에는 상공常貢과 별공別貢의 두 가지로 나누어졌다. 부과되는 품목과 양이 매년 일정하게 정해져 있는 상공에는 정종 7년1041의 경우 쌀·철·꿀·소가죽·금·백은白銀·직물 등이, 필요에 따라 수시로 부과되는 공물인 별공으로는 금·은·동·철·먹·실기와·종이·숯·도기·소금 등이 있었다. 『세종실록世宗實錄』에 의하면 농산물을 비롯하여 해산물·광산물·동물·각종 수공업 제품, 심지어는 가공식품에 이르기까지 수백 종에 달할 정도로 다양했다.

중국 또한 공차가 언제부터 있었는지에 대한 명확한 기록은 없으나 동진東晉 원제元帝시대317~322에 이미 헌상차가 있었다는 것이 『화양국지華陽國志』「파지巴志」에 있다. 당나라 때의 「식화지食貨志」나 『신당서新唐書』「지리지地理志」에 의하면 766년경부터 안후이성, 허난성, 후난성, 허베이성 등의 지방차가 왕실에 바쳐진 기록이 있는 것으로 보아 중국의 문물이나 제도적 영향을 많이 받아 왔던 고려 시대의 정황이나 고려 문인인 백운거사白雲居士 이규보李奎報,1168~1241가 읊은 '화계花溪에서 차 따던 일 논하네'라는 시구로 보아 최소한 고려 중기에는 공차가 있었다고 판단된다.

화계花溪에서 차 따던 일 논하네
관에서 감독하여 노약老弱까지도 징발하였네
험준한 산중에서 간신히 따 모아

머나먼 서울에 등짐 져 나르네

이는 백성의 애끓는 고혈膏血이니

…

산림과 들판 불살라 차의 공납 금지한다면

남녘 백성 편히 쉼이 이로부터 시작되리

　공차로 인하여 수없이 많은 백성들이 피눈물을 흘려야 했다는 것
을 알 수 있는 시이다. 특히 "산림과 들판 불살라"라는 표현은 백성들
의 고통이 한계 상황에까지 이르렀음을 암시한다. 그렇기 때문에 조
선 초기 함양군수 김종직金宗直이 "상공上供하는 차가 우리 군에서는
나지도 않는데 해마다 백성들에게 부과된다. 백성들은 전라도에 가
서 쌀 한 말에 차 한 홉의 비율로 구입해 와 공차한다."라고 탄식하던
속내를 짐작케 한다. 당나라 사람 원고袁高의 『다산시茶山時』를 보면
다음과 같은 시구가 쓰여 있다.

　남편이 일단 공차에 징발되면

한동안 집을 떠나 있어 마누라도 첩도 미망인이 된다네

남자들은 덩굴을 붙잡고 단애절벽을 기어오르느라 상처투성이

가 되고

하루 종일 찾아다녀도 한 줌의 찻잎만 딸 뿐 손발은 피와 상처로

멍들고

산들은 벗겨지고 초목마저 성장을 멈춰 버려 너무나 슬프네

…

사람들은 다급한 마음에서 하늘의 도움을 빌며 돌아다니지만

아무것도 되지를 않네

…

망망한 바다와 같은 세상, 가슴에 맺힌 울분을 뉘게 하소연할

꼬—

이규보와 원고의 절절한 글귀를 보면, 유적幽寂한 삶을 즐기던 백
관과 문인들의 찻잔에서 배어 나오는 삼절三絶의 아취가 고산단애를
헤매며 울부짖던 천진무구한 백성들의 피와 땀으로 만들어진 것이
라고 생각하니 살을 에는 듯 한 아픔을 느끼게 한다.

여기서 한 가지 그대로 지나칠 수 없는 의문이 제기된다. 이웃 중
국은 왜 차문화가 쇠락하지 않고 꾸준히 발전되어 왔을까 하는 것이
다. 이는 조선조는 건국 이전 불교가 정치·사회 등 여러 분야에 끼
쳤던 폐해에 대한 보복으로 불교 말살 정책을 쓴 반면에, 중국은 토
속 종교인 도교와 유교 그리고 외래 종교인 불교를 융합 수용함으로
써 차문화 발전의 토양이 꾸준히 축적됐다고 할 수 있다.

공차의 성격 또한 조선에서는 특별히 차에 심취한 왕이나 중앙의
권력층이 없었고 제례 등의 국가적인 의식이나 외국 사신 접대용 또

는 조정의 마실 거리와 약용으로서 한정적으로 사용하기 위한 공차인 데 반하여, 중국에서는 황제나 중앙에서 모두 차를 불로장생의 선약으로 인식하고 필수적인 양생 음료로 애용한 것이다.

공차가 역대 황제의 건강과 장수를 기원하는 수단으로 쓰임으로써 지방의 관속들은 보다 더 전아典雅한 차를, 남보다 빠르게 특히 1년에 한차례 황실에서 열리는 청명연清明宴에 맞추어 월등히 빼어난 차를 보내 황제의 환심을 사서 입신양명의 기회를 얻으려는 데 혼신의 노력을 다하게 된 것이다.

하늘을 찌르는 백성들의 분루憤淚에도 아랑곳하지 않고 행해진 이와 같은 지방 관속들의 입신 경주는 풍아風雅한 오늘의 중국차를 만들게 한 직접적인 원인이 되었다. 중국차의 명차라 할 수 있는 호주자순湖州紫笋, 서호용정西湖龍井, 군산은침君山銀鍼, 벽라춘碧螺春, 무이암차武夷岩茶 등이 모두 공차가 낳은 산물이다.

"인간의 역사는 학대받은 자의 승리를 참을성 있게 기다린다."라고 한 타고르R. Tagore의 말을 되새기게 한다.

학대받은 자의 피땀으로 빚어낸 차들이 오늘에 와서 세계의 명차로 사랑받고 있는 것이다.

위기에서 소생한 청태전

차 생활을 즐기는 사람이라면 과거 우리 조상이 어떻게 차를 만들어서 어떠한 방법으로 마셨을까 또한 그 문화적인 의미를 한 번쯤은 생각해 본 적이 있을 것이다.

우리나라 정사에서 최초로 나타나는 기록으로는 고려 시대의 유학자 김부식이 편찬한 『삼국사기三國史記』「신라본기」제10을 보면, "흥덕왕興德王, 828년 12월에 사신을 당나라로 파견하여 조공하니 문종은 사신을 인덕전으로 불러들여 연회를 베풀었다. 이때 사신으로 갔다 돌아오는 대렴大廉이 차 종자를 가져왔으므로 왕은 이를 지리산에 심게 하였다. 차는 이미 선덕여왕 때부터 있었는데 이때에 이르러서 성하였다."라고 한 것이 우리나라에 차가 전래된 과정을 기술한 첫 번째 기록이다. 이 『삼국사기』대로라면 흥덕왕 때 심은 차나무가 기록상으로 처음 심은 것이 되나 선덕여왕재위 632~647 때 이미 차가 재배되고 있었다는 이야기로 풀이할 수도 있다.

호암湖巖 문일평文一平의 「차고사茶故事」에 의하면 "차가 조선에 들어오기는 선덕여왕의 연간이다. 때는 곧 3국 말이니 중토中土에는 차가 유행하기 시작하던 당나라 초기에 해당한다."라고 하여 선덕여왕 대에 이미 있었고, 그로부터 180여 년 뒤인 흥덕왕 때 대렴이가 가져

온 차나무 씨앗은 지리산에 심었다고 보는 것이다.

찻잎을 가공해서 '차'를 만들어 마시는 풍습은 대체로 중국 한나라漢 기원전 202~기원후 220 때부터 시작되었다고 보는 견해가 지배적이다. 이를 뒷받침하는 것은 한나라 이전부터의 고사에서 많이 볼 수 있으나, 특히 전한前漢 대 학자 왕포王褒의 노예 매매 계약서 「동약僮約」에 "차 우리는 도구를 정돈한다烹茶盡具"는 기록과 왕포의 고향인 지금의 쓰촨성四川省 메이저우眉州 평산현彭山縣에 속하는 "무양에서 차를 산다武陽買茶"는 기록이 있는 것으로 보아 전한 시대인 기원전 59년에 이미 양쯔강 상류 연안 일부 지역에서는 차가 약용으로뿐 아니라 마실 거리로도 쓰이고 있었다고 볼 수 있다.

이상의 기록은 선덕여왕 때보다 670여년, 흥덕왕 때보다는 약 880여년이나 앞서 있다. 육지로 연해 있는 고구려와 바닷길이 가까웠던 백제와의 정치, 문화적 교류를 통해서 정사 이전에 이미 음용되고 있었을 것이라는 것을 추정할 수 있다.

당시 중국은 인접 국가에 비해서 문물이 월등히 앞선 나라로 우리나라에 문화적 전이轉移가 수시로 이루어지고 있던 시대였으므로 우리 조상들의 차생활 풍속을 이해하는 데는 중국의 차문화를 이해하는 것이 지름길이라고 생각한다.

이상과 같이 전해진 차는 어떻게 만들어 마셨을까? 중국의 끽다 문화喫茶文化는 당唐에서 명明에 이르는 618년에서 1662년 사이가 전성기라고 할 수 있다. 특히 당나라 때760년경 저술된 육우陸羽의『다경茶經』은 오늘날에 와서도 세계인의 애독서이자 차 생활의 종합지침서로 추앙받고 있다. 그에 의하면 당시의 차는 추차㭪茶, 산차散茶, 말차抹茶, 병차餠茶가 있고, 그중에서도 주류를 이루는 차는 고형차固形茶로 모양새에 따라서 병차餠茶, 떡차, 단차團茶, 덩이차, 전차磚茶, 벽돌차 등으로 불렸다.

이러한 고형차들이 전래되면서 뇌원차腦原茶와 유차孺茶, 전차錢茶, 돈차 등 우리 나름의 차로 토착화 되었다. 그 가운데서도 전차는 흔히 말하는 청태전靑苔錢으로 우리 차사에 가장 오래도록 남아 있던 차이다.

청태전이라는 이름은 보관 과정에서 파란색의 이끼가 전차에 낀다 하여 붙여진 이름이라는 등 몇 가지 설이있는데 금당錦堂 최규용崔圭用 1903~2002의『금당다화錦堂茶話』에서 보면 "차에 녹색 곰팡이가 피어 있고 아무리 바싹 마른 것이라도 이 곰팡이가 그대로 남아 있어서 청태전푸른곰팡이가 슬어 있는 돈차이라 한다."라고 하였다. 또한 혹자는 전차를 만들면 그 색이 푸른 이끼처럼 푸르다고 하여 붙여진 것이라 하고, 차를 우리면 찻물이 파란색을 띤다 하여 붙여진 이름이라는 등 구구한 설이 있다.

그러나 필자의 생각으로는 청태전이라는 이름의 생성기는 1920

1930년대의 청태전(일본 시즈오카 차업시험장 소장)

년대이고, 청태전의 이름은 전남 장흥 지방에서 만들어진 지방 고유의 토속어이자 비유어였을 것이라고 추정된다.

장흥 지방은 우리나라 남해안 다도해역의 중앙부에 위치하는 김海衣, 海苔의 주산지이자 1920년대에 김이 일제의 군수 물자로 수탈되기 시작하면서 일본인에 의해 김 양식업이 번창했던 곳으로, 이 지방에서는 김의 원조原藻를 흔히 청태青苔 또는 녹태綠苔, 파래라고 하여 바다에서 자라는 이끼라는 뜻으로 불려 왔다. 더불어 장흥은 야생차의 숨은 보고로,『신증동국여지승람新增東國輿地勝覽』에 의하면 고려와 조선조 초기에 전국 다소茶所 19개소 중의 13개소가 있던 곳이다. 지금도 유치면 봉덕리 가지산迦智山 아래에 위치한 보림사寶林寺 주변을 위시해서 관내 7개 지역에 약 30ha 이상의 야생차가 자생하고 있는 곳이자 많은 약용 식물이 번무하는 곳이다.

특히『한국민족문화대백과사전』에서 보면 보림사는 신라 선문구산禪門九山 중 제일 먼저 개산開山한 가지산파迦智山派의 중심 사찰이라 하였고,『장흥군지長興郡誌』에서도 보림사는 821년에 세워졌고 신라 말기 선종禪宗이 가장 먼저 정착한 곳이라고 한 점으로 미루어 보아 당나라의 고형차가 선종을 따라 장흥 보림사에 제일 먼저 들어와 정착했을 것이라고 추정할 수 있다.

최규용은『금당다화』에서 강진군 성전면에 소재하는 무위사無爲寺가 최초라고 하였으나, 초의草衣 다법 전수승인 응송應松 박영희朴暎熙 1893~1990는『동다정통고東茶正統考』에서 보림사 제3조 체징體澄 스님이 당나라에서 습득하여 840년 귀국한 후 불회사佛會寺와 천관사天冠寺 등 인근 사찰에 전파하였다고 적고 있다.

이와 같은 자연과 역사상의 여러 가지 정황으로 미루어 볼 때 장흥은 청태전이라는 기지 넘치는 해학을 탄생시키기에 부족함이 없는 곳인 듯하다. 청태로 빚어 만든 구멍 뚫린 동전과 같이 생겼다 하여 청태전이라고 부르게 되었으리라 생각한다.

여기서 부언하고 싶은 것은 차에 녹색 곰팡이가 피어 있어 청태전이라고 한다는 설명은 잘못 본 것이다. 곰팡이가 생긴다는 것은 보관상의 잘못이지, 제품 본래의 속성이 아니기 때문이다.

『조선의 차와 선』

청태전은『조선의 차와 선朝鮮の茶と禪』을 저술한 모로오카 다모쓰諸岡存와 이에이리 가즈오家入一雄라는 두 일본인의 답사와 연구에 따라 우리의 차사에 등장했다.

특히 1932년을 전후해서 이에이리가 전남 일대의 산야와 촌락을 찾아다니면서 우리의 토산차인 청태전을 탐사하고 연구한 기록은 놀라운 집념의 소산이 아닐 수 없다.

누구의 손에 의해서든 역사적으로 청태전의 본원지로 지목되는 장흥군 유치면 보림사 부근에서의 청태전과의 만남은 어쩌면 우리 차문화사에 일대 쾌거가 아닌가 한다. 다만 1천여 년에 걸쳐 내려 온 우리 토속문화가 1960년대 부산면夫山面 관한觀閑마을을 끝으로 자취를 감추어 버린 점이 못내 아쉽기만 하다.

여기서 몇 가지 의문이 제기된다. 이들은 왜 하필이면 청태전을 찾아 헤맸을까? 거기에는 그럴 만한 충분한 까닭이 있지 않았을까 한다.

첫째, 당나라 이전부터 송나라를 거쳐 명나라 초기까지 중국차의 본류를 이루는 것은 고형차인데, 우리나라의 청태전은 당시 중국의 고형차 제다법製茶法과 유사하기 때문에 중국의 차문화를 연구하기 위해서는 청태전 연구가 필수적이라는 순수한 학문적인 측면이 있다.

둘째, 당시는 일본의 중국 대륙 침략이 본격화되던 무렵으로 중국 대륙의 물이식수 대부분 경수硬水인 데다 수질 또한 열악하여, 일본군의 식수 관리와 사기 진작을 위해서는 휴대가 간편하고 수질을 개선하면서 또한 우리기에도 용이한 청태전이 적격이라는 전략하에 연구된 것이 아닌가 하는 측면이다.

1931년 9월 18일 일본은 만주사변을 일으켜 중국의 동북 지방에 청나라 폐제廢帝인 푸이溥儀를 앞세운 만주국 통치를 시작한데 이어 1937년 7월 7일 중일전쟁을 일으켜 중국 대륙을 침탈할 시기였던 점과, 『조선의 차와 선』에서 보는 바와 같이 "조선의 호랑이"라는 별명을 가진 육군대장 출신이자 조선 총독과 식민지 정무를 전담하는 척무대신拓務大臣과 도죠 히데키東條英機에 이어 전시 내각에서 내각총리대신 內閣總理大臣을 역임하게 되는 고이소 구니아키小磯國昭가 '용단승설龍團勝雪'이라는 제자題字를 쓰고 같은 육군대장

고이소 전 조선총독의 제자

출신이자 조선 총독과 척무대신 출신인 우가키 가즈시게宇垣一成 또한 서문을 써서 격려한 사실을 새겨 볼 필요가 있다.

고이소는 종전 후 미군정의 거물 전범 11명 중에 들었던 한 사람으로 1948년 극동국제군사재판에서 종신금고형으로 복역 중 식도암으로 사망한 사람이다. 우가키 또한 종전 후 공직에서 추방된 인물이다.

식민지를 지배하던 군벌이자 최고의 책임자들이 한낱 의사와 산림기사가 쓴 책에 이름을 남긴 이유는 무엇을 의미하는 것일까.

모로오카와 이에이리의 연구를 독려督勵하는 글이라는 것은 너무나 자명하다할 것이다.

특히 모로오카 자신이 1943년에 저술한 『차와 문화茶とその文化』에서 "(차는) 전쟁에 절대로 필요한 물건이다. 일본군이 가장 자랑하는 야간 습격 때 또는 중국 북방의 외진 지역의 추위와 과로에 시달릴 때 등 차는 실로 소생의 영약이다.(술은 아주 해로워 병사를 꽁꽁 얼어붙게 한다.)"라고 하였는가 하면, 1944년에 발간된 『차茶』에서는 "다도는 전시하에서 가장 어울린다는 것을 역사는 말하고 있다. 예로부터 전쟁 시기에 무사 사이에서 가장 유행했었다." 라고 썼는데, 이는 청태전 연구가 대륙 침탈에 절실히 필요하다는 인식이 뚜렷이 깔려 있었다고 보아야 한다. 그뿐 아니라 모로오카는 철두철미한 국수주의자로 '유태화배격동지회猶太禍排擊同志會'와 '대일본흥아동맹大日本興亞同盟', '대직회大直會'에 깊이 관여한 죄로 종전 후 군정에 의해서 공직에서 추방된 인물이다.

이유야 어떻든 그렇게 해서라도 하마터면 단절되거나 소멸될 뻔했던 우리 청태전의 맥이 이어져 내려온 것만은 불행 중 다행이다. 역사란 실로 아이러니컬한 것이다.

해방 후 그룹 단위로는 처음으로 2005년 5월 말 장흥군 관한마을 현지에서 광주 혜명전통다례교육원 회원들이 시도한 청태전 재현 프로그램에 동행하여 제다 과정을 눈여겨보면서 매우 세심하고 힘겨운 노동이라는 것을 실감할 수 있었다.

1368년 주원장朱元璋이 명나라 태조 홍무제洪武帝로 등극하자 탕평책으로 공차법貢茶法, 즉 그때까지 헌상차獻上茶가 단차나 병차인 것을 백성들의 노역을 경감시킨다는 뜻에서 엽차葉茶로 전환시킨 사실에서도 보는 바와 같이, 우리의 조상 역시 청태전을 만들기 위해서 노역과 시간을 희생하는 등 많은 어려움이 있었을 것이다. 육우의 고형차는 따고採, 찌고烝, 찧고搗, 두드리고拍, 불에 쬐어 말리고焙, 구멍을 뚫고穿, 밀봉하는封 단계를 거쳐 제조되었다.

1930년대 장흥에서 과수 농장을 경영하던 일본인 사카이가 보림사 경내에서 만들어 차 전량을 일본으로 보냈는데, 당시 사카이의 통역을 맡았고 중학 2학년생으로 후에 보림사 승려 생활을 하다 환속한 전각가 조성호趙聖皓 옹에 의하면 당시의 청태전 제다 과정은 다음과 같다.

- 부락 부녀자 20~30명을 고용하여 음력 3월 중순경부터 보림사 뒷산에서 차 따기를 하는데, 차 첫물은 녹차(綠茶)를 만들고 잎이 다소 굳어진 두물잎부터 재료로 쓴다.

↓

- 큰솥에 물을 넣어 시루에서 뜨거운 김으로 푹 찐다. 이때 솥뚜껑을 잘 덮어 김이 새어 나가지 않도록 한다. 혹은 두꺼운 판자로 덮고 무거운 돌을 얹기도 한다.

↓

- 잘 쪄진 찻잎은 들어내어 절구통에서 떡처럼 잘 찧는다.

↓

- 얇은 천(무명천)을 깨끗한 물에 적셔 짠 다음 일정한 규격의 고조리(죽피로 만든 틀)에 씌워 그 안에 미리 새알처럼 만든 찻덩이를 넣어 손으로 누른 다음 다시 천을 덮어 누른 후 들어낸다.

↓

- 고조리에서 들어낸 차는 따뜻한 온돌방이나 마루 및 다락에서 약간 말린 다음 대꼬챙이(竹串)로 구멍을 뚫어 10개 또는 20개씩 꼬챙이에 끼운 채 짚새끼로 양 끝에 줄을 달아 통풍이 잘되는 그늘진 곳에서 바짝 말린다.

↓

- 차를 우리는 요령은 잘 말린 청태전을 우리기 전에 화로 석쇠 위에서 앞뒤 고루 약간 노랗게 탄 듯한 정도로 굽는다 (겨울철에 인절미 구워 먹듯 속까지 잘 구워야 한다).

↓

- 끓인 물에 넣어서 우려 마신다.

청태전의 제조 방법에 대해서는 몇 가지 이견이 있다.

첫째는 고조리에서 들어내어 건조하는 방식이다. 혹자는 강한 햇볕에 말린다 하였으나, 조 옹에 의하면 공기가 잘 소통하는 그늘진 처마에 매달거나 마루나 다락에 대발을 깔고 약 7일에서 10일 정도 말리면 완전히 건조된다고 한다. 그늘진 곳에서의 건조는 차의 화학적 변화를 최소화하려 했던 것으로 보인다. 사례를 한 가지 들어 보면,『우리 차의 재조명』을 저술한 최계원崔啓遠이 1972년 봄에 일본인 학자(성명 미상. 이에이리가 아닌가 하였으나 문헌상 그는 1976년에 방문했던 것으로 되어 있다.)를 대동하고 관한마을을 방문하여 손수 그늘에 말려

1972년에 만든 청태전과 고조리

재현한 청태전 하나를 장흥군청 문병길 계장이 보관해 오고 있어서 본 적이 있는데 이끼 낀 흔적 없이 깨끗했다.

둘째는 찻덩이를 고조리 없이 손으로 적당히 버무려서 만드는 것으로 생각하는데, 반드시 고조리나 찻주발의 굽이나 다식판을 이용하여 일정한 규격과 동일한 중량의 것을 만들었다.

셋째는 우리기 전에 불에 가볍게 화기火氣를 주는 정도로 생각하는데, 노랗게 탄 듯한 정도로 앞뒤를 고루 굽는 것이 맛있는 차를 만드는 비결이라는 것이다.

요즈음 청태전 문화를 되살리고자 하는 운동이 일각에서 활발하게 일고 있는데 천만다행 스러운 일이다.

청태전은 차문화 사상 가장 오랜 우리 조상의 얼굴이자 숨결이 스민 문화이기 때문이다.

찻자리꽃 산고

차를 가까이하면서부터 차와 정서적으로 교감할 수 있는 여가 생활을 보내기 위해서 야생화를 키우고 있다. 20여 년 동안 야생화에 심취하여 많은 시간을 빼앗기기도 하고 고단하기도 하였지만 돌이켜 보면 못내 아쉬움과 즐거움이 교차하는 행복한 날들이었다.

모든 일이 다 그러하듯이 야생화 키우기 또한 여간 정성이 드는 일이 아니다. 특히 일반 화초와는 달리 산이나 들에 길든 습성을 벗어나기까지는 상당 기간의 적응이 필요한 야생 식물이기 때문에 더욱 관심을 가져야 할 때가 많다. 그래서 더더욱 꾸준히 사랑하는 마음이 있어야 하고, 자라기에 알맞은 환경을 만들어 주면서 성의껏 보살펴 주어야 한다.

40평 남짓한 옥상 시멘트 바닥에서 여름에는 뜨거운 햇볕과 매정한 비바람에 시달려야 하고, 겨울이면 매서운 추위와 눈보라를 이겨 내면서도 어느새 적지 않은 종류의 가족을 거느리게 되었다. 이처럼 열악한 환경을 이겨 내고 철 따라 싱싱하게 돋아나는 파리한 잎이나 색색으로 피어나는 꽃을 보면 한낱 식물이지만 거기에서 발산하는 강인하고 신비로운 생명력에 경탄하면서 무한한 경외감을 느낀다.

야생화 화단

　꽃에 아름답고 그렇지 못하고가 어디 있겠는가. 사람에 따라서
심정상의 차이는 있겠으나 이는 어디까지나 자기중심적인 생각에서
일 것이다. 꽃 한 송이, 풀 한 포기가 소중한 생명체인 것을 잊은 채
식물계를 내려 보는 인간 지배의 패러다임에서 생긴 착각일 것이다.

　당나라 초기의 진숙달陳叔達은 향기 좋고香, 아취가 있으며雅, 작
고 오밀조밀하고細, 담백하고淡, 청결하며潔, 촘촘하고密, 달밤에 바
라보기에 알맞으며宜月夜, 머리에 꽃기에 알맞고宜綠鬢, 백주 마시는
자리에 어울리는宜白酒 꽃이 가장 아름다운 꽃이라고도 하였지만 이

는 낭만에 취한 문객의 한낱 말장난이자 취담이 아닌지.

식물이 음악에 반응을 한다는 것이 과학적으로 밝혀지고 있다. 음악이 식물의 딱딱한 세포벽을 두드리면 안쪽에 있는 세포막이 떨려서 액체인 세포질을 자극한다는 것이다. 이렇게 음악을 들려주면 잎 속에서 아미노낙산amino 酪酸인 가바GABA와 플라보놀 배당체 flavonol 配糖體의 일종인 루틴rutin이 2~3배까지 증가하고, 이 성분으로 해충의 대사를 교란시키는가 하면, 심지어는 신경 계통에 자극을 주어 알을 적게 낳게하여 종국적으로는 생명을 단축시키게 된다는 것이다.

그런가 하면 식물도 좋아하는 음악이 있고 싫어하는 음악이 있다고 한다. 좋아하는 음악을 들려주면 건강하게 더 잘 자라고 병충해에 강할 뿐만 아니라 열매도 더 달고 맛있다고 한다.

일부 종족 사이에서는 오래전부터 음향개화音響開花 sonic bloom라는 풍습이 있었다. 미국 남서부에 위치한 애리조나주 일대에 사는 인디언들은 옥수수 개화기가 되면 밭에 모여 건실한 꽃을 개화시켜 달라고 노래를 불러 준다. 그뿐 아니라 식물들은 벌레 등의 공격을 받으면 이웃 꽃에게 가스나 호르몬 등으로 경고 신호를 보내기도 한다니 실로 경이로운 일이 아닐 수 없다.

분자생물학의 경이적인 발전으로 식물계의 지각력이 계속 밝혀지고 있다. 심지어 영국의 식물학자 애튼버러David Attenborough가 저술한『식물의 사생활The private life of plants』에 의하면 식물은 무엇을 볼 수도 있고 계산도 하는가하면 서로 의사소통을 한다고 한다.

내쉬Roderick Nash는『자연의 권리-환경윤리의 역사The Right of Nature-A History of Environmental Ethics』에서 인간과 동물, 식물 심지어는 무생물에 이르기 까지 자연계의 모든 것은 평등하다는 이른바 환경 윤리를 주장하기도 한다.

우리의 차문화가 지향하는 이상이 궁극적으로는 자연주의에 기초한 정신세계에 있는 것이라면 오늘날의 찻자리 꽃은 마땅히 재론되어야 하지 않을까?

자연에서 행복하게 자라야 할 아름다운 꽃들이 아무렇게나 잘리고, 뜯기고, 찢기고, 휘어 감긴 찻자리꽃을 볼 때마다 자연과의 조화를 이상으로 하는 차의 세계와 너무 상반되는 황당한 형태에 놀라지 않을 수 없다. 최소한 보호받을 수 있도록 찻자리꽃에 대한 환경 윤리적 배려와 인식의 전환이 필요하다.

찻자리는 우리의 생활 공간을 한정된 범위 안에서 인위적으로 자연상태로 회귀시켜 수신修身하는 작위적 공간作爲的 空間이기 때문에 그 공간 구성은 물 흐르듯 자연스럽고 단순하고 소박하여야 한다. 이것이 바로 차실茶室의 미학이다.

꽃은 찻자리를 장식하기 위한 것이 아니다. 찻자리에 자연을 끌어들이고 나아가서 꽃의 아름다움과 짧은 삶의 환희와 조락凋落을 보면서 마음속의 나自我를 사유思惟하고자 하는 것이다.

일본의 차문화를 완성한 센리큐千利休, 1522~1591는 "차실의 꽃은 한가지 색으로, 한 가지枝나 두 가지로 가볍게 하는 것을 규범으로 한다."면서 "꽃은 들에 있는 것처럼"하여야 한다고 하였다. 정작 스스로는 유채꽃 한두 가지로 찻자리를 꾸몄다고 한다. 그런가 하면 꽃그릇花器 또한 값비싼 것을 멀리하였다.

어느 날 고향인 사카이堺의 외진 길을 산책하던 중, 때마침 남루한 차림으로 길가에 앉아 구걸하는 걸인이 사용하고 있던 보잘것없는 표주박을 보자 그에 매료되어 돈 몇 푼을 주고 사와서 차실의 꽃그릇으로 사용하였다는 일화가 있다. 어떤 까닭으로 걸인의 낡고 불결한 표주박을 샀을까. 그리고 그토록 신성시하는 차실에 꽃그릇으로 사용했을까?

절지折枝와 꽃가지 수를 한두 가지로 최소화한 절제된 마음, 그리고 가난과 쓰라린 인생의 흔적이 고스란히 담긴 표주박에서 삶의 이치를 깨치려 했던 것이 아닌가 한다. 진정한 차의 마음을 읽는 듯하다.

꽃은 그토록 아름답게 태어나서 왜 박명한 것인가. 해충과 동물의 먹이가 되기도 하고 한편으로는 부귀와 영화의 상징으로 잠시 사랑받다 쓰레기 더미에 버려진다.

가냘픈 꽃 한 송이가 찻자리 한 모서리에서 소박한 미소를 짓고 있다.
꽃은 새 생명의 탄생을 알리는 대자연의 언어이다.
아름다운 색으로, 맵시로, 그도 모자라 향긋한 내음을 뿜어내는 등 온갖 교태를 부려 가면서 새 생명의 탄생을 보장받는다.
이를 짓밟는다면 얼마나 가혹하겠는가.

근래에 와서 찻자리꽃의 규모가 커지고 소재가 다양해져 가는 추세이다. 대량 소비 시대의 트렌드이거니 하지만 주된 원인은 서구 홍차 문화의 영향이 아닌가 한다.
홍차 차실에서의 꽃은 부귀와 명예, 그리고 풍요와 사치의 상징으로 장식 문화의 발전에 편승하여 필수적 장치요소裝置要素로 자리한 지 오래이다. 심지어는 티 테이블의 센터피스로 중심적인 역할을 연출하기도 한다.

그러나 우리의 차문화는 소담과 은둔, 풍류와 한거閑居로움에서 시작되었다는 것을 잊어서는 안 된다.

평상에서의 손님맞이

그래서 호사로운 공간은 우리 차문화에서 오래 전부터 이단시되고 거부되어 온 것이다.

나는 꽃의 손상을 피하면서 찻자리꽃을 들여놓을 수는 없을까 하는 궁리 끝에 차실의 꽃꽂이를 대신하여 야생화를 분盆째 이용하기도 하고, 옥상의 야생화 화단에 마련되어 있는 평상에서 친지를 맞이하거나 가족과 함께 차의 덕성을 즐긴다.

화전놀이와 식용화

먹는 꽃, 제일 먼저 떠오르는 것은 화전놀이이다. 고려 시대부터 즐겨왔던 우리 고유의 풍습이다. 이후 봄기운이 완연해지는 삼짇날이 되면 교외에 나가 화전花煎을 부쳐 먹고 가무를 즐기는 화전놀이는 조선시대에도 계속되어 왔다. 화전놀이는 왕실에서부터 민가에이르기까지 모두가 즐기는 봄놀이였다. 조선시대 궁중에서도 봄이오면 비원의 옥류천가에서 중전을 모시고 진달래꽃을 얹어 화전을부쳐 먹으면서 봄맞이놀이를 즐겼다고 한다.

바깥출입이 자유롭지 못했던 아낙네들은 날씨가 온화해지고 산과 들에 새싹이 돋고 꽃이 피기 시작한 삼짇날이 되면 야외에서 이웃과 더불어 화전을 부쳐 먹고, 화전가를 부르며 흥겨운 시간을 보냈다. 화전놀이를 즐기는 순간만큼은 제약된 삶을 잊고, 산야의 맑은공기에 취해 자유로움을 맘껏 맛보았을 것이다.

홍석모洪錫謨는 『동국세시기東國歲時記』에서, 찹쌀가루를 무르게반죽하여 얇게 펴놓고 그 위에 제철에 나는 꽃잎을 장식하여 지진 떡을 화전이라고 정의하였다.

예로부터 우리 조상은 봄이 되면 진달래꽃잎이나 또는 두견화나배꽃으로, 여름이면 장미꽃으로 장미화전을 가을이면 황국과 감국잎으로 국화전을 부쳐 먹었다.

그중에서도 삼
월 삼짇날이면 진달
래꽃이 만발한 산
중턱에 올라 서로
편을 나누어 화전가
를 부르면서 사방에
만발한 진달래꽃을

화전

따다가 화전을 부쳐 먹는 놀이가 최고였다.

화전은 이름이 말해 주듯이 소재가 꽃이다. 화전 그 최고의 소재
는 예쁜 꽃, 청초한 꽃, 은은하면서도 맑은 향을 품은 꽃, 감미로운
맛이 나는 꽃이다.

하지만 이러한 요소에 집착하다 보면 자칫 화전이 '먹는 음식'이
라는 것을 잊은 채, 먹지 못하는 꽃으로 화전을 부쳐 먹고 큰 곤혹을
치를 때가 있다.

봄철에 피는 철쭉꽃과 진달래꽃을 그 예로 들 수 있다. 두 꽃은 분
홍색에 긴 꽃술과 생김새가 비슷한 데다 개화 시기 또한 비슷하다.
두 꽃이 비슷한 장소에 혼생混生할 경우엔 얼핏 식별을 잘 못하는 수
가 있다. 실수로 진달래꽃이 아닌 철쭉꽃을 따다 화전을 부쳐 먹는
경우가 있는데 이때는 여지없이 탈이 난다.

『본초경집주本草經集注』를 저술한 양梁나라의 학자 도홍경陶弘景은 양이 철쭉을 잘못 먹으면 절룩거리면서 죽게 된다고 기록한 것으로 보아 예로부터 철쭉꽃은 식용으로 금기시되어 온 식물이었다.

철쭉꽃에는 그라야노톡신grayanotoxin이라는 독성 물질이 함유되어 있기 때문이다. 일명 밀봉취蜜蜂醉 또는 철쭉중독이라고도 부르는 그라야노톡신을 섭취하면, 3시간 정도 잠복기를 거친 후 징후가 나타난다. 첫 증상은 많은 타액을 분비하거나 발한과 구토, 현기증을 일으키면서 꾸벅꾸벅 졸기도 하고, 공중에 붕 뜬 것 같은 환각 증상을 일으킨다. 조금 더 지나면 언어 장애가 생기고, 저혈압 등의 지각 작용이 일어난다.

티베트, 네팔, 중국 서북 지방 등의 아시아 지역이나 콜롬비아, 브라질 등의 남아메리카 고산 지역을 다녀온 여행객들에게서 종종 그곳의 석청石淸을 먹고 식중독에 걸려 고생했다는 이야기를 듣는데 이는 고산 지대의 벌들이 그 지역에 서식하는 철쭉꽃 꿀을 섭취함으로써 생긴 불상사이다.

예로부터 즐겨 왔던 화전은 꽃에 대한 지식이 부족하여 몇 가지의 꽃만 시절 음식에 그치는 아쉬움이 있다.

수국은 꽃, 잎, 뿌리 등에 고루 유독물질을 함유하고 있어 먹으면 구토를 일으키거나 혼수상태에 빠지므로 주의해야 할 대표적인 꽃이다. 수선화, 아마릴리스, 은방울꽃, 튤립, 히아신스 등도 식용으로

식용화를 이용한 모듬 채소

는 적절하지를 않다. 하지만 우리 생활 주변에서 안심하고 먹을 수 있는 꽃이 참 많다.

우리 주위에서 볼 수 있는 식용꽃으로는 아카시아꽃, 호박꽃, 국화, 매화, 복숭아꽃, 장미, 살구꽃, 동백, 제비꽃, 벚꽃, 등나무꽃, 민들레, 해바라기 등이 있다. 이외에도 팬지, 베고니아, 재스민, 금어초, 제라늄, 카네이션, 라벤더, 코스모스, 달리아, 금잔화, 앵초, 카모마일 등 일일이 나열하기가 힘들 정도로 많다.

이렇든 화전을 만들어 먹을 수 있는 화재花材는 봄뿐만 아니라 모든 계절에 우리 주위에서 쉽게 만나 볼 수 있다.

이와 같은 꽃들로 만든 화전이 찻자리에서 차와 함께 먹는 음식으로 자리한다면 그 찻자리는 한층 즐거운 자리가 될 것이다.

다식茶食으로 다양한 계절의 꽃들을 꽃달임화전으로 내놓으면 찻
자리는 훨씬 아름답고 창의성이 돋보이는 자리가 될 것이다.

다만 관상용 꽃은 절대로 피해야 한다는 점에 유의해야 한다.
꽃은 관상용과 식용을 목적으로 재배하는 식용꽃의 두 가지로 나
눌 수 있는데, 식용화edible flower는 식용이 목적이므로 구충제나 농
약 등을 사용하지 않아 안전하지만, 관산용 꽃은 그렇지 않은 경우가
대부분이기 때문에 피해야 한다.

식용화와 채소류의 성분 비교

구분	종류	비타민 A	비타민 b1	비타민 b2	비타민 C	당질(g)	섬유질(g)
식용화	카네이션	530	0.06	0.14	78	13.3	2.3
	앵초	1,100	0.04	0.12	230	6.7	1.4
	장미	640	0.02	0.11	120	12.6	3.4
	팬지	1,200	0.08	0.15	130	8.4	2.1
	코스모스	1,600	0.06	0.14	25	7.9	1.4
	금어초	270	0.05	0.07	250	6.1	0.9
채소류	토마토	390	0.05	0.03	20	3.3	0.4
	브로콜리	720	0.12	0.27	160	6.7	1.1
	시금치	3,100	0.13	0.23	65	3.6	0.8
	바나나	27	0.04	0.09	16	22.6	0.3
	파슬리	7,500	0.20	0.24	200	6.4	1.5

자료 : 일본과학기술청(100g당 함유량)

연구 결과로 꽃에는 비타민, 아미노산, 미네랄 등의 영양소가 일반 야채보다 훨씬 많아 감기, 눈의 피로, 노화 예방에 효과가 있다고 밝혀지고 있다.

식용화는 식탁 장식을 겸하면서도 영양을 고루 섭취할 수 있어 애용하는 추세이다. 영양소가 많다고 알고 있는 채소류와 주변에서 손쉽게 접할 수 있는 식용화의 성분 비교가 이를 증명해 준다.

브로콜리와 팬지를, 토마토와 카네이션을 견주어 보면 식용화의 매력을 단번에 가늠할 수 있다.

최근 홍차 문화권에서는 식용화가 티테이블 세팅과 레시피 소재로 다양하게 이용되고 있다.

이에 반해서 우리 찻자리는 솔꽃가루나 오미자, 콩가루, 깨 등을 재료로 하여 모양을 만든 다식을 대표로 하는 과정류菓飣類와 떡이 일반적이다.

전통의 멋과 더불어 현대적인 요리법이 어우러진 다양한 화전을 찻자리 음식으로 일상화한다면 한층 풍성하고 아름다운 찻자리가 될 것이다.

식용화를 찻자리에서 만나게 되는 날이 오기를 기대해 본다.

우리 차문화의 단면

　우리 차문화의 현주소를 굳이 이야기하자면 유아기라고 말하고 싶다. 차문화는 엄연한 종합 문화의 넓은 카테고리에 속하는 학문으로 보기 때문이다. 그렇다면 우리의 차문화가 처해 있는 현재의 위치는 어디쯤이며, 외국인의 시각에서는 어떻게 비치고 있는지 좀 생각해 보고자한다.

　차문화의 사학적 연구는 외형적으로나마 활발한 연구가 진행되고 있는 몇 안 되는 분야 중의 하나일 것이다. 그러나 우리 차문화사는 사학적 연구의 미흡으로 역사의 편린들이 모자이크되는 실정이라고 할 수 있다. 다도사 연구의 파행을 미연에 방지하기 위해서라도 역사학계의 참여를 유도하여 어떤 자기류나 아집에도 편향되지 않은, 보다 대승적이고 전문화된 다도사 연구가 하루빨리 이루어져서 훌륭한 우리의 전승차 문화의 역사적·종합적 이론 체계를 확립해 나가야 할 것이다. 이와 연관되어 몇 가지 사례를 들고자 한다. 다만 이 사례는 진위와 잘잘못에 앞서 자성의 계기로 삼고자 하는 데 그 의미가 있다.

　세계적으로도 명성이 높고 일본 다서 출판계의 대명사라 할 수 있는 단코샤淡交社가 설립 50주년을 맞이하여 출간한 『다도학대계茶道

學大系』에 의하면 "조선의 끽다 문화에 대해서는 별로 알려진 바가 없다. … 근 백 연간에 걸쳐서도 연구 논문은 적으며 아직 이렇다 할 정립된 견해도 제시되지 않고 있다." 그런가 하면 중국의 차 연구가 장젠리張健立는 일본판 그의 저서『다도와 차의 예의범절 茶道と茶の湯』에서 한국의 "K씨의 말에 의하면 한국의 전라남도 나주군 다도면 즉 다도라는 말을 사용한 지명이 있어, 그는 이를 다도 한국 기원론의 근거로 하고 있으나 이 다도면茶道面이라는 지명이 언제부터 사용되기 시작하였는가에 대해서는 명확한 언급이 없었다. 그래서 조사해 본 바에 의하면 다도면이라는 지명이 있는 것은 확실했으나, 그것은 얼마 되지 않은 새 지명으로, 1914년 행정 구역 개편 때 다장면茶庄面과 도천면道川面이 합병되면서 붙여진 지명이라는 사실을 알게 되었다. 즉 두 면의 머리글자를 따서 도다면이라는 새로운 이름을 붙이게 된 것이다."라면서 다도면은 다도와는 전혀 무관한 것이라고 하였다.

앞의 다장면은 다소면茶所面을 잘못 알고 한 말이다. 이어서 그는 "조선반도의 차문화에 관한 사료는 적고, K씨가 그의 저서에서 소개한 사료를 보면 그 내용은 육우의『다경』을 비롯하여 중국의 다서를 그대로 인용한 것뿐이다."라고 하였으니 어찌 보면 우리 차문화의 치부를 보는 듯하여 씁쓸하기만 하다.

역사는 사료에 의해 사실史實을 인식해야 하는 것으로 사료의 철저한 탐사, 수집, 정리, 해석 등을 통한 실증적 기초 위에서 학문적으로 체계화해 나가야 하는 것이다. 역사를 멀리한 차문화가 과연 민족

문화로서 정립될 수 있을 것인가? 아니면 왜곡된 사실이 외국인에 의해 제기될 때 이를 어떻게 해야 하는 것인지 당혹스럽기만 하다.

차문화는 차 산업의 성쇠와 함수 관계에 있다고 할 것이다. 다시 말하면 차 산업의 발전이야말로 우리 차문화를 계승·발전시켜 나가는 바탕이 될 수 있는 것이다. 이 바탕이 되는 차 산업을 육성해 가는 데는 식물학적 연구가 기본이다. 건강하고, 맛좋고, 유효 성분이 많으면서 단위생산량이 높은 품종을 개발하여 많은 국민들이 차 생활을 경제적으로 저렴하게 즐길 수 있어야 한다.

우리는 지금 많은 양의 차를 정상적인 수입을 통해서 또는 여행자의 행낭을 통해서 접하고 있다. 과연 우리 몸에 해는 없는 것인지, 이물질 혼합이나 제품의 사양과 상이한 차는 아닌지 심히 걱정스럽다. 이러한 걱정도 덜고 국민 보건을 위해서도 식물학적 토대 위에서 차의 생산을 대폭 확대해 나가야 할 것이다.

우리나라 차 생산량은 2002년 현재 연간 2,155M/T으로 세계의 다른 생산국과는 도저히 비교할 수 없는 수치를 보이고 있다. 2009년 FAO유엔식량농업기구가 발표한 세계 차 통계를 보면 총생산량은 3,950,047M/T으로 그중에서 중국 1,375,780M/T, 인도 800,000M/T, 케냐 314,100M/T, 스리랑카 290,000M/T, 터키 198,600M/T 등에 비하면 산업 규모가 작은 데 놀랄 뿐이다. 세계 유명 대백과사전 등에 수록된 자료를 보면 한국은 차에 관한 한 비생산국인 셈이다. 『세계대백과사전』平凡社, 『World Book』 World Book, 『New Standard Encyclopedia』 Standard Educational Corporation, 『Britannica International Encyclopedia』 Britannica, 『중국차엽대사전』 중국경공업 출판사 등 세계 유수의 도서 어디에도 우리나라에서 차가 생산되고 있다는 말은 없다.

몇 해 전에 친지 한 분이 일본을 다녀와서 하는 말이 찻자리에서 한국의 차 이야기를 했더니 주위의 일본 사람들이 한국에서도 차를 마시느냐, 다도가 있느냐며 의아해 하더라는 것이다. 산업적인 위치가 취약하고 학술적인 연구가 미흡한데다 음다 인구마저 적다 보니 국제적으로 인지도가 낮을 수밖에 없다.

생산량을 늘리기 위해서는 재배 규모의 확대와 획기적인 육종 사업을 통해서 다수확, 내한, 병충해에 저항성이 강하고 우리 풍토에 맞는 우량 품종을 개발하여야 한다.

그나마 유일하게 우리나라에 하나밖에 없는 차 시험장이 각고 끝에 2001년 처음으로 개발한 신품종 '보향', '명선', '참록'을 효시로 2002년에 '미향'과 '선향'을, 2003년에는 '오선'과 '진향'을 개발한 바 있어 자못 고무적인 일이라 생각한다.

그러나 차 산업의 첨단을 달리고 있는 일본의 경우 지금으로부터 59년 전인 1953년 '베니호마레べにほまれ'를 시작으로 하여 1997년 현

재 47종의 신품종이 농림수산성 등록 품종으로 등록되어 있을 뿐 아니라, 그 밖의 부현府縣에서도 20여종의 품종을 장려 품종으로 지정하고 적극 보급함으로써 1999년도 우리나라의 ha당 단위 생산량이 평균947kg인 데 비하여 1,795kg으로 케냐에 이어 세계 제2위의 위치에 있는 실정이다. 이 밖에도 중국, 인도, 인도네시아, 스리랑카, 케냐 등도 앞 다투어 품종 개량에 힘쓰고 있다.

우리 차문화의 전통 계승이라는 문화적 가치관의 보존도 중요하지만 보다 적극적인 이화학적 접근과 차를 소재로 한 다용도 상품의 개발을 통하여 공해에 시달리고 질병에 멍들어 가는 지구 규모의 재난 극복에 적극 기여할 수 있도록 차과학을 발전시켜 나가야 한다. 한정된 좁은 국토에 자원도 없는 나라에서 한강의 기적을 이룬 신화처럼 말이다.

2004년 들어 『차의 세계』사에서 녹색차운동을 제창하여 추진 중이나 이렇다 할 성과는 거두지 못한 실정이다. 이 사업이 효과적으로 추진되려면 무엇보다 이화학적 연구 성과를 기반으로 해야 하는 것이기 때문이 아닌가 한다. 외국에서는 이미 차를 이용하여 백혈병, 항암제, 화분증花粉症, 알레르기, 항균, 강심제 등 의약품은 물론 환경 친화적인 화학합성법, 오염 방지 합성법 등으로 유해 물질을 쓰지 않은 21세기형 화학물질이 개발되고 있다.

마이클 캐슬먼Michael Castleman은 그가 저술한 『새로운 약용식물

The New Healing Herbs』에서 차를 "전통적 본초학과 현대 과학의 균형을 잡아 주는 식물"이라 하였고, 페넬로프 오디Penalope Ody는『식물성 약품Plant Medicine』에서 "천연의 가정 치료약"이라고 하였듯이 차의 이화학적 개발은 생명공학과 연계되는 미래 산업의 총아라고 할 수 있다.

다른 한편으로는 차의 다양한 이용을 통하여 우리의 생활환경과 건강을 함께 지키는 식품과 산업의 원료로 각광받고 있다. 국내외를 막론하고 이미 개발되었거나 개발 중에 있는 분야를 보면 대략 다음과 같다.

● 식용 : 국수 / 빵 / 떡 / 엿 /껌 / 기타 과자류(한과, 다식포함) / 반찬 첨가물 / 식용유/ 두부

● 음료 : 각종 드링크

● 의료용 : 항암제 / 알레르기 경감제 / 강심제 / 화분증 / 항충치제 / 두통 치료제

● 공업용 : 염색제(의류, 침구류 포함) / 탈취 / 향균제 / 식품 산화 방지제

● 관상 · 조경용 : 분재 / 담장 조경 / 식물 생장 조절제

● 화장품 : 샴푸 / 린스 / 로션 / 화장지 / 크림 / 비누 / 탈모 방지제 / 녹차 목욕 파우더 등

우리나라의 경우 극히 한정된 수의 차 제조업체나 음료 전문 업체에서 드링크류 몇 가지와 제과업체에서 첨가 재료로 일부 사용하고 있는 정도인 데 반해 많은 차 생산국에서는 차를 이용한 상품 개발에 심혈을 기울이고 있다.

한 예로 2003년 일본 시즈오카현靜岡県 다업회의소에서 조사한 「차용도이용조사보고서」에 의하면, 음용 형태를 개선한 식품 98건, 차에 타 재료를 혼합한 식품 17건, 차를 식료품 원료의 소재로 사용한 것 144건, 식품 이외의 타 용도로 이용한 것 94건 등 모두 353건의 많은 상품이 이미 일상생활 속에 광범위하게 활용되고 있다.

이상은 우리 차문화의 한 단면만을 들춰 본 것이지만 종합 문화적 관점에서 볼 때 여러 분야에 걸쳐 연구 발전시켜야 할 과제가 산적하고 또한 요원함을 느낀다.

국가적 차원에서 체계적이고도 집중적인 연구 개발을 하여야할 필요성을 절감한다.

난세의 생존 철학과 차의 정신

차의 정신을 우리나라는 중정中正이라 하고, 중국은 검儉, 일본은
와비佗び라고 말한다. 차의 이상을 나타내는 말이기도 하다.

우리나라의 중정이라는 말은 중국 명나라 때 장원張源이 1595년
에 지은『다록茶錄』을 모환문毛煥文이『만보전서萬寶全書』「채다론採茶
論」에 실은 235년 후인 1830년에 초의선사草衣禪師가 '다신전茶神傳'이

『다신전』과『동다송』

라는 이름으로 초록 개명抄錄改名한 다서에서, "불가늠火候을 할 때 불기가 너무 약하면 물의 성질이 유약해지고, 유연하면 물이 차를 가라앉히며, 불기가 너무 세면 불의 성질이 극렬해져서 차가 물을 억누르게 되는바, 이는 모두 중화中和, 中正가 부족함이니 차 다루는 이의 갖출 바가 아니다皆不足於中和 非茶家要旨也."라고 하였다. 따라서 차를 우릴 때泡法에는 반드시 찻잎과 물의 많고 적음을 알맞게 가늠하여 중정을 잃지 않아야 한다不可過中失正고 하였다.

그 후 1837년에 지은 우리 차의 성전이라 할 수 있는『동다송東茶頌』에서, "물體과 차神가 비록 온전하다 하여도 오히려 중정 지나칠까 두렵고, 중정을 잃지 않으면 신령스러움이 아우러진다體神雖全猶恐過中正 中正不過健靈併."라고 하였다. 이와 같이 물과 차가 연출하는 현묘한 자연의 조화와 이치를 과유불급過猶不及, 즉 지나친 것이나 모자라는 것이 다 같이 좋지 않다는 균제均齊와 중용中庸의 사상인 중정을 1977년 1월 15일 다솔사多率寺 다인들 모임에서 한국의 다도 정신으로 정하기로 이야기가 모아졌었는데 그로부터 우리 차문화의 정신은 중정으로 이해되고 있다.

이와 같은 균제와 중용을 중심 개념으로 하는 중정 사상에 토를 달고 싶은 생각은 추호도 없지만 군이 한마디 덧붙여 말한다면, 중정은 우리 민족의 정신문화사를 통해서 볼 때 좋은 점과 그렇지 못한 점이 동시에 함축되고 각인된 사상이라는 것이다. "더도 말고 덜도 말고"라는 말이 있다. '더'는 한도를 넘는다는 의미인 데 반하여 '덜'은 한도에 미치지 못한다는 크기와 무게의 개념이고, 한편으로는 더는 '앞서 가다'를, 덜은 '뒤처지다'와 같은 거리와 시공의 개념이 아닐까 한다.

언제나 무슨 일이든 중간에 지고지선至高至善의 행복이 있다는 이 말 속에는 커다란 메시지가 그려져 있다. 남의 앞에 나서지도 말고 그렇다고 뒤에 처지지도 말고 중간쯤의 위치에서 처신하며 살아야 한다는 수동적인 생존 철학인 것이다.

전통성을 살리면서, 의례적인 것, 예술적인 것, 이 세 가지의 요인이 상호 균형을 유지하는 가운데 더러는 보완해 나가는 종합적인 문화 체계이며 전향적인 차의 이념이자 정신으로 승화되었으면 하는 바람이다.

"어떠한 일이든 중간쯤에 행복이 있다a happy medium in everything." 는 중용행복론中庸幸福論이라고나 할까, 아니면 위기 극복의 생존 철학이 아닌지.

중국차의 이념인 검을 받쳐 주는 윤리적·도덕적 실천 규범이 정精·행行·검儉·덕德 인 데 대하여 일본은 와비 이념을 화和·경敬

·청淸·적寂이 떠받치고 있는 이치와 같은 것이다. 이와는 달리 우리의 차 정신은 이념과 실천규범이 같이 혼재하고 있거나 보기에 따라서는 실천 규범이 아예 없는 것으로 보일 수도 있다. 보다 구체적인 실천 규범이 빨리 갖추어졌으면 한다.

우리 민족사를 보면 지나온 길은 실로 험준한 길의 악순환이었다. 지정학적인 여건과 풍토적 특성으로 인하여 중원이나 몽골의 외침이나 임진왜란과 같은 외환의 공포에 떨어야 했고, 대내적으로는 자연재해와 현실 사회에 대한 불만으로 인한 농민 봉기와 갈등, 당파 싸움 등과 같은 시기 및 욕망과 야심, 모반과 권력욕, 저항, 빈곤과 신분의 세습화, 정치·사회적 격변에 따른 불안이 사방에 도사려 있던 그야말로 내우외환으로 도장된 듯 한 역사였다.

절박한 사회·정치적 혼미 속에서 난세를 극복하는 지혜를 어느 쪽에도 치우침이 없는 중정 사상에서 구한 것은 『다신전』과 『동다송』이 갖는 소담한 현실 철학의 한 단면인 듯하다.

중국차의 정신은 육우의 『다경』 중 차의 근원 편에서 언급된 "차 마시기에 가장 알맞기는 행실이 바르고 검소한 덕을 갖춘 사람이다 爲飮最宜 精行儉德之人."에서 비롯된 것이다.

육우는 이상의 말에서 검덕한 사람이 마시기에 알맞다는 말로써 차의 이념을 '검儉'에 두고 있음을 알 수 있다. 이와 같은 육우의 차 이념은 차 연구가들의 정설로 되어 있으나 이를 뒷받침하는 윤리

적·도덕적 규범을 화和·경敬·염廉·미美 또는 중용中庸·겸화謙
和·명륜明倫·검덕儉德 과 청화淸和·검약儉約·염결廉潔·구진求眞
·구미求美 에 두는 사람도 있다. 그러나 대부분은『다경』에서 제시
된 정精·행行·검儉·덕德에 따르고 있다.

육우와『다경』

그러면 육우 사상이 태어나기까지의 역사적이고 사상적인 배경
은 어디에 있었을까? 중국은 4천 년 역사상 유난히도 모진 환란에 시
달려 온 나라이다. 하夏나라를 거쳐 은殷이 망하고 주周나라 춘추시

대春秋時代에서 기원전 5세기부터 3세기에 걸친 전국시대戰國時代로 옮겨 가면서 칠웅七雄이라는 이른바 일곱 제후가 존황양이尊皇攘夷의 명분을 내세워 패권을 벌이게 된다. 이 제후들은 부국강병에 힘을 쏟으면서 한편으로는 유능한 인재와 새로운 정치사상을 바랐기 때문에 제자백가諸子百家라고 하는 많은 사상가의 학파가 생겨났다.

개인의 도덕을 천하에 넓힘으로써 이상적인 사회와 평화를 실현할 수 있다고 한 유교는 공자를 시조로 하여 인仁 · 의義 · 예禮 · 지智 · 충忠 · 효孝 · 신信 · 애愛 · 화和 · 중中을 사회생활의 공통된 기본 이념이자 범주로 하고 있으며, 그를 이은 맹자 역시 공자의 주장을 넓히면서 성선설性善說을 주창하고 덕으로 정치를 하여야 한다는 왕도 정치를 주장하였다. 이는 중국 사상의 뿌리이자 우리나라와 일본에까지 지대한 영향을 미친 사상이기도 하다. 순자는 성악설性惡說을 주장하였으나 그의 제자 한비자는 국가 통제의 기본을 법에 의해야 한다고 주장함으로써 전제 정치를 받쳐 주는 이론을 내세웠다. 그런가 하면 노자와 장자 등의 도가道家는 인위人爲를 배척하고 작은국가 小國寡民를 이상으로 하였다. 또한 묵자는 군주의 이기심에 의한 전쟁을 가장 큰 악이라고 하여 맹비난하였다.

이 밖에도 모든 사물을 목 · 화 · 토 · 금 · 수의 다섯 가지 요소로 설명하고자하는 음양오행설陰陽五行說, 손자와 오자의 병법 등 헤아릴 수 없이 많은 주의 사상이 난무하였으나, 이 무렵에 태생한 유교와 도교는 그 후 불교가 선종禪宗으로 변신하면서 부분적으로 이들을 수용함으로써 이른바 삼교문화三教文化가 형성되어 중국은 물론 그 인접 국가의 사상 체계에도 엄청난 영향을 미치게 된다. "문화의 위대한 순간은 도덕적으로는 패덕敗德의 시대요, 문화의 위대한 시대는 정치적으로는 몰락의 시대이다."라고 한 니체F. W. Nietzsche의 말과 같이 백가쟁맹百家爭鳴의 이면에는 언제나 난세의 그늘이 있었다.

북방 흉노들의 외침, 끊이지 않는 대기근, 적미赤眉의 난, 중국 4천 년의 역사를 농간한 기괴한 환관 집단의 음모와 횡포, 황건적黃巾賊의 난, 팔왕八王의 난, 영웅들의 군웅할거, 수다한 농민 봉기, 측천무후則天武后의 잔인한 섭정 등 끊임없이 이어 내려오는 불안과 공포, 특히 육우가 『다경』을 집필 중일 때 일어났던 안녹산安祿山의 난을 직접 보고 겪으면서 어떻게 하는 것이 난세에 사는 방법인가를 깊이 생각하게 되었을 것이다.

마을 앞을 지나는 공포에 질린 처참한 피난민 대열을 보고 지나칠 수 없어 차를 달여 내기도 하고, 절박한 전황을 수소문하면서 가장 이상적인 인간상은 정・행・검・덕이며, 그런 사람만이 대란에서 살아남을 수 있을 것이라고 생각했을 것이다. 특히 차야말로 품행이 단정하고 절검節儉의 미덕을 지닌 사람이 마시기에 알맞은 정신적인 마실 거리라는 데에 착안한 듯하다.

차의 소박한 품덕은 사람으로 하여금 절검 정신을 일깨우는 마실

거리이기 때문이다. 육우는 『다경』에서 차의 성질이 매우 차갑다고 하였는데, 이는 차가 약성이론藥性理論상 한량하고 음성에 속한다는 말로서 열을 다스리기 때문에 좁은 의미로는 수행에 정려精勵하는 승려나 수신修身을 위해 참선하는 사람들에게 아주 이롭다는 뜻이다. 또한 넓게는 난세와 혼돈의 시대를 냉철한 지혜와 행동으로 극복하는 데 필수적인 처세훈이자 이상적인 인간상을 말해 주는 마실 거리라는 가르침이 아니었는가 한다.

일본차의 이념은 와비侘び이다. 와비는 와부侘ぶ라는 동사가 명사화된 말로 '깊이 걱정하다, 한가하고 고요하다, 한거閑居를 즐긴다'는 뜻이다. 이는 고담하고 한적한 경지, 모든 부족함을 긍정적으로 받아들이고 그 경지에 안주하는 것을 이상으로 하는 마음가짐을 일컫는다. 즉 일본의 차 정신은 자기의 부족함을 받아들여 낮추고 난세를 피해서 안주하는 것을 이상으로 한다. 이 와비를 떠받치는 규범이자 정신이 선어禪語에서 유래하는 화和 · 경敬 · 청淸 · 적寂 이다.

일본 또한 헤이지平治의 난, 도쿠세이 잇키德政一揆, 농민 봉기, 원나라의 1차, 2차 침입, 전국 시대의 내홍, 오닌應仁의 난, 막부幕府의 흥망 등 하루도 편할 날이 없는 역사를 배경으로 태어난 차의 이상이라고 할 수 있으나, 우리나라와 중국과는 달리 권력을 장악하고 있던 무사 계층을 차의 세계로 포용하고 다도의 요식화와 대중화를 통해

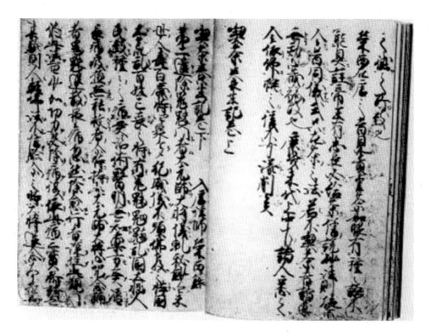

에이사이의 『끽차양생기』

서 전국 시대 이후 메말랐던 국민 정서의 순화에 적극 참여한 데 특징이 있다.

이와 같이 희생·신의·예의·결백·검약·명예·애정·충성을 중시하는 무사도 정신과의 회우會遇로 일본 특유의 실천적 문화로 대성하기에 이른다. 불완전의 미를 추구하는 불균제不均齊, 다도 문화의 밑바닥에 깔린 무無를 나타내는 간소簡素·무심無心·무념無念·유현幽玄·탈속脫俗·정적靜寂, 이 모두가 무상관無常觀으로 와비의 정치情致를 돋우기에 부족함이 없으리라.

이상과 같이 한·중·일 세 나라 차의 정신은 사상적으로 전란과 사회적 혼돈을 배경으로 잉태되고 태어났다고 할 수 있다.

'중정'은 치우침을 거부하는 균제와 겸손의 사상이고, '검'은 덕을 앞세운 절제의 사상이며, '와비'는 불합리를 수용하는 한거의 사상이다.

색을 바꾸면 차 문화도 바뀐다

컬러가 제품을 판다는 말이 있다. 그래서 제품이 잘 팔리지 않으면 포장 컬러를 바꾸라는 말이 나올 정도이다.

미국의 색채심리학자인 파버 비렌Faber birren은 "색상이 인간에게 각각 다른 느낌을 주는데 실제로 상품 판매, 성격, 음식 맛까지 좌우한다."라고 말한다.

한 조사에 의하면 사람이 물건을 사려고 할 때 눈으로 보고 산다, 즉 '보기 좋은 것을 산다'가 87%로 가장 많았고, 다음이 '소문 듣고 산다'가 7%, '만져 보고 산다'가 3%, '냄새 맡아 보고 산다'가 2%, '맛보고 산다'가 1%의 순으로 나타났다고 한다. 소비자가 선호하는 것은 첫째로 보기 좋은 것을 고른다는 이야기이다.

사람에 따라서 개인차가 있겠지만 일반적으로 곱고, 깔끔하고, 단아한 색상이면서 사용상 편리해 보이고, 최소한 실내 분위기에 도움이 되며, 사용 후에도 다른 용도에 쓰일 수 있어 보이는 물건을 말하는 것이 아닐까 한다.

소비 성향이 가장 활발한 연령대인 20대에서 50대는 컬러에 아주 익숙해 있는 컬러 선호 세대이다.

색상이 화사하고 예쁜 차통들

우리 차 포장 상품의 색채미色彩美는 몇 점이나 될까? 포장의 재료나 용기의 형태와 제작 기술 수준은 선진국 수준이라고 생각하지만 색채미는 컬러 세대의 감각에 따르지 못하고 있지나 않은지 모르겠다.

차 제품의 대종을 이루는 녹차를 예로 들어 보자. 녹차는 녹색이라는 판에 박힌 공식이 나온 지도 몇 십 년이나 되었다. 자연과 순수 그리고 평화와 희망을 상징하는 친근한 색이 권태롭게 느껴질 때도 있으니 어찌 된 일인가. 외국의 어느 회사에서는 빨강 통에 녹차를 넣어 판다. 역발상인 것이다. 보기에도 앙증맞다.

회사마다 공들여 만든 우수한 차들이 연년세세 변하지 않는 녹색이라는 이미지에 묻혀 버린다면 그건 참 안타까운 일이다.

외국 포장 용기의 색상은 마치 컬러 만화경이다. 사용 후에도 좀처럼 바로 버리지 못한다. 컬러가 예뻐서다. 그 상품의 브랜드는 아름다운 이미지로 뇌리에 각인된다. 언젠가는 다시 찾을 것이다.

변화를 꺼리는 고정된 컬러만으로 심미안이 날로 변하는 세대와 트렌드에서 살아남기를 바란다면 지나친 욕심일지 모른다. 대담한 연출이 필요하다. 좋은 색은 얼마든지 있다. 화사하면서도 우아하게, 거기다 세련된 디자인이라면 안성맞춤일 것이다.

컬러의 변화는 매출을 유인하고 매출이 오르면 우리 차 산업이 흥성해진다. 그리고 차 인구도 늘어날 것이다. 인구가 늘어나면 산업이 안정되고 차문화도 우리 국민 모두의 보편적 문화로 바뀌게 될 것이다.

대나무와 차나무의 만남

중국차 이름에는 향香을 나타내는 표현의 방법이 다양하다. 이는 중국차의 특징 중 하나이자 매력이기도 하다. 난蘭, 재스민, 금목서金木犀와 같은 꽃 계통이나 복숭아와 밀감 같은 과일 계통, 아니면 나무나 풀과 같은 초목 계통 등을 들 수 있다.

육우 시대에 헌상차獻上茶로 '고저자순顧渚紫笋'이 있었다. '고저'는 저장성에 있는 산지의 산 이름이고, '자'는 찻잎 중에 자줏빛을 띤 싹이 섞여 있었다고 하여 사용한 말이다. 그리고 '순'은 차에서 죽순향이 난다 하여 붙인 것이다. 이를 정리해 보면 "고저산에서 나는 자줏빛 섞인 찻잎으로 만든 죽순향이 나는 신묘한 차"라고 풀이할 수 있다. 얼핏 생각하면 무위자연無爲自然의 노장풍류老莊風流가 풍미했던 시대에 생긴 멋스러운 이름이려니 생각도 해 보지만 그것만도 아닌 듯하다.

고저자순의 죽순향을 귀히 여겨 진상했다 하니 범상한 일이 아니다. 속설에 의하면 그 해답은 이렇다. 식물은 뿌리로부터 수분이나 양분을 빨아들일 때 일단 제 뿌리에서 제 몸의 수분과 양분을 조금 뱉어 낸 후에 흙에 있는 물 등을 흡수한다. 이때 타 식물과 뿌리가 닿아 있거나 엉켜 있으면 그 식물의 향이 밴 액을 흡수하게 된다. '고저자순'산지와 인근에는 대나무가 많이 자생하고 있다. 대나무는 뿌리가 횡근성橫根性으로 손가락처럼 촘촘히 뻗는데 반하여 차나무는 직근성直根性이기에 대나무 뿌리가 차나무 직근에 엉켜 있으리라는 것은 상상하기에 어렵지 않은 일이다. 대나무향이 차나무에 스며들 만도 하다.

우리 주변의 많은 사람들은 대밭에 자라는 찻잎을 따서 만든 차를 죽로차竹露茶라고 하여 귀히 여긴다. "반음반양半陰半陽의 대나무 밑에서 자라면서 대나무에 맺힌 아침 이슬을 받아 머금고 자란 찻잎으로 만든 차"이기 때문이라는 것이다. 그리고 대나무 맑은 향이 찻잎에 스며있으리라.

신선설神仙說에 의하면 불사신인 신선은 이슬을 먹고 산다 하였다. 또한 무병장수의 상징수인 대나무의 순수무구한 정령과 신선이 만났으니 무엇이 부족하겠는가.
대나무와 차나무는 절대 가연佳緣인 듯하다.

차 품평의 선행 조건

차의 품위와 등급을 부여할 필요성이 날로 더해 가고 있다. 외국산 차가 홍수처럼 밀려들어오고 있기 때문이다. 마치 차의 전국시대 戰國時代인 듯한 느낌이다.

우리가 마시는 차의 품위를 높여 밀려오는 큰 파도를 막을 물막이 둑을 튼튼히 쌓아야 하지 않겠는가. 그러기 위해서는 소비자의 사랑을 받는 차를 생산해 내는 길이 첩경이다. 맛도 좋고 색과 향도 좋아야 하거니와 마음 편히 마실 수 있는 위생적인 차여야 한다.

차의 품평은 오감에 의존하는 관능심사官能審査를 위주로 하고 있으나, 이 방법은 과학적인 밑받침이 약하고 제한적인 데다 심사 위원의 개인차 등 정확성과 공평성에 문제가 있다고 볼 때 이화학적 품평이 병행되어야 할 것이다. 가장 절실하고 기본적인 문제를 소홀히 하고 있다는 느낌이다.

먹거리의 안전성이 지구적으로 위협받고 있다는 사실이 잊히고 있는 것은 아닌지. 먹거리는 우리의 생명을 지탱해 주는 기본이라는 것은 누구나 아는 사실이다. 그렇기 때문에 먹거리의 안정성 여부는 품평의 선행 조건이 되어야 한다.

인류는 지금 인간성 상실의 시대에 살고 있다. 차에 대한 안정선의 문제는 어제오늘의 일이 아니다. 재배와 가공, 보관, 유통의 각 과정에서 야기되는 작위적 위해 요소는 없는지, 과정별 윤리 의식 수준은 어느 정도인지 걱정스럽기만 하다.

이화학적 검사 기준을 통과한 제품에 한해서 품평에 참여하는 선제 장치가 고려되었으면 한다.

과학적인 품평을 통해서 차의 품질을 공인해 줌으로써 소비자로부터 사랑받는 차로 뿌리내렸으면 한다.

소비자는 맛있고 향기로운 차이기에 앞서 위생적인 차이기를 원하는 것이다.

제2부, 중국 그리고 일본 차문화

「동약」, 희문 속의 드라마

장난삼아서 실없이 쓴 글, 또는 익살스럽기도 하고 농지거리로 쓴 글을 희문戲文이라고 하는데 차문화사를 기웃거리다 보면 「동약僮約」이라는 희문을 만나게 된다. 그런데 이상하게도 한낱 작은 희문에 불과한 이 글이 어떻기에 차문화사에서 귀한 대접을 받는 것일까.

중국 전한 말前漢末 선제宣帝 때 촉군蜀郡 사람으로 왕포王褒라는 문장가가 있었다. 그의 글은 양梁나라의 소통蕭統이 진秦과 한나라 이후 제齊와 양나라에 이르기까지의 대표적 시문을 골라 엮은『문선文選』과 편자는 모르나 동주東周에서 제齊에 이르는 많은 시문 중에서 260여 종의 우수한 시부잡문詩賦雜文을 엮은『고문원古文苑』에도 같이 실려 있다. 특히『고문원』에 실린 글 중에서 기원전 59년에 쓴「동약」은 차문화사를 연구하는데 빼놓을 수 없는 지표가 되고 문헌상의 실증적 자료로 높이 평가받고 있다.

당나라 중기 이전의 차문화를 집대성한 육우陸羽는『다경茶經』에서 신농神農의『식경食經』을 인용하면서 "차를 마시게 한 것은 신농씨가 열었다飮之以茶 發乎神農氏"라고 하였으나『식경』은 존재하지 않을 뿐 아니라 신농 또한 전설의 신에 불과하다. 한편 일부 연구가들은 전한시대 문인 사마상여司馬相如『범장편凡將篇』에서 소개된 천타荈詫를 두고 차를 뜻하는 것이라고 주장하나 그나마 당나라 이후 분실되고 없다보니 「동약」은 음차문화를 기록한 현존하는 최고의 고전인 샘이다.

「동약」은 노비와 주인 사이에 맺은 약속 즉 노비계약문서奴婢契約文書로 노비가 해야할 행동거지를 낱낱이 열거한 문서이다.

왕포는 서생 시절 고향 쯔중현資中縣에서 청두成都로 출타하여 남편을 잃고 혼자 사는 과부 양혜楊惠집에서 하숙을 하게 되었다. 그 집에는 죽은 양혜의 남편이 살아있을 때부터 사서 부리던 편료便了라는 노비가 있었는데 왕포가 어느 날 편료에게 술을 사 오도록 시키자 편료는 "내가 여기 팔려 올 때 계약서에 조상 묘를 잘 지키게 되어있지 다른 남자를 위해서 술을 사러 가게 되어있지는 않습니다."라고 매정하게 거절하자 화가 난 왕포는 과부에게 왜 저런 노비를 팔아 버리지 않고 두고 부리느냐고 묻자 과부는 아무도 욕심내는 사람이 없어서 팔지도 못하고 마지못해 데리고 있는 것이라고 하자 왕포는 편료를 혼내 줄 생각으로 양혜로부터 일만오천 전에 편료를 사서 계약서를 새로 쓰게 되는데 철없는 편료는 아직껏 기세가 꺾이지 않은 듯 왕포에게 "저에게 시키실 일은 모두 다 계약서에 써넣으십시오. 저는 계약서에 없는 일은 절대로 하지 않습니다." 라고 한다. 왕포는 내심 '그래 두고 보아라. 이 건방지고 괘씸한 놈' 이라는 생각으로 골탕을 먹이는 겸 징벌 범위를 넓히고 보다 엄하게 만든 복무규약을 적은 계약문서가 바로 「동약」이다.

蜀郡王子淵　以事到煎上

寮婦楊惠舍

有一奴名便了　倩行酤酒便了　捍大杖上家巔

曰大夫買了時　只約守家不約為他

家男子酤酒子淵大怒曰奴寧欲賣耶惠曰奴

父許人人無欲者子即決賣券之奴復曰欲使

皆上不上券便了不能為也　十淵曰諾券文曰

神爵三年正月十五日　資中男子王子淵　從

成都安志里女子楊惠買夫

時戶下髯奴便了決賣萬五千奴從百役使不

得有二言晨起早掃　食了洗滌居當穿

淵一作　掃食了洗滌居當穿臼

屈竹作把削治鹿盧　研陌杜坰地刻大枷

研篁薄荻盂　鑑井汲渠縛落鋤園

縛篅杜梪盂　鑑井汲渠縛落鋤園

　　　　　　　　　　　車躍坐大叫曰

届竹作把削治鹿盧　　　一作　車躍坐大叫

得有二言晨起早掃　掃食了洗滌居當穿

時戶下髯奴便了決賣萬五千奴從百役使不

林振頭垂釣　出入不得騎馬載車

　　　　　　　沃不酪住酤釀

왕포의「동약」

　아침 일찍 일어나서 밤늦게까지 편료가 할 일들이 빼곡히 쓰여 있고 하지 못할 때는 100대씩 매를 친다는 등 모진 조항들이 적힌 계약서의 항목들을 낱낱이 들려주자 그제야 놀란 편료는 콧물을 한자나 질질 흘리면서 땅바닥에 이마를 치고 통곡하며 후회했다는 해학이 넘치는 글인데 왕포의 이 계약서에는 차와 관계있는 세 가지 규약이 들어 있다.

烹茶盡具(팽다진구)

己而蓋藏(기이개장)

牽犬販鵝 武陽買茶(견견판아 무양매차)

　세 항목 열여섯 자인 글귀 속에는 엄청난 메시지가 담겨 있는데 첫째, '팽다는 차를 다린다'이고 진구는 '도구 즉 다구를 갖춘다.'는 말인즉 "차 도구를 갖추어 차를 다려라." 라는 말이다. 이 구절은「사람이 차를 마셨다」와「차 도구를 사용했다」는 두 가지의 사실史實이 문헌상으로 밝혀지는 차문화 사상 최초의 기록이다. 이 문장 하나로 그 시대 쓰촨성四川省 지방에 이미 음차 풍습이 상당히 보급되었고 차를 마실 때는 최소한의 전용 다구류를 갖추고 마셨다는 것을 알 수 있다. 또한, 차의 보급이 점차 늘어나면서 최상의 차 맛을 얻기 위해서 차나무 재배와 제다, 팽다와 음차기법의 변화가 거듭되었고 그런 여러 기법이 행해지는 가운데 음차성향飮茶性向은 서서히 약성중심藥性中心에서 일상 음료日常飮料 영역으로 변형, 다양화되어 갔을 것이다.

　육우는『다경』에서 명의名醫 화타華佗 145~208의『식논食論』에 대해서도 언급하였으나 후한 말기의 일인 데다 조조曹操에 의해서 처형되기 전에 스스로 불살라버려 현존하지 않는 문헌이고『삼국지三國志』「오지吳志」,「위요전韋曜傳」또한, 한참 후일의 일이다.

　둘째, "차를 마신 뒤에는 다구를 덮어 간직하라."고 하였다. 이는 다도구가 손상되지 않도록 세심하게 다루어야 한다는 주의성 조문이고 셋째는 "개를 끌고 가서 거위를 팔아 우양에서 차를 사 온다."고 하였다. 다시 말하면 거위를 판 돈으로 우양에서 차를 사 온다는 이야기이다. 생각하기에 따라서는 한낱 평범한 이야기처럼 생각되나 차문화사적으로는 커다란 의미가 있다.

거위를 파는데 개를 데리고 가도록 하였다. 청두에서 우양 장터까지 가는데 마냥 거위를 들고만 갈 수 없으므로 가끔 개가 몰고 갈 수 있도록 배려 한 듯도 하다.

거위는 야생 기러기를 길들여 식용으로 개량한 변종가금變種家禽으로 예부터 중국인들이 좋아하는 식재일 뿐 아니라 밤눈이 밝아 집을 잘 지키기 때문에 외딴집이나 양혜처럼 한적한 과붓집 등에서 호신용으로 더러 길렀었다. 따라서 하숙생이 좋아하는 차를 사는 대물代物로 삼은 것이다.

그러면 어찌 우양으로 가도록 하였을까. 우양은 당시 중국 제2의 도시 청두에 가까운 상업 도시로 중국 역사상 차 재배를 제일 먼저 했다고 문헌상 기록되어 있는 곳이다.

기원전 53~기원전 49년 경 감로사甘露寺 승려 오리진吳理眞 선사가 청두 동쪽에 있는 몽산蒙山에 일곱 그루의 차나무 씨앗을 파종하였다 하여 차 재배의 시초라고 하는데 이를 계기로 몽산 일대는 차나무가 성하고 차 맛이 좋아 수없이 많은 명차가 생산되고 있다. 16세기의 약학자 이시진李時珍은 『본초강목本草綱目』에서 몽산 여러 산에는 차나무가 성하였는데 다른 지역에서의 차가 마시면 사람의 몸을 냉하게 하는 성질이 있는 데 반하여 몽산차는 "몸이 따뜻해지고 병을 치유하는 힘이 있다."고 하였다. 몽산과 가까운 우양은 차의 집산지로서 품종이 다양하고 값이 저렴할 뿐 아니라 품질이 우수한 차로 유명했었기 때문이다.

또한, 우양에 가서 차를 산다는 것은 우양에 차시장이 형성되어 최소한 전한 말에 중국에서는 이미 차시장이 형성되어 있었다는 이야기가 된다. 시장의 형성은 차가 사회적, 경제적 재화로 인정되고 동시에 서비스가 이루어지고 있었다는 증거이다. 이 또한 문헌상으로는 최초의 기록이다.

이처럼 차 달이기와 차 도구의 사용, 차 도구의 보관, 우양의 차시장과 상품으로서의 차의 등장, 이 모두가 문헌상으로 최초인 역사적 사실이 열여섯이라는 적은 글귀에 담겨져 있다.

「동약」을 생각하기에 따라서는 한낱 경박한 웃음거리 정도로 웃고 넘길 수도 있겠으나 웃음 속에 담긴 역사적 사실성과 은유한 문화적 이미지는 차문화사를 인도하는 지표인 것이다.

「동약」은 육우의 『다경』이 태어나기 약 800년 전의 일이다.

희문 속에 담긴 장한 드라마를 본다.

노동의 「칠완다가」에 취하다

차를 시제試題로 한 중국의 차시는 당나라 시인 이백李白이 749년에 쓴 오언시 「옥천의 선인장차를 선물한 조카인 승려에게 답한다答族侄僧中孚玉泉仙人掌茶并序」가 효시이다. 그로부터 두보杜甫, 백거이白居易, 노동, 피일휴皮日休, 소식蘇軾, 육유陸游, 교연皎然 등 걸출한 문인들의 차시가 즐비하지만, 그 정점에 드는 것은 무어라 해도 당대 시인 노동?~835이 쓴 「맹간의가 부친 햇차에 대하여 글로써 감사하며走筆謝孟諫議寄新茶」라고 할 수 있다.

노동은 당나라 중기 사람으로 호는 옥천자玉川子이고 허베이성 판양范陽 출신이다. 그는 고고하고 청절한 성격으로 교우와 관직을 피해 허난 성 소실산少室山의 한적한 움막에 은거하면서 학문과 문학에 전념해 오던 중, 문종文宗 때인 835년 감로甘露의 변[2]이 일어나자 관료파인 왕애王涯 집에서 회식하면서 환관 세력 말소 계획을 함께 모의하였다는 모함을 받아 환관파宦官派에 체포되어 억울하게도 40세의 젊은 나이에 참수되고 목은 길거리에 버려졌다.

억울한 누명을 쓰고 참수되기는 하였으나, 평소 환관에 대하여 신

---

2 당나라 문종 835년(태화 9)에 일어난 관료와 환관의 싸움으로 관료파 재상인 이훈(李訓)이 환관들을 주살하려 하였으나 사전에 모의가 발각되어 오히려 환관의 군사들에게 주살된 사건이다.

랄하게 비판했고 그들을 야유하는 「월식시月蝕詩」를 지은 것으로도 유명하다.

노동과 「칠완다가」

소식은 노동의 소식을 듣자 "옥천 선생 너무나 가련하다. 한평생 술만을 즐기며 한 푼도 가진 것 없이 살았는데"라며 애석해하였다. 동시대 시인이자 사상가인 한유韓愈도 「노동에 부치는 시寄盧仝」에서 "지금껏 이웃 중이 주는 끼니로 살아왔네. 현의 장관으로 있었음에도 돕지 못한 무능함, 부끄럽기 그지없네"라고 탄식하며 울었다.

그의 시에서는 찻잎 따기와 제다, 특히 헌상차에 대한 제다와 마시기, 포장과 차의 효용, 헌상차로 인한 백성의 고통 등을 두루 노래하였다.

해는 벌써 일장 오척이나 솟았으나 낮잠이 한창인데	日高丈五睡正濃
군졸이 문 두드려 놀라 단꿈 깨었네	軍將打門驚周公
간의대부가 편지를 보냈다고 말하는데	口云諫議送書信
흰 비단에 비스듬히 세 개나 봉인이 찍혀 있네	白絹斜封三道印
봉함을 여니 마치 간의대부의 얼굴 보는 듯한데	開緘宛見諫議面
세어 보니 월단차 삼백 편이었소	手閱月團三百片
듣건대 새해에 산속 깊이 들어가	聞道新年入山裏
겨울잠 자던 벌레 깨우고 봄바람 일으키는데	蟄蟲驚動春風起
천자에게 양선차를 맛보시게 하려고	天子未嘗陽羨茶
모든 화초들 감히 앞서 꽃피우지 않았구나	百草不敢先開花
부드러운 봄바람은 진주 이슬 차나무에 맺히게 하여	仁風暗結珠琲瓃
봄에 앞서 노란 싹 피워 낸다네	先春抽出黃金芽
갓 따와 신선한 차 불에 쬐어 쌌으니	摘鮮焙芳旋封裏
그 정성 지극하면서도 사치스럽지를 않네	至精至好且不奢
그 귀함이 지체 높은 이에게나 어울릴 법한데	至尊之余合王公
어찌하여 산 사람 집에까지 보내 왔는가	何事便到山人家
사립문은 거꾸로 닫혀 있고 속된 나그네 없어	柴門反關無俗客
사모 쓰고 손수 차 달여 마시네	沙帽籠頭自煎喫
푸른 구름 바람 부르고 그칠 줄 모르는데	碧雲引風吹不斷
하얀 차 거품 햇빛 받아 찻잔에 어리네	白花浮光凝椀面
첫째 잔은 입술과 목을 촉촉하게 적셔 주고	一椀喉吻潤

둘째 잔은 고민을 지워 주고	兩椀破苦悶
셋째 잔은 메마른 창자 찾으니	三椀搜枯腸
다만 글 오천 권이 있을 뿐	唯有文字五千卷
넷째 잔은 가벼운 땀이 솟아	四椀發輕汗
평생 불평스럽던 일 모공을 통해 모두 사라진다네	平生不平事盡向毛孔散
다섯째 잔은 살과 뼈를 맑게 하고	五椀肌骨淸
여섯째 잔은 신선과 통한다	六椀通仙靈
일곱째 잔은 마시지도 않았는데	七椀喫不得也
두 겨드랑이 맑은 바람 일으키며 날아가려 하네	唯覺兩腋習習淸風生
봉래산 어드메뇨	蓬萊山在何處
나는 이 청풍 타고 가련다	玉川子乘此淸風欲歸去
산속의 선인들 아래 세상 다스리고	山中群仙司下土
지위 드높아 비바람을 가로막는다네	地位淸高隔風雨
어찌 알겠는가 수많은 백성들의 목숨이	安得知百萬億蒼生命
벼랑에 떨어져 고통에 처해 있음을	墮在顚崖受辛苦
만약 내가 간의라면 백성에게 묻겠노라	便爲諫議問蒼生
그래도 다시 살아날 수 있겠는가라고	到頭還得蘇息否

시제를 줄여 「노동의 다가茶歌」, 「노동의 차시茶詩」라 부르기도 하고, 시의 중간 부분에 이르러 한 주발, 두 주발, 주발을 더함에 따라 변하는 차의 정신세계를 노래한 절구만을 「노동의 칠완다가」라고 부

르기도 한다. 영미권에서는 「노동의 칠완시Lu Tong's Seven Bowls of Tea」라고도 하는데, 유커스는 그의 저서 『차의 모든 것』에서 '음다Tea-Drinking'라고 번역하였다.

은둔 생활을 하고 있는 노동에게 뜻하지 않게 맹간의孟諫議[3]로부터 황제에게 올리는 헌상차와 같은 양선차陽羨茶[4]의 신차新茶를 받고 감격에 겨워 사립문을 안으로 잠근 채 손수 달여 마시면서 환상적인 차의 풍미에 도취되어 선계仙界로 비상하는 정신세계를 그린 이 시는 차의 이상을 노래한 절구로 당대 이후 1천여 년이 지난 오늘에 이르기까지 전 세계의 차인으로부터 변함없는 찬사를 받고 있다.

첫째 잔은 갈증을 없애 주고, 둘째 잔은 고독과 우울함을 없애 주며, 셋째 잔은 시문의 재능을 일깨우고, 넷째 잔을 마시고 나니 가벼운 땀이 나면서 평생 불편하게 생각되었던 일들이 땀과 더불어 무산된다. 다섯째 잔을 마시니 육신이 맑아지고, 여섯째 잔을 마시고 나니 어느덧 신선으로 변신한다. 일곱 째 잔은 마시지도 않았는데 "두 겨드랑이 맑은 바람 일으키며 날아가려 하네"라고 노래함으로써 차의 세계를 선仙의 경지로, 나아가서는 형이상적인 초연한 정신세계

---

3 간의는 임금의 잘못을 간하는 관직명으로 간의대부라고도 한다. 맹간의가 정확히 누구인지는 알 수 없으나 재상 왕애의 부하일 것으로 보인다.
4 자사호로 이름난 장쑤 성 이싱(宜興)에서 생산되는 차. 공차.

의 영역으로 끌어올린 시 이다.

선경仙境을 찾아 비상하는 황홀한 오감五感의 내면세계內面世界를 그린 상상력에는 경탄을 금할 길이 없다.

이 시에서 가장 감동적인 시구는 일곱 번째 잔의 부분이다. "두 겨드랑이에 맑은 바람 일으키며 날아가려 하네"로서 노동의 시정이 응집된 곳이라 할 수 있다.

많은 차인들이 "두 겨드랑이에 맑은 바람 일어나네"등으로 풀이한다. 이 둘은 "습습習習"을 바람이 부드럽게 부는 상태로 해석하는 경우와 날개가 돋아 날아가려는날아가는 상태로 보는 해석상의 이론異論에서 비롯된 것으로, 다음 구절인 "봉래산 어드메뇨, 나는 이 청풍타고 가련다蓬萊山在何處 玉川子乘此淸風欲歸去"와 연계하여 해석해보면 날개 돋아 날아가려는 심경으로 해석함으로써 노동의 상상력과 내면세계를 보다 윤새潤色할 수 있게 한다.

고대 중국 차문화 연구가이자 미술가 스티븐 오영Steven D. Owyoung은 "노동은 여섯 주발의 차를 마시고 여섯 가지의 감각을 얻었으나 일곱 번째의 차는 마시지 못하였다. 최후에 남은 감각은 겨드랑이 밑에 날개가 돋아 그 날개로 부드러운 바람을 타고 하늘로 날아갔기 때문이다Lu Tong as having drunk six cups of tea, resulting in six sensations, but unable to drink the seventh cup because the only feeling left is that of having grown wings from under his arms, wings that send him flying in the air on a gentle wind."라고 설명한다.

"습습"을 청나라 문자연구가인 주준성朱駿聲은『설문통훈정성說問通訓定聲』에서 "바람이 부드럽게 부는 상태" 또는 "비동飛動, 즉 날아서 움직이는 상태"라 하였고, 원나라 진호陳澔가 저술한『진호집설陳澔集說』에서는 "새 새끼가 나는 것을 배우는 모양"을, 단국대 동양학연구소에서 편찬한『한한대사전漢韓大辭典』은 "나는 모양", "미풍이 온화하게 부는 모양"이라고 한 것이나 일본 한학자인 모로하시 데쓰지諸橋轍次는『대한화사전大漢和辭典』에서 "바람이 부드럽게 부는 상태 또는 비동하는 상태"라고 한 것으로 보아 노동의 의도에 가장 가까운 해석이라고 할 수 있다.

예로부터 내려오는 구비口碑나 전설 등에 따르면 신선이나 도사에게는 두 겨드랑이에 날개가 있어 광활한 우주 공간을 자유로이 날아다닐 수 있다 하였다. 이는 도교의 신선 사상과 고대 신앙에서 비롯된 것이다. 따라서 차시에서의 '양액'은 '날개'를, '습습'은 '날아가려는 날아가는 상태'를 상징할 뿐 아니라 '양액'이나 '습습' 어느 하나를 생략하여 말해도 '양액습습'의 개념으로 인식하여도 무방할 것이다.

시는 당대의 국교인 신선 사상을 기조 사상으로 하는 도교의 전성기를 시대 배경으로 하여 태어났다. 따라서 도교의 중심 사상인 불로불사不老不死의 신선 사상을 차시에 수용한 것이다. 급기야 노동의 신선 사상은 음다의 심경을 우화등선羽化登仙의 경지에 이르게 하였는데, 그로부터 중국과 우리나라의 시문화에 커다란 영향을 미치게 된다. 몇몇 시문을 추려 보고자 한다.

오대민五代閩 사람인 최도융崔道融은 「사주상시기촉차謝朱常侍奇蜀茶」에서 다음과 같이 노래하였다.

한 사발의 차로 깊은 취기에서 깨어나고   一甌解却山中醉
몸이 가벼워져서 하늘을 날아오르려 하네   便覺身輕欲上天

당송팔대가唐宋八大家의 한 사람인 구양수歐陽脩의 시우이자 두보 이후 최대의 시인으로 추앙받는 북송의 매요신梅堯臣은 이렇게 표현하였다.

이백의 선인장차 자랑하지 마라   莫誇李白仙人掌
잠시 노동의 시문에 이르니   且作盧仝走筆章
청풍이 두 겨드랑이에 일어   亦欲淸風生兩腋
달 가까이 올라가려 하네   從教吹去月輪傍

청나라 중기 문인으로 양주팔괴楊州八怪의 한 사람인 정섭鄭燮은 그의 「다련茶聯」에서 다음과 같이 노래하였다.

춘로차 한 잔에 객이 잠시 머무니   一杯春露暫留客

두 겨드랑이에 맑은 바람 일어 신선이 되려는 것 같구나   兩腋淸風幾欲仙

소식蘇軾은「영차사詠茶詞」에서 이렇게 노래하였다.

어느새 그 맛이 혀에 감돌아	霎時滋味舌頭回
술 취한 이를 깨어나게 하고	喚醒靑州從事
쏟아지는 졸음도 물리쳐	戰退睡魔百萬
임 만나는 꿈조차 꿀 수 없게 하네	夢不到陽臺
두 겨드랑이 바람 일어	兩腋淸風起
봉래산에 날아가고 싶네	我欲上蓬萊

또한「전적벽부前赤壁賦」에서는 "가붓가붓 나부껴 인간 세상을 버리고 홀로 서서 날개가 돋치어 신선되어 날아오르는 것 같구나飄飄乎如遺世獨立羽化而登仙"라고 하여 노동의 시적 이미지를 원용하였다.

우리나라 차시에서도 고려 말의 문신이자 학자인 이색李穡은 개천사開天寺 행제선사行齊禪師가 보낸 영아차에 대하여 답하는 글에서 이렇게 노래하였다.

동갑네 늙은이라 더욱 친하네	同甲老彌親
진정 바른 영아차 맛이로구나	靈芽味自眞

양 겨드랑이에 맑은 바람 이니　　清風生兩腋

곧장 선사 만나고 싶어지는구나　　直欲訪高人

고려 후기의 문신 이규보李奎報 또한 「이날 보광사에 묵어 죽은 왕의가 남긴 시의 운을 이어서 주지에게 드리다是日宿普光寺用故王書記儀留題詩韻贈堂頭」에서 다음과 같이 썼다.

향기로운 차 일곱 주발 마시니 겨드랑이엔 바람이 요동치고

　　　　　　　　　　　　　　　　七椀香茶風鼓腋

한 쟁반 찬 과일은 청자에 눈이 스미는 듯　　一盤寒菓雪侵腸

고려 때 전남 강진 만덕사 조사였던 진정국사眞靜國師는 「차를 주신 선사에게 감사하며謝禪師惠茶」에서 이렇게 말하였다.

단 이슬은 모공을 적시고　　甘露津毛孔

청풍 겨드랑이를 식히네　　清風鼓腋間

또한 고려 시대 학자 이곡李穀의 「백화부 우덕린과 함께 지은 술 마시며 한 수를飮酒一首同白和父禹德麟作」을 보면 다음과 같다.

노동의 일곱 잔 차에 웃고　　應笑盧仝七椀茶

두 겨드랑이에 청풍 일어나는 것 잘못 의심하리　誤疑兩腋生淸風

고려 후기 문신 이연종李衍宗은 「차를 주신 박치암에게 감사하다
謝朴恥庵惠茶」에서 다음과 같이 표현하였다.

노동 같은 경지에 통하게 되네　　　　　　通靈也似玉川子

때로는 두 겨드랑이 바람을 타고　　　　　亦欲時乘兩腋風

봉래산 날아올라 상봉에 내려　　　　　　飛向蓬萊山上墜

조선 전기 문신인 서거정徐居正은 김시습이 보낸 차에 화답하는
『사잠상인혜작설차謝岑上人惠雀舌茶』에서 이렇게 노래하였다.

어찌 노동의 찌든 마음에서 나온 오천 자뿐이랴

　　　　　　　　　　　　　　豈但搜盧全枯腸文字券五千

이백의 고운 마음에서 나온 삼백 편의 시도 나올 듯하네

　　　　　　　　　　　　　　亦可起李白錦肝詩句三百篇

필탁은 부질없이 독 아래서 잠자고　畢卓謾向甕底眠

여양은 공연히 술수레에 떨어져 침 흘리네　汝陽空墮麯車涎

어떻든 한두 잔의 차 마셔야　　　　那如飮此一兩杯

두 겨드랑이 날개 돋아 봉래산까지 날으리　兩腋生翰飛蓬萊

조선 중기 문신이자 학자인 구봉령具鳳齡은 「독다경讀茶經」에서 다음과 같이 표현하였다.

좋은 차 마시면 양쪽 겨드랑이에서 바람 솔솔 인다네

因復啜玉乳 習習風生腋

의연히 신선되어 맑은 달나라에 날아오르리

依然駕我仙 飛上淸都月

조선 후기의 대선사이자 우리나라 다도를 정립시킨 초의선사의 「동다송」에서는 다음과 같이 썼다.

옥화 한 잔 기울이자 바람이 겨드랑이에서 일고

一傾玉花風生腋

몸은 가벼워져서 상천 맑은 경계에서 노닐게 된다

身輕已涉上淸境

그 주석에 "진간채 차시에는 옥화차를 마셨다는 시구가 있고 노동의 다가에 보면 양 겨드랑이에서 맑은 바람이 일어나는 것을 깨달았다는 구절이 있다陳簡齋茶詩 賞此玉花句 盧玉川茶歌 惟覺兩腋 習習生淸風."라고 하였다.

조선 후기의 학자 김려金鑢는 「도사 김청휘가 철비녹하차를 보내

왔기에 옥천산의 한림 이백의 고사를 본떠서 사의를 표하다謝琴道士
清徵 贈鉹鼻綠霞茶擬嘗聞玉泉山 李翰林白」에서 선차를 마시니,

허파에 샌 바람이 일어　　　　　　　肝肺化淸颸

상쾌하게 옷깃을 날리고　　　　　　爽然飛毛縫

두 겨드랑이에 날개가 돋아　　　　兩腋亦羽翰

훨훨 날아 적송자에게 인사하네　　翩翩輯赤松

라고 하였다.

같은 시대의 문신인 이만용李晚用도 「금강산 폭포 물로 달인 병차
한덩이를 숯불에 달이니 산향이 짙더라金剛之瀑煉成餠活烹一粒山香多」
에서 이렇게 노래하였다.

갈증을 씻어 줌은 귀신처럼 빠르고　　　　除去消渴捷如神

한낮 창에는 솔바람 소리 새로워라　　　　午窓松風聞更新

일곱 사발에 노래 마치고 신선 되어 날아간다　七椀歌罷登仙去

이렇듯 노동은 「칠완다가」를 통해서 한낱 약재에 지나지 않았던
차를 불로장수의 은혜로운 차로, 인격을 연마하는 도덕적인 차로, 상
상력을 자극하는 이미지와 창조의 차로, 지성과 낭만의 차로 윤색함
으로써 오늘에 이르기까지 후세에 깊은 감명을 주고 차의 이상을 고

결한 정신세계에 머물게 하고 있다.

육우를 다성茶聖이라 하고, 노동은 다선茶仙이라 부르는 이유가
여기에 있지 않을까 한다.

전쟁의 제물이 된 말차

예로부터 차는 어떤 불가사의하고 초자연적인 힘氣에 의해서 인간의 마음을 온화하게 순화하고 모든 질병을 치유하는 성스러운 마실거리로 인식되어 왔다.

그래서 신비에 가려져 신성시되었고 그 문화는 언제나 속물적俗物的인 유혹을 꺼려왔다.

우리의 일상적인 생활에서는 불안과 초조, 고독, 절망과 증오 그리고 모든 부조리를 걸러내고 개선하는 이성理性의 마실거리인 것이다.

이러한 차의 세계에 인류을 져 버린 서글픈 역사가 있었다.
알고 싶지 않은 역사
숨기고 싶은 역사
지워버리고 싶은 역사 말이다.

현지 시간으로 1941년 12월 7일 일요일 아침 7시 49분 일본 연합함대 소속 기동대는 하와이 진주만에 있는 미 해군기지를 기습 공격하였다. 평화롭기만 하던 일요일의 아침 선전포고도 없이 시작된 기습으로 진주만에 정박해 있던 미국 주력함대는 치명적인 피해를 입는다.

중국을 비롯하여 동남 아시아권에 대한 일본의 세력이 날로 팽창해 가는 것을 못마땅하게 생각해 오던 미국은 재미 일본인 자산을 동결하고 대일 석유 수출 금지 등의 경제적 압박을 가하면서 또 다른 한편으로는 인도차이나와 중국에서의 일본군 철수와 장개석 정부 인정 등의 정치적 요구를 하며 압박이 가해오자 아시아의 맹주盟主를 자처하며 서구 열강의 침탈로부터 아시아를 해방, 보호하고 나아가서는 "아시아는 하나"라고 하는 소위 대동아공영권大東亞共榮圈 구축의 명분을 내세워 개전한 것이다. 이 전쟁이 이른바 제2차 세계대전의 또 하나의 축인 태평양전쟁이다.

이 전쟁은 일본이 단기전으로 승전할 수 있다는 오판 하에 시작된 전쟁으로 초기에 일본군은 싱가포르는 물론 필리핀과 그 밖에도 남태평양 여러 지역을 점령해 나갔다. 연전연승 파죽지세로 전승에 도취해 있는 사이 미국은 피습의 트라우마로부터 점차 깨어나면서 전세는 반전하는데 그 결정적인 전기가 된 것은 1942년 6월 5일에서 7일 사이에 하와이 북서쪽 미드웨이 해상에서 벌어진 해전이다. 이는 개전으로부터 약 반년 남짓한 시기로 일본군의 전세가 압도하고 있었으나 색적索敵을 게을리 하고 암호가 미국 측에 해독됨으로서 대기 중이던 미국 급강하 폭격기대의 급습을 받고 항공모함 4척과 항공기 300대 그리고 많은 병력을 상실한 후로부터 일본의 전세는 가파르게 기울어져 갔다. 그로부터 1943년 2월 9일 태평양 전쟁의 핵심 전선인 과달카날의 패배, 동년 타라와섬 일본군의 전멸이라는 졸전이 이어지자 1943년 9월에는 인도네시아-뉴기니-필리핀-마리아나 제도를 잇는 이른바 "절대국방선絕對國防線"이라는 방호선을 긋고 연합군의 공격을 막아 내려고 안간힘을 썼으나 이마저 무색하게 무너지고 만다.

이와 같이 전세가 날로 악화되고 군수품은 물론 민수품에 이르기까지 물자부족이 극심해지자 농지관리령을 발동하여 가용자원의 통제를 최대한 강화해 나갔다. 그 가운데 농지관리령의 여파는 차산업계에도 걷잡을 수 없는 충격이었다.

전시하에 차는 사치스러운 것이라는 억울한 멍에를 쓰고 불급작물不急作物로 분류됨에 따라 애국운동의 미명하에 제다에 필요한 유류 공급은 막히고 차 밭은 대체작물을 위해 파헤쳐져 나갔다.

"차나무 대신 토란芋을 심자!" "전시에 차는 사치품이다!"라는 구호를 내세워 생산이 중단되고 차 밭은 토란 등의 식용작물로 대체되어가고 차 거래마저 규제를 받는 괴멸적 상항을 맞게 되었다.

차 산업계는 이와 같은 위기 상황으로부터 탈출하기 위하여 가루차 주산지인 우지시宇治市 생산업자 단체와 차업연구소를 중심으로 군부에 묘안을 제시하였는데 그건 바로 차가 전시하에 불급한 작물이 아니라 오히려 영양식품이자 독전식품督戰食品이라는 것을 주장한 것이다. 즉 차에는 많은 비타민류와 카페인이 함유되어 있어서 전시하에 국민의 영양은 물론 전후방 군인과 군속, 그리고 군수공장 등에서 일하는 종사자의 영양과 집중력을 높이는데 필수적인 식품이라는 과학적인 자료를 근거로 제시하며 영양학 박사이자 군용식품 연구의 제1인자인 육군항공기술연구소 가와시마川島四郎 소좌少佐를 설득한 것이다.

가와시마 소좌는 일본 말차 주산지인 우지시 와는 같은 권역인 교토부京都府 출신으로 평소 차에 대한 이해가 깊었던 사람으로 즉시 이를 받아 들여 불급작물에서 해금解禁 되었으나 그 대가로 군수품으로서 제1선에 나서게 되었다. 그로부터 말차 가공 연구가 진행되고 고형말차固形抹茶 기술이 개발되어 휴대성이 좋고 물 없이도 간단이 먹을 수 있는 말차정抹茶錠으로 변신하여 각 전선과 군수공장들에 공급하게된 것이다.

해금의 대가로 그 이상의 차 밭이 황폐해 지는 것을 막아 낼 수는 있었으나 군수품으로 전향되면서 그토록 우아하고 순결한 차의 본성은 훼손되기 시작하였다. 예측하기 어려운 미궁으로 말이다.

한편으로 전세는 날로 악화해 갔다. 1944년 7월 북마리아나군도의 요충지 사이판섬의 일본군 패배는 특히 치명적인 것이었다. 일본 본토 폭격을 위해서 개발한 B-29의 기착지로 활용할 수 있었기 때문이다. 11월에는 사이판 섬의 공군기지 시설이 갖추어져서 본격적으로 일본 본토에 대한 폭격이 가능해졌다. 그로 인하여 일본의 도시들은 밤 낮없는 공습에 시달려야했고 군수공장과 각종 산업시설은 폐허가 되고 있었다. 또한 1945년 3월에는 일본 본토 바로 눈앞에 있는 오가사와라 제도小笠原諸島의 요충지 이오섬 일명 유황도硫黃島를 사수하지만 파도처럼 밀려드는 미군의 기세를 꺾지 못하고 그 마저 점령당한다. 이 이오섬 전쟁은 태평양전쟁 후반기 전쟁에서 일본군 보다 미군의 희생이 더 컸던 유일한 전쟁으로 기록되는 가장 처절했던 전쟁으로도 유명하다. 이오섬의 패전으로 폭격은 더욱 가열해지고 일본 본토 상륙작전의 전초전인 오키나와沖繩섬 상륙작전이 전개된다. 일본의 전 국토가 전쟁터가 되어 버린 것이다.

미 연합군의 거대한 물량전에 기가 꺾인 일본은 완전히 수세에 몰리고 연전연패의 함정에 빠져들고 있었다. 일본 본토 상륙만은 반드시 막아야하는 절체절명의 위기에서 일억 특공一億 特攻 즉 모든 국민이 나서서 특별공격대가 되어 목숨을 기꺼이 바친다는 소위 일억 총옥쇄一億 總玉碎 작전에 돌입하는데 그 선두에 선 부산물이 특공무기의 등장이다.

특공전용무기特攻専用武器에는 여러 가지의 종류와 형태가 있었으나 가장 대표적인 것으로 '오카櫻花'와 '가이텐回天' 그리고 '신요震洋'를 들 수 있다.

"오카"는 비행체 앞머리에 1톤 이상의 폭약을 탑재한 소형 항공특공무기로 모기母機에 매달려 가다가 목표물 근처에 다다르면 특공대원이 모기에서 옮겨 타 분리하여 시속 약 600km 이상의 스피드로 조종하여 목표물에 부딪혀 자폭自爆한다. '오카'에는 착륙장치가 없었으므로 자폭의 성패를 떠나 반드시 죽어야만 하는 것이다. 이 '오카'는 조종사가 조종할 수 있었기 때문에 움직이는 군함 등을 폭파하는데 유리한 점이 있었으나 항속거리가 40km에도 못 미치는 약점이 있었다. 미군은 이 '오카'를 '바카 폭탄Baka Bomb'이라 부르며 빈정댔었다. "바가馬鹿"는 바보나 멍청이, 얼간이를 지칭하는 일본말이다.

"가이텐"은 사람이 타서 조종하는 일종의 인간어뢰人間魚雷를 말한다. 14.7m 내외 크기의 "가이텐"은 모함이 되는 잠수함의 상갑판上甲板에 실려 적 함선의 예상 해상에서 대기하다가 함선이 나타나면 특공대원이 잠수함 연락통連絡筒을 통해 "가이텐"에 옮겨 탄 후 모함에서 분리되어 적함에 돌진하면서 자폭한다.

"신요"는 길이 약 5m의 고속 모터보트에 폭약을 탑재하여 적함

오카

가이텐

신요

에 부딪쳐 자폭하는 특공정特攻艇을 말한다. 미군의 상륙작전용 함정을 폭파할 목적으로 고안된 것으로 정 앞머리에는 250kg의 폭약을 장전하고 있었다. 엔진은 자동차 엔진을 개량한 것으로 당시 미 구축함이 통상 30노트의 고속인 데 대하여 20노트 전후에 불과한 특공정이다.

패전을 눈앞에 두고 등장한 이들 특공무기들은 17세에서 25세 미만의 조종술에 미숙한 청소년들에 의해서 조종되고 물자 부족으로 기자재와 성능이 지극히 열악하여 "오카"의 경우 이륙 시의 고장이나 비행 중의 고장만으로도 많은 특공대원을 잃었다.

모든 특공무기가 편도운행片道運行만 가능하도록 연료가 주입되어 있어서 성패 가림 없이 어차피 돌아오지 못하고 죽어야만 했었다. "신요"의 경우 자재 부족으로 베니어판으로 제작되었다 하니 말문이 저절로 막힌다. 이에 반해서 미군은 당시에 이미 레이더가 있어서 특공무기가 접근하기도 전에 미리 탐색되어 격멸하였으므로 일본의 전과는 최악이어서 아까운 인명만 희생시키고 만 꼴이 되고 말았다.

일본 규슈 가고시마현鹿兒島縣 지란知覽에 있는 '오카'기지 특공대원들의 생활상을 엮은 어느 기록에 의하면 출격을 앞둔 대원들 가운데 상당수가 밤마다 잠결에 "엄마! 엄마!" 하고 중얼거리면서 울기도 하고 신음했었다고도 한다.

대부분의 대원이 아직은 고등학교 고학년쯤 나이의 젊은이들인데 언제 닥칠지 모르는 주검을 눈앞에 두고 얼마나 공포감에 시달렸기에 어머니를 부르면서 흐느꼈을까를 생각하면 가슴이 쓰리다. 비록 자원입대했다고는 하나 아직은 어린 데다 인명을 경시하는 왜곡된 국가관이 낳은 슬픈 비명이 아니던가.

아카하네 레이코赤羽禮子는 『반딧불이 돌아오다ホタル歸る』에서 레이코의 어머니가 운영하던 식당 도미야富屋 이야기를 적고 있는데 도미야는 지란 특공 비행기지 인근에서 특공대 지정 식당을 경영했던 관계로 대원들이 제집처럼 드나들었던 곳으로 그중에는 미쓰야마 소위光山文博少尉가 있었다. 그는 조선인으로 언제나 침울하고 외로워 보였는데 어느 날 미쓰야마가 불쑥 찾아오더니 오늘은 노래가 부르고 싶어져서 왔다면서 방에 조용히 주저앉아 잠시 무슨 생각에 잠기는 듯하더니 "아리랑 아리랑 아라리요, 아리랑 고개를 넘어간다…"를 나지막하게 떨리는 목소리로 부르며 펑펑 우는 것이다. 후일 레이코의 어머니 도메는 그때를 회상하면서 그 날 미쓰야마의 영혼에서 발산하는 듯 한 절절했던 울음은 살아 있는 동안 영원히 잊지 못할 것이라고 회상했었다. 도메가 아리랑을 따라 부르면서 눈물짓자 가족 모두가 서로를 껴안고 소리 내어 울고 말았었다고 한다. 그는 헤어지면서 호주머니에서 낡은 지갑을 꺼내어 레이코의 어머니에게 주면서 "어머니 그 동안 너무 감사했습니다"라고 인사를 하고나서 어둠 속으로 황급히 가버렸다고 한다.

그런 일이 있던 바로 뒷날인 1945년 5월 11일 아침 동틀 무렵 미쓰야마는 오키나와 전선을 향해 남쪽 하늘 구름 사이로 사라져 갔다.

  너 하고 나는 벚꽃 동기생,

  같은 병학교海軍士官學校 뜰에 피는

  — — —

"벚꽃 동기생同期の櫻"이라는 환송의 군가를 마지막으로 영영 돌아오지 못할 곳으로 간 것이다.

그로부터 며칠인가 지난 어느 날 밤 도미야에 반딧불 한 마리가 집으로 날아들어 한참 동안을 날아다닌 일이 있었는데 미쓰야마의 넋이 반딧불이 되어 찾아 온 것이었을 것이라는 줄거리가 적힌 책이다.

미쓰야마 후미히로는 탁경현卓庚鉉을 일본 이름으로 개명한 이름으로 경상남도 사천 출신의 일본 교토약학전문학교를 갓 나온 24세의 청년이었다.

특공대원들은 출격 전날 밤 삼각막사三角幕舍에서 가족에게 보내는 마지막 편지를 썼는데 그 편지에서 거의 모두가 어머니를 연호連呼하였고 종이에는 눈물 자국을 남겼다고 한다.

지란 특공대 삼각막사 앞에선 필자

눈물은 힘없이 죽어야 하는 자조自嘲에서 였을까---

아마도 캄캄한 암흑의 나락奈落에 목숨을 버려야 하는 공포와 회한悔恨의 절규였을 것이다.

차 산업을 살리기 위해서 벌어진 궁국의 묘책으로 만들어 진 것이 말차정인데 이 말차정에서 얻어낸 지혜는 급기야 두 얼굴의 흉측한 모습으로 변신한다.

일본 군부에서는 패전이 거듭되면서 특공대원, 전방 부대, 방공감시초소, 야간 감시병, 군수공장 종사자들의 전쟁 공포심을 없애고 피로회복과 잠을 쫓고 집중력이 향상되면서 활력과 정신이 맑아지는 각성제覺醒劑를 보급하였는데 특공대원에게는 소위 돌격정突擊錠이라는 이름의 필로폰philopon이다. 특히 이 돌격정에는 별명도 많았는데 돌격비타민정突擊 vitamine錠, 승리정勝利錠, 함성에 비유하여 눌함정吶喊錠이라고 부르기도 하였다.

정확한 자폭을 위해서 출격에 앞서서 몇 알씩 복용시켜 보낸 것이다.

각성제는 암페타민Amphetamine과 메스암페타민Methamphetamine류의 정신자극제로 나뉘는데 둘 다 말차 가루와 혼합하여 만들어진 정제錠劑약품으로 특공대원에게는 순도와 즉효성이 높은 메스암페타민류를 복용시켰고 군수공장 등 야간 근무자에게는 순도가 낮은 암페타민류를 원료로 제제하여 묘목정猫目錠이라는 이름으로 지급되었다. 묘목정은 밤눈이 밝은 고양이의 시력에 비유하여 지어진 이름이다.

차의 약성藥性을 첨가하여 효능을 높이려고 해서였을까, 아니면 메스암페타민과 암페타민 분말을 정제화 하는데 용이하고 약성 또한 높이려 해서였을까

차를 유독 신성시하는 일본에서 일어난 일이다 보니 더욱 놀라움을 금할 수 없다.

차는 특공전과 일억 총 옥쇄를 재촉하는 제물로 지울 수 없는 오명을 남기고 말았다. 전쟁의 광기가 몰고 온 극한적 저주이리라.

세계 전쟁사를 보면 여러 가지 형태로 각성제가 사용되어 온 건 사실이다. 그러나 차가 전쟁의 제물로 사용된 비운만은 없었다. 차의 신묘神妙한 성역만은 보호해 준 것이다.

부상병의 마른 목을 축여주고 전진戰塵에 시달린 병사의 마음을 따뜻이 어루만져 주는 자애로운 벗이었을 뿐이다.

막고굴의「다주론」

중국 간쑤성 북서부에 위치한 둔황敦煌은 고대로부터 유라시아 대륙을 이어 온 동서 교통로이자 실크로드의 요충인 오아시스의 도시이다. 칭짱고원青藏高原의 북쪽에 접해 있고, 서쪽에는 허시주랑河西走廊, 그 서쪽으로는 타림분지가, 북으로는 고비사막이, 남쪽으로는 치롄산맥祁連山脈과 차이다무분지柴達木盆地로 에워싸여 있다.

기원전 2세기경까지는 흉노의 지배하에 있던 둔황은 전한 무제 때 흉노를 물리치고 기원전 92년경에 둔황군이 설치된 후로부터 점차 지금의 간쑤성 북서부 일대가 한나라의 세력권에 들어오면서 군황 서부에는 양관陽關, 북으로는 위먼관玉門關의 양대 방어 거점이 설치되어 명실 공히 한나라의 서역 세력권의 중심지가 되었다.

그리하여 무제가 그토록 바라던 중앙아시아 지방, 즉 지금의 타지키스탄의 페르가나Fergana 산에서 천하제일의 군마로 알려진 한혈마汗血馬[5]라는 준마를 얻게 되었다. 그뿐만 아니라 호마胡麻와 포도

---

5 하루에 천 리를 달리며 달릴 때 피땀을 흘린다고 알려진 최고의 명마. 『사기』에 기록이 나옴.

등의 산물은 물론 불교문화 또한 이곳을 통하여 유입되기에 이르렀다. 동시에 한에서는 실크絹 등이 서역으로 흘러 들어가는 문화·경제·종교의 교역 중심지이자 군사적인 요충지가 되었다.

또한 위진남북조시대魏晉南北朝時代에는 축법호竺法護 등 여러 고승들이 나타나 대다수의 사람들이 무속 신앙에 매여 있을 때 서역으로부터 들어오는 경전을 번역하고 포교에 힘을 기울여 불교문화의 개화지가 된다.

이 무렵부터 태어난 둔황문화를 대표하는 유적이 막고굴莫高窟, 일명 천불굴千佛窟이다.

막고굴은 둔황으로부터 남동으로 약 20km에 위치하는 곳으로, 황량한 사막에 모래바람이 일면 슬프게 운다는 밍사산鳴沙山의 동쪽 절벽에 남북으로 약 1.6km에 걸쳐 길게 뻗쳐 축영된 불교 석굴군石窟群이다.

약 1,600여 년 전, 사문沙門 낙준樂僔이 이 지역에 이르자 황금빛 서광에 에워싸인 천불상을 보게 된 것을 기념하여 그곳에 훗날 불교문화의 금자탑이 될 대역사가 이루어졌다.

대주이군중수막고불감비大周李君重修莫高佛龕碑와 당나라 말기 제156굴에 묵서墨書된 865년成通 6년의 『막고굴기莫高窟記』에 의하면, 366년 사문 낙준이 개삭開削하고 법량선사法良禪師가 그 일을 이어받

막고굴

았다고 하였다. 밍사산의 깎아 세운 듯 한 낭떠러지에 492개의 석굴이 위아래로 2중, 3중으로 만들어져 있고, 2,200여 개의 소상塑像과 45,000㎡에 펼쳐진 수많은 벽화, 이 모두가 4세기에서 14세기까지 약 1천 년의 긴 세월을 두고 꾸준히 만들어진 것이다. 시대별 양식과 기법상의 특이성은 물론 시계별時系別 예술적 표현의 차이와 변천 과정을 한눈에 바라볼 수 있는 불교문화의 대 로망이자 인류 문화사에 유례를 찾아볼 수 없는 파노라마라고 할 수 있다.

둔황은 당대에도 꾸준히 실크로드의 요충지로 번창해 왔으나, 775~763년에 걸친 안녹산安祿山과 사사명史思明의 난이 있은 후로 당나라의 통제력이 약화되면서 티베트계 유목 민족인 탕구트 족Tangut의 지배하에 들어갔다가 다시 당나라에 예속된다. 그 후 북송 대에 와서 탕구트 족이 다시 이 지역에 서하西夏를 세우고 지배하게 된다.

이때 귀중한 둔황 문서들의 약탈과 훼손을 막으려고 막고굴의 이 굴耳窟[6] 속에 숨기고 입구를 알아보지 못하도록 도찰塗擦했다는 설과, 서하의 지배자들이 도리어 독실한 불교 신봉자로 막고굴의 조영에 힘써 왔다는 견해도 있다. 즉 서하의 왕조가 이슬람교 등 외부 세력으로부터 경전을 지키기 위하여 도찰했다고 주장하기도 한다. 그런

---

6 작은 소굴(小窟). 후일에 '장경동'이라고 이름 지어졌다.

가 하면 폐기설을 주장하기도 한다.

귀중한 경권류經卷類가 보관되었던 동굴 제17굴을 속칭 장경동藏經洞이라 하고, 거기에서 나온 문서들을 둔황사본敦煌寫本, 둔황문서敦煌文書 또는 둔황유서敦煌遺書라고 부르기도 한다.

장경동에서 발견된 대부분의 문서류나 불화들이 자투리이거나 폐기해야 할 정도로 훼손되어 있는 점으로 미루어 보아 한곳에 모아 폐기한 것이라는 주장도 있으나 이를 뒷받침할 만한 증거는 찾지 못하고 있다.

이러한 세 가지의 가정을 두고 많은 연구가들의 이견이 오가고 있으나, 이교도인 이슬람의 약탈과 훼손을 막기 위해 취한 방호책이었을 것이라는 데에 의견이 모아지고 있다. 따라서 이굴이 도찰된 시기는 11세기 전후로 내다보고 있다.

그 후 둔황은 서하의 멸망으로 몽골 제국과 원나라의 지배하에 놓이는 등 전란이 이어지는 사이 해로의 발달로 실크로드의 중요성이 점차 감소되면서 쇠퇴의 길을 걷게 된다. 급기야 막고굴의 굴삭窟削도 원나라를 마지막으로 종말을 맞이하면서 불교문화의 요람은 보잘것없는 역사의 한낱 잔영殘影으로 버려지고 말았다.

역사로부터 잊힌 둔황과 막고굴은 오랜 세월 동안 아무도 돌보는 사람 없이 고요한 적막이 흐르는 사막의 폐허가 되어 가고 있었으나, 둔황이 과거 동서 교역의 무대이면서 중앙아시아와 인도 그리고 중국을 잇는 불교 동점東漸의 중심지였다는 점과, 사막의 모래와 건조한 날씨가 인간에게는 견디기 어려운 생활환경이지만 고대 사원과 고분, 문서 등의 유적 보전에는 아주 좋은 자연환경이라는 사실이 알려지자 서구 호사가들의 탐검探檢 표적으로 떠오르기 시작했다.

청나라 때 막고굴에는 떠돌이 생활을 하던 왕원록王圓籙이라는 빈루한 도교승이 틈틈이 석굴에 쌓인 토사를 치우기도 하고 시주 받은 돈으로 잔손질을 하면서 은둔하고 있었다.

광서光緖 26년, 서기 1900년 6월 22일 새벽의 일이다. 가난과 외로움에 지친 왕 도사는 잠에서 깨어나자 여느 때나 다름없이 담배를 피우면서 무심히 앞 벽면을 쳐다보고 있는데, 어찌 된 일인지 담배 연기가 흙벽 미세한 틈새로 조금씩 빨려 들어가고 있지 않은가? 이상하게 생각한 왕 도사는 직감적으로 혹시나 이굴이라도 있지 않을까 하여 벽을 조금 헐어 보니, 거기에 이굴이 있고 안에는 고문서들이 꽉 들어차 있었다.

역사의 뒤안길에는 이설異說도 많은 법이다.

양楊이라는 사경생寫經生이 어느 날 용도甬道[7]를 지나면서 무심코 담뱃대로 벽면을 두드리자 공동空洞인 듯한 울림이 있어 왕 도사와 함께 벽을 헐어 보았더니 엄청난 양의 고문서들이 쌓여 있었다는 설

---

7 주실(主室)로 들어가는 통로로, 양쪽으로 토담을 쌓아 올려서 만들었다.

도 있다.

이러한 소문들이 세상에 알려지자 그동안 폐허가 되어 불모지로 변해 버린 둔황은 매장 문화재의 보고로 변신하면서 스웨덴, 영국, 프랑스, 독일, 러시아, 일본 등 각국 탐험대들의 치열한 매장 문화재 탈취장이 되고 말았다. 탐험가 본인은 물론 국가의 영예를 건 경쟁으로까지 발전했다.

마침 르네상스 이후 서구를 중심으로 만연하던 호고적好古的 취미를 부추기던 시대였으므로 문화유산의 선점을 노리는 각국의 경쟁은 치열하기 이를 데 없었다. 특히 막고굴 제17굴 장경동이 발견되었다는 소문은 탐험가들의 선취욕先取慾을 자극하기에 충분하였을 뿐 아니라, 특수한 자연환경과 많은 인종이 발자취를 남기고 간 곳이자 사막문화, 유목문화 그리고 불교 · 기독교 · 이슬람 · 도교 · 밀교문화, 토속신앙, 그 밖에도 그 옛날 원시문화의 잔해가 다소곳이 숨을 멈춘 채 잠들어 있을 인적 드문 고산 지대에서 일어난 일이었으니 짐작하고도 남음이 간다.

여러 탐험가들 중에서도 헝가리 출신의 영국인 탐험가이자 고고학자인 스타인Mark Aurel Stein 1862~1943과 프랑스인 동양학자이자 언어학자인 펠리오Paul Pelliot 1878~1945는 차문화 유적 발굴과 직간접으로 관계가 깊다.

스타인은 타림분지 동부에 있는 누란樓蘭등 많은 유적을 조사 발굴하여 세계적으로 명성이 높았던 사람으로, 1907년 3월 막고굴을 찾아가 왕도사를 회유하여 마제은馬蹄銀[8] 넉 장으로 막고굴의 고문서와 불화 수천 점을 매수하여 영국으로 가져갔다.

마제은은 당시의 은화로, 최근 외국 경매 시장의 옥션 가격이 40g짜리 한 장에 5만원 내외인 점으로 볼 때 겨우 20만원 내외로 막대한 양의 문화유적을 획득한 셈이다. 아무튼 이러한 공적으로 1910년과 1912년 두 차례에 걸쳐 작위를 서훈 받았다. 그러나 한편으로는 스타인에게는 극복할 수 없는 약점이 있었다. 그리스어, 프랑스어, 영어 등 6개 국어에는 능통하였으나 정작 알아야 했던 중국어는 모르는 처지였기 때문에 유물의 내용이나 문화적 가치는 전혀 알지도 못한 채 왕도사가 아무렇게나 건네준 유물만을 가져와야 했었다.

그러나 스타인과 가장 치열한 경쟁 관계에 있던 펠리오는 어학의 귀재라는 애칭이 붙어 있던 사람으로 중국어, 몽골어, 베트남어, 아라비아어 등 13개 나라의 언어 구사 능력을 인정받아 약관 22세의 나이에 하노이프랑스극동학원 한문 교수로 재직했고, 1906년 27세에

---

8 청나라 때 통용했던 은으로 만들어진 평량화폐(坪量貨牌). 말굽을 닮아서 붙어진 말인데, 서양에서는 shoe silver라고 부른다.

프랑스 정부 파견 중앙아시아 조사단장이 되어 소문으로만 듣던 막고굴로 향하게 된다.

이굴에서 고서 목록을 작성 중인 펠리오

1908년 스타인보다 한 해 늦게 가기는 했으나 자유로운 언어 구사력 덕분에 왕도사와 곧 친밀해진 펠리오는 아예 장경동 동굴 안에 20여 일간 틀어박혀 1만 5천여 점의 장서 목록을 만들고, 그 가운데서 중요한 고문서만 6천여 점을 구입하여 선편으로 본국에 보냈다.

결국 문화적 가치 면에서 볼 때 스타인과 펠리오의 경쟁은 펠리오의 일방적 승리로 끝난 셈이다.

그 밖에도 여러 나라의 수많은 탐험가들이 몰려들어 많은 경서와 석상 등을 더 훔쳐 갔다고 하니 안타까운 일이다. 일부에서는 왕도사가 막고굴 보수를 위하여 고문서나 불화 등을 팔았다고 말하고 있으나, 도사의 생활이 워낙 궁색한 데다 도교승이라 불교문화에 대한 이해 부족과 종교적 이질감, 그리고 유적에 대한 무지에서 있을 수 있는 소행일 것으로 보는 견해도 있다.

소중한 문화유산을 아무 거리낌 없이 내놓은 사람이나, 무지한 사

펠리오가 가져 나온 「다주론」의 일부

람을 회유하여 자행한 반문화적 행실은 인류사에 길이 새겨질 부끄러움이 아닐까 한다. 하지만 다행인지 불행인지 프랑스인 펠리오가 가져간 문서 중에는 차문화사에 반드시 보존되어야 할 소중하고 희귀한 고문서가 있었다.

차문화의 계몽기인 당나라 때 향공진사鄕貢進士였던 왕부王敷가 742년天寶 원년 이후에 발간한 것으로 보이는 「다주론茶酒論」이 발견된 것이다. 신라 고승 혜초慧超의 『왕오천축국전往五天竺國傳』도 이때 펠리오가 가져간 고문서 중의 하나이다.

왕부의 「다주론」의 가치는 흔히 차와 술이 인간에게 미치는 공덕의 우열을 가리려는 해학적 우화 정도로 생각하기 쉬우나, 중국 구어口語 문화의 걸작인 『유림외사儒林外史』와 「홍루몽紅樓夢」보다 앞서 있고, 차 문헌으로서는 가장 오래된 문답 논쟁문의 형식을 한 구어 소설로 중국 문학사상 높은 평가를 받고 있다. 더욱이 난해한 고문의 인용 없이 소박한 문장으로 구성되어 통상 차 세계의 탈속적이고 고답적인 이미지를 탈피한 가장 세속적인 차의 찬미론이자 차와 술에 대한 하나의 경구라는 데 뜻이 있다.

간추려보면 당시의 사회적 풍조로 미루어 보아 차에 비하여 우세했던 술의 위상을 차와 동격으로 설정하고, 차와 술이 서로 격의 없이 자기만을 내세우고 상대방을 헐뜯는 묘론妙論이 격해지자, 물이 나타나 제아무리 서로 잘났다고 하여도 물이 없으면 차도 술도 만들어 마실 수 없다는 말로 화목을 꾀한다는 내용이다. 이를 다음 네 가지로 요약할 수 있다.

● 차는 식물계의 우두머리라, 제왕의 거처와 제후의 자택에도 바쳐진다 하니, 이에 술은 신령께서도 술맛을 음미했고 인의예지(仁義禮智)의 법도가 있어 존귀하다 하여 군왕도 고마움을 표했다.

● 차는 존귀하여 모든 나라 사람들이 금 비단으로 주머니를 만들어 구하러 온다 하니, 술은 예의 바르고 겸양하게 하며 군부(軍府)를 조화시킨다.

● 차가 말하기를 차는 만 가지 나무의 중심으로 백옥이나 황금과 같다. 미륵을 공양하고 관음보살에게 봉헌되면서 천겁만겁(千劫萬劫) 부처님이 흠모하였다. 술은 가산을 탕진하게 하고 사악하며 음란한 것이라 하니, 술이 말하기를 술은 고귀한 사람들과 어울리게 하고 비파와 노래, 춤이 나오게 한다. 차를 마시면 요통이 생기고 많이 마시면 배탈이 나며 하루에 열 잔을 마시면 내장이 부글부글하고 만약 삼 년을 마시면 물 배탈이 나서 고통을 사게 된다.

● 차가 술에게 많이 마시면 사람을 어지럽게 하고 떠들썩하게 만들고 무고한 사람을 음해한다 하니, 술이 말하기를 술을 마시면 사람이 현명해지고, 목마를 때 술 한 잔은 생명을 보호해 주고 근심을 없애 주는 약이다.

마지막으로, 차를 마시면 병이 나고 술을 마시면 현명해진다고 했는데 술에는 얼굴이 노래지고 수척해지는 병이 있다는 말은 들었어도 차에 중풍이나 어지럼병이 있다는 이야기는 듣지 못했다고 말하자, 옆에서 몰래 듣고 있던 물이 나서서 누구나 상대방을 인정하면서 각자의 공을 헤아려야 하고 둘 다 물이 없으면 형상을 갖출 수 없는 것이니 서로 본성을 해치지 않도록 하라고 충고하고 화해시키는 것으로 「다주론」은 끝맺음한다.

이 「다주론」은 얼핏 보기에는 한낱 콩트에 불과해 보이나 그 내면을 들여다보면 차와 술의 본성과 사회 윤리적 의미와 폐해를 적시한 교양서라는 데 있다. 그뿐만 아니라 현실을 기피하고 술과 시가로 지새우는 도가적 무위자연 사상을 삶의 이상으로 생각하던 당시의 사상적·시대적 병리를 묵시적으로 질타하고, 차를 통해서 퇴영적인 사조를 개선해 보려는 의지가 담긴 일종의 사회 개혁론이라고 할 수 있다.

자칫 막고굴의 캄캄한 이굴에서 영원히 사라질 뻔했던 「다주론」은 모두 7부의 필사본이 있는데, 그 가운데 2부는 스타인이 가져간 것으로 영국 브리태니커도서관에 있고, 4부는 펠리오에 의해서 반출되어 『왕오천축국전』과 함께 프랑스국립도서관에, 나머지 1부는 중국에서 소장하고 있다.

1천여 년에 걸친 불교 예술의 보고 둔황의 막고굴은 1987년 세계문화유산으로 등록되었다.

검객이 일군 마키노하라 대다원

일본의 차 재배 면적은 연도에 따라 약간씩의 증감이 있기는 하나 대체로 55,000ha 내외이다. 그중에서 가장 넓은 다원은 일본차의 주산지인 시즈오카 현静岡縣의 마키노하라 대다원牧之原大茶園으로, 규모가 워낙 크다 보니 길이가 자그마치 40km나 된다. 면적은 일본 차 재배 전체 면적의 10%이고, 우리나라 전체 재배 면적인 1,800여 ha의 약 3배인 5,000여 ha에 달한다. 평수로 치면 1,500만 평 정도이니 그 큰 규모에 놀랄 뿐이다. 혹자는 단일 규모로는 세계에서 가장 큰 다원이라고 말하기도 한다.

시즈오카에서 하마마쓰로 가는 전철을 타고 가다 보면 오이강大井川이 흐르고 강을 조금 지나면 가나야金谷역이 나온다. 가나야 역에서 내려 나지막한 분지를 약 5분 남짓 택시로 오르면 마키노하라 차 박물관이 있고 잘 정돈된 진녹의 대다원이 모습을 드러낸다. 눈에 보이는 것은 모두가 차밭일 뿐이다.

멀리 일본인의 영산인 후지산富士山이 아스라이 바라보이면서 앞으로는 스루가만駿河灣이 있어 태평양의 따뜻한 난류가 흐르고, 다원의 양쪽으로는 미나미알프스국립공원과 미소산맥未曾山脈, 아카이시산맥赤石山脈에 둘러싸여 있으며, 그곳에서 흘러내리는 풍성하고 깨끗한 물이 오이강과 덴류강天龍川을 이루고 있는 아름다운 분지이다.

1800년대 초반까지만 해도 버려진 황무지였던 이곳은 일본의 정치·경제·사회 등 전 분야에서 일대 격변의 진통이 회오리치던 난세에 쇼군將軍의 경호 책임자였던 검객 주조 가게아키中條景昭의 앞을 내다보는 현명한 안목과 굽힐 줄 모르는 불굴의 의지와 부하에 대한 간절한 동지애로 오늘의 마키노하라를 있게 하였다.

주조가 태어난 19세기 초기에는 에도江戶 문화가 개화되었던 시기로 비교적 평화로운 때였으나 그로부터 얼마 되지 않아 일본 정국은 회오리바람이 일기 시작한다.

덴포天保 4~7년1833~1836에 걸쳐 냉해와 홍수가 반복되면서 곡가가 천정부지로 치솟고 농촌이 피폐해짐에 따라 농민봉기가 끊임없이 일어났다. 관아와 부잣집 등을 때려 부수고 약탈과 소동을 피운, 이른바 덴포의 대기근은 에도 후기 막부의 마지막 정치개혁인 덴포의 개혁9으로 이어진다.

막부는 농촌 재건을 위해 귀농령을 내리는가 하면, 물가를 통제하고, 물가 폭등의 원인이 가부나카마株仲間에10 있다 하여 해산령을 내렸다. 나아가 풍속취체령風俗取締令과 검약령儉約令 등의 많은 정

---

9 에도 시대의 덴포 연간(1830~1843)에 있었던 막정(幕政)과 제번(諸藩) 개혁의 총칭.
10 제조업자와 소매업자의 중간 위치에서 경제(판매)활동을 하는 유통 기구이자 일종의 동업 조합.

책을 시행했지만 역효과를 낳을 뿐 사회 질서는 걷잡을 수없이 문란해졌고, 막부의 재정은 날이 갈수록 궁핍해져 체제 유지마저 어려워진 상황이어서 새로운 시대의 도래가 예견되는 형국이었다.

주조 가게아키

대외적으로는 영국·프랑스·러시아 등이 통상을 요구하고 있어 외세를 반대하는 양이론攘夷論, 외국과의 통상을 찬성하는 개항론開港論, 황실을 옹호하는 근황파勤皇派, 막부를 지지하는 좌막파佐幕派 등으로 민심은 사분오열되었다.

여러 번藩에 소속되어 있던 청년 무사들은 번을 이탈하여 별개의 조직을 만들어 암약하는 등 혼란이 극에 이르고 있었다. 막부가 개항을 결정하고 미일 수호통상조약을 체결함으로써 외세에 반대하는 양이파의 떠돌이 무사들에 의해서 개항파의 지도자가 암살당하는 등 보복의 악순환이 거듭되었다. 무술의 달인인 주조 가게아키는 양이파이기는 하였으나 막부의 신하이자 장군의 호위를 맡은 신분으로 과격한 행동을 할 수 없는 처지였다.

에도 막부의 마지막 15대 쇼군인 도쿠가와 요시노부德川慶喜가 등장하자 주조는 그의 호위를 맡지만, 4년이 채 안 된 1867년 10월에 요시노부는 조정에 정권을 반상返上하는 대정봉환大政奉還을 하고 에도 성을 떠난다. 이로써 일본은 가마쿠라 막부鎌倉幕府 이후 이어져 왔던 무가 정치가 막을 내리고 메이지 시대의 출범과 동시에 왕정복고라는 일대 전환기를 맞이하게 된다.

입식 무사 모습

요시노부는 조정에 순종할 의사를 밝힌 다음 주조 등의 호위를 받아 시즈오카의 한적한 절로 옮겨 근신한다. 이때 판적봉환版籍奉還, 즉 영토領土와 호적百姓마저 모두 봉환하고 그를 이은 16대 도쿠가와 이에사토德川家達 또한 번지사藩知事가 됨으로써, 주조 대장이 거느리던 혈기 왕성한 수백 명의 무사들은 오갈 데 없는 처량한 신세가 되고 말았다. 물론 모두가 그러한 것은 아니었다. 그중에는 메이지 신정부의 신하가 된 사람, 칼을 버리고 농민이나 상인이 된 사람도 있었으나 그렇지 못한 대부분의 부하들은 하루아침에 주조의 얼굴만 쳐다보고 있어야 하는 멀쩡한 건달이 되고 말았다.

주조는 밤낮으로 고심한 끝에 당시 미국과의 수호통상조약으로 생사生絲, 차, 장뇌樟腦, 전복, 채종유菜種油 등이 미국으로 활발히 수출되고 있음을 알아냈다. 그중에서도 생사에 이어 차가 무역의 20%를 차지하고 있다는 것에 착안하고, 차나무를 길러 부하들의 생계를 보장해 주어야겠다는 생각이 번뜩 머리에 떠오르게 된다.

주조가 차를 선택한 데에는 몇 가지 이유가 있었다. 첫째, 그가 호위를 맡았던 도쿠가와 이에사토가 시즈오카 번지사인 점, 둘째, 차의 수출전망이 아주 밝고 값이 좋은 데다 번에서도 차 재배를 적극 장려하고 있었던 점, 셋째, 무술 외에는 아는 것이 없는 사족士族이지만 대부분 20~30대의 젊은 노동력으로 지금까지의 일사불란한 조직 체계를 그대로 활용할 수 있다는 점, 마지막으로 마키노하라 일대가 번직령藩直領으로 방치된 황무지여서 토지 사용권을 얻기에 용이할 것이라는 점 등이 고려되었다.

주조 가게아키는 부하들을 설득한 다음 즉시 번을 찾아가, "들리는 바에 의하면 마키노하라 일대는 불모지이자 수로도 없고, 사람들이 거들떠보지 않은 지가 수백 년이다. 만약에 나에게 이 땅을 준다면 있는 힘을 다해 개간하는 데 일생을 바치겠다."라고 했다. 그의 단호한 예기銳氣에 감동한 나머지 번지사 도쿠가와 이에사토는 메이지 2년1869에 1,425ha의 땅을 개간하도록 허가하고, 주조를 책임자로 지정함에 따라 약 250호의 사족과 그에 따른 가족의 입식入植이 시작되었다. 그러나 앞서 말한 바와 같이 마키노하라는 평지보다 약간 높은 대지臺地이면서 물이 없고, 강산성 홍적층洪積層이자 메마른 땅으로 개간의 어려움은 예고된 일이었다. 볼품없는 소나무와 온갖 잡목과 가냘픈 대나무가 무성한 대지에 초라한 오두막집을 짓고 밭을 일구기 시작했다.

칼 대신 낫과 가래와 같은 연장으로 나무뿌리까지 캐내어 가면서 메마른 땅을 알맞은 깊이로 개간한다는 것은 여간 어려운 일이 아니었다. 열 사람을 한 조로 편성하여 하루 100평씩 개간하는 것을 목표로 정했으나, 처음 경험하는 노동이라 날이 갈수록 작업 능률은 떨어지고 아파 눕는 사람들이 속출하는가 하면, 적응하지 못하고 이탈하는 사족도 발생하였다. 그러나 개간은 강행되고 이미 개간한 약 500ha에는 그때마다 차나무 씨앗이 파종되어, 입식으로부터 4~5년이 지난 1873년경부터는 약간의 찻잎을 채취할 수 있게 되었다.

입식자들은 제다 기술이 전혀 없었으므로 대부분은 오두막의 좁은 공간에서 인근에 사는 농민들을 고용하여 제다하기에 이르렀다. 이 무렵 메이지 정부는 주조의 탁월한 지도력과 책임감, 그리고 열정에 감동한 나머지 수차에 걸쳐 가나가와현神奈川縣 지사가 되어주기를 권유받았으나, "한번 산에 오른 이상 산에서 내려가지 않겠다. 내 죽어 여기 차나무의 밑거름이 되겠다."라는 말로 끝내 단호히 거절하였다.

이렇게 개간이 진행되는 기간에 상당수의 입식자가 고통을 이겨 내지 못하고 이농하게 된다. 메이지 9년1876 한 지방 신문의 기사에, "시즈오카현의 사족들은 추운 겨울인데도 솜옷을 입은 사람을 보기 어렵고 똥장군 마개 같은 머리를 한 200명 남짓한 사람들이 차밭을 일구고 있다."라고 적혀 있는 것으로 보아 그들의 삶이 인간으로서 참기 힘든 한계 상황에 있었음을 절감하게 된다.

한편으로는 제2의 선구자 격인 가와고시 닌조쿠川越人足들의 입식 도 진행되었다. 가와고시 닌조쿠란 에도시대 이후 행해졌던 교통제 도로 주민의 자유로운 왕래를 통제하기 위해서 요충지의 강에 다리 나 도선을 놓지 않고 허가받은 사람들만 목마나 가마에 태워 건너게 하는 도침제도渡浸制度이다. 마키노하라 동쪽을 흐르는 오이강에 약

가와고시 닌조쿠의 도침 재현 모습

1,300여 명의 인부가 있었으나, 이 제도가 메이지 3년1870에 폐지되자 이들 또한 대부분이 오갈 데 없이 실직하고 말았다.

이와 같이 불시에 실직자가 된 이들을 구제하기 위해 지방 유지들이 힘을 모아 메이지 정부에 직소하여 사족들이 입식한 지 약 2년 후에 입식하게 되었으나, 이들 또한 사족들과 별반 다를 바 없이 고통스럽기는 마찬가지였다.

사족에 이어 가와고시 닌조쿠가 입식하여 차밭을 일구는 모습을 눈여겨보던 인근 마을의 농민들까지 속속 차밭 개간에 가세함에 따라, 마키노하라는 서서히 일본 제일의 대다원으로 변모해 간다. 실로 한 지도자의 선견과 불굴의 의지가 낳은 이 마키노하라 대다원은 오늘의 일본을 있게 한 개척사에 깊이 새겨져 있다. 그로부터 개간할 수 있는 모든 땅은 다원이 되고, 주조가 그토록 소망했던 공동 제다 공장과 제다 회사를 세웠으며, 제다의 기계화도 이루어져서 명실 공히 세계 제일의 다원으로 발전하기에 이르렀다.

이렇게 주조 가게아키는 개인의 명예와 호사는 모두 멀리하고 부하 사족에 대한 책임과 약속을 지킴으로써 칼잡이가 아닌 위대한 개척자로서 일본의 개척사에 길이 이름을 남기게 되었다.

그는 1896년 1월 19일 눈보라 치는 겨울 72세의 나이로 마키노하라의 조출한 움막에서 조용히 영면하였다.

평소 소망하던 마키노하라 차밭의 밑거름이 되고 사족 책임자로서 그의 임무가 모두 끝난 것이다.

오이시 사다오大石貞男는 그의 저서『시즈오카현 차산지사靜岡縣茶産地史』에서 주조 가게아키를 가리켜 "한 시대가 저무는 시기에 살면서 새 시대의 길을 개척하고 죽은 선각자였다."고 하였다.

신농 신화의 완성

차를 처음 마시고 그 덕성을 깨달아 백성들에게 널리 퍼지게 하였다하여 신농神農을 차의 조신祖神이라고 하는데 이는 신화에서 비롯된 이야기이다.

신농

신농을 에워싼 신화는 기원 전 3천년 가까운 먼 옛적 이야기로 자연과 풍토, 샤마니즘과 풍습, 본초학, 사회 문화적 환경 등 그 밖에도 여러 요인들에 의해서 다양한 모습으로 변형되어 왔다. 그래서 때로는 기상천외한 이야깃거리로 변신하는가하면 인간의 상상력이 더해져서 그 모습이 언제나 달라져왔다. 차문화의 여명기를 밝혀준 참으로 멋진 픽션이자 로망으로 말이다.

신화 중에서도 가장 고전적인 유형으로는 신농이 매일같이 산과

들을 헤매 다니며 백초百草를 맛보고 약초와 독초를 가리던 어느 날 목이 말라 나무 그늘에서 물을 끓이는데 때 마침 불어오는 바람에 작은 나뭇잎 몇 잎이 끓어오르던 물에 떨어지더니 잠시 후 물에서는 은은한 향기가 오르고 물색이 연한 황색으로 변하였는데 그 물을 들이 마시고 나니 신기하게도 갈증이 사라지고 정신이 맑아지면서 피로가 가시자 어떤 영력靈力이 있는 나무로 생각하고 찾아보았더니 차나무였다고 하는 인간과 차와의 회우會遇 신화인데 거개의 신화는 이를 축으로 하여 매일 백초를 맛보는 과정에서 일흔 번이나(혹은 일흔 두 번) 독에 걸렸었다하기도 하고 또는 독에 걸릴 때마다 백족충百足 虫으로 해독하였다고 하는가하면 차로써 해독하였다는 이야기 등이 주류를 이루어 왔다.

그런데 문제는 많은 다인이나 다서에서 조차 이런 신화들이 신농이 제위 했었다고 전해지는 기원전 2,700여 년 경인 신화 탄생기부터 내려오는 신화처럼 알고 있다는 것이다.

즉 후한後漢 1~2세기에 성립한 중국 최고最古의 본초서인『신농본초경神農本草經』에 "신농은 하루 일흔두 번 독에 걸렸으나 그때마다 차로 해독하였다"라고 적혀 있다고 알고 있으나『신농본초경』원본은 존재하지 않으며 지금의『신농본초경』은 후한시대 의약자 장중경張仲景이 구전되어 내려오는 본초이야기들을 집성 편찬한 것인데 거기에도 그러한 말은 없다. 또한 그로부터 약 700여년 후인 서기 500년경 남북조시대 양梁나라 의약자인 도홍경陶弘景이 장중경의 본초서를 보완 증수하여『본초집주本草集注』를 편찬하였으나 거기에도 신농이 차로써 해독하였다는 기록은 없다.

그렇다면 신농 신화는 기록상으로 어떤 시기에 누구의 상상력에 의해서 차로써 해독했다는 이야기로 변형되었을까

문헌상 신농이 맨 먼저 소개된『맹자孟子』에서는 "군주도 참다운 현자라면 백성과 함께 경작하며 먹고 살며 조석의 식사도 손수 해먹으면서 나라를 다스려야한다"는 이른바 군주병경君主並耕을 주장하였다고 적고 있으며 기원전 200여년 경 진秦나라 제상 여불위呂不韋가 저명한 학자와 사상가의 논설을 엮어 만든『여씨춘추呂氏春秋』에서는 신농이 아주 이상적인 제왕이었는데 특히 "밭을 일구지 않으면 굶고 길쌈을 하지 않으면 추위에 떨게 된다"라고 가르친 덕과 의를 겸비한 전설상의 제왕이었다고만 적고 있다.

또한 중국 고대 삼대기서三大奇書이자 삼경三經의 하나인『주역周易』에서는 "신농씨가 나타나 나무를 깎아서 보습을 만들고 나무를 휘어서 쟁기를 만들어 논밭을 갈고 김매는 편리함을 천하 만민에게 가르치니 이것은 아마도 익괘益卦에서 배워 얻은 것이다. 또한 낮에 시장을 열어 천하의 백성들을 오게 하고 천하의 모든 화물을 모아서 물물교환을 하게 하여 각각 필요한 것을 얻게 하니 이것은 아마도 서합괘噬嗑卦에서 배워 얻어진 것이라 믿어진다."하였는데 농경 외에도

불의 사용법은 물론 복희伏犧 팔괘8卦의 본질을 탐구하여 64괘를 만들고 시장을 개설하여 교역을 가르쳤다고하였다. 후대에 와서 농경의 신, 불의 신, 점서占筮와 상업의 신으로 불러지는 이유이다.

　　그뿐만이 아니라 기원전 2세기 전한前漢시대 한나라 고조 유방劉邦의 손자인 회남왕淮南王 유안劉安이 식객과 방술가 수천을 모아 편술한 『회남자淮南子』에서도 많은 백성이 예부터 깨끗하지 못한 물을 마시고 나무 열매를 따고 우렁이나 조갯살을 먹고 살아 질병이나 식중독과 상처를 입는 경우가 많았다. 그래서 "신농은 백성에게 오곡을 파종하고 토지의 좋고 나쁨과 건습과 비옥도를 감별하고 백초와 물의 좋고 그름을 가리는 등 백성이 알고 있어야 할 바를 가르쳤다. 이 무렵 하루 70독을 겪는다神農乃始教民播植五穀 相土地宜燥濕肥境高下 嘗百草之滋味 水泉之甘苦 令民知所辟就 当此之時 一日而遇七十毒"고 적고 있다. 즉 사람이 먹어서는 안 될 복식금가服食禁忌를 널리 알렸다고 하였는데 여기서 비로소 하루 70독에 걸렸다는 이야기가 나오나 어떻게 해독하였는지에 대한 이야기는 나오지를 않는다. 신농이 매일 70독에 걸려도 죽지 않은 이유는 무엇이며 어떻게 해독하였는가에 대한 해답은 없다.

　　서진西晉 때 황보밀皇甫謐은 중국 전설에 등장하는 최초의 삼황오제三皇五帝에 관한 역사서인 『제왕세기帝王世紀』에서 "처음으로 농업을 가르쳐 살생을 줄이고 초목을 맛보고 그 약효를 밝혀 병을 낮게 하여 많은 생명을 구해냈다"라고 하여 의약신의 면모를 그렸었다. 그 후 동진東晉 때에 간보干寶가 신화와 전설, 신선과 인물, 야담을 모아 엮어 낸 「수신기搜神記」에서는 "신농이 신령스러운 붉은 회초리로 백 초를 내리쳐서 효능을 분별하고 백곡을 뿌렸다神農以赭鞭鞭百草 盡知其 平毒寒溫之性 臭味所主 以播百穀"고 적고 있다. 비로소 붉은 회초리로 독 초를 가렸다고 적고 있는데 아주 우화적인 해법이기는 하나 약초와 독초를 가려내는 방법이 제시되었다는데서 큰 의미를 갖는다고 볼 수 있다.

또한 전례典禮를 살피고 풍속을 바로잡기 위하여 후한 말의 학자 응소應劭가 펴낸 『풍속통의風俗通義』는 신농이 농업을 일깨웠다는 말 과 함께 신농 이름의 뜻을 적었는데 "처음으로 쟁기와 보습을 제작하 여 백성들에게 밭을 갈아 씨 뿌리는 법을 가르쳤고 옷과 음식을 아름 답게 하였다. 그래서 덕이 두터운 농濃 신神 또는 성인"이라는 뜻으로 일컬어졌다고 하였다. 당대唐代에 이르러 사학자 사마정司馬貞이 사 마천司馬遷의 『사기史記』 머리글에 『삼황본기三皇本紀』를 보완하면서 "염제 신농은 초목을 매로 쳐서 약이 되는지의 여부를 가렸다以赭鞭鞭 草木 始嘗百草 始有醫藥"고 쓰고 있다. 동진 사람 간보의 『수신기』와 엇 비슷한 이야기이다. 다만 둘 다 차와의 연관성은 전혀 없다.

그로부터 얼마 후 당대 중반에 와서 육우陸羽는 『다경茶經』에서

"차를 마시게 된 것은 신농씨로부터이다茶之爲飮 發乎神農氏"라 하여 신농이 처음 차를 마신 시조라고 말하였는데 이는 기록상으로는 처음이다. 그러나 여전이 남는 의문은 이때까지도 신농이 차로써 해독을 하였다는 기록은 보이지 않는다. 그럼에도 왜 다들 차로 해독했다는 이야기를 하는 것일까, 언제부터 누구에 의해서 시작된 이야기일까 하는 의문은 지워지지 않는다.

남송대南宋代에 와서 증선지曾先之가 사마천의 『사기』 등 남송에 이르기까지 쓰여진 18개의 정사를 모아 간략하게 요약 편술한『십팔사략十八史略』에서 고대 중국에는 전설상의 삼황의 한 사람인 신농씨가 있었는데 그는 소머리에 사람의 몸을 한 우두인신牛頭人身이었다고 한다. 또한 명나라 때 왕자승王子承은 "신농은 영롱한 옥체玉體를 하고 있어서 간폐오장을 볼 수 있었다. 만약에 옥체가 아니었다면 어찌 해독했겠는가. 신농이 여러 가지 약을 맛보며 독에 걸려도 곧장 해독되는 것은 백족충이 배에 들어가서 일족一足이 되어 천변만화千變萬化하기 때문이다." 즉 신농의 몸은 구슬처럼 투명하여 오장의 움직임을 볼 수 있어 설령 독에 걸려도 곧 알 수가 있었으므로 백족충百足虫을 뱃속에 집어넣어 천변만화하여 해독하였다고 한다. 여기서 백족충은 짚단이나 초가지붕 등의 음습한 곳에서 서식하는 절지충인 속칭 노래기의 이칭으로 마륙馬陸, 백족百足, 천족千足 등으로도 불리는데 노린내가 어쩌나 고약한지 옛날에는 향랑각씨 속거천리香娘

閤氏 速去千里라는 주문을 써서 집 기둥에 붙여 두고 집에 나타나지 못
하도록 하였다고 한다. 향랑각씨는 노래기를 지칭하는 것으로 해독
의 술수를 찾기 위해 참으로 황당한 이야기로 신화는 변신하는 것을
볼 수 있다.

신화는 실로 긴 시간을 두고 수없이 변형되고 여과된 후에야 다듬
어지는가 보다.

마침내 신농 신화 탄생기로부터 약 4,000여년이 지난 청나라에
이르러서야 진원룡陳元龍은 『격치경원格致鏡原』에서 "신농이 하루에
70독을 만났으나 차로써 해독하였다神農嘗百草 一日而七十毒 得茶解之"
고 하였는데 이는 1735년의 일이다.

이어서 1882년에는 손벽문孫璧文 또한 『신의록新義錄』에서 같은 이
야기를 적고 있다.

신농이 백성을 위해서 많은 풀을 맛보는 과정에서 매일 70차례나
독초에 중독되어도 죽지 않았다는 난해하고 불가사의한 미스터리는
청대에 이르러서야 마침내 차로써 해독하였다는 해답을 얻게 됨으
로서 신화는 한결 합리화되고 문화적 의미 또한 성숙해졌다. 놀랍게
도 오늘날 우리가 익히 알고 있는 차 해독설은 기록상으로는 청대에
탄생한 것이다.

진원룡과 손벽문이 차 해독설을 제시한 이 시기는 유럽권을 중심으로 분석화학分析化學이 한참 개화되면서 약용식물의 본체가 화학물질이라는 것이 밝혀지기 시작하던 무렵이자 그동안 신비에 가려졌던 차의 화학적 원소 또한 하나 둘 모습을 드러내기 시작한 때 이기도하다.

1827년 우드리J.B.Oudry가 카페인Caffeine 성분을 분리하는데 성공한데 이어 1835년 물더H.J.Mulder의 탄닌 성분 등이 차에서 연이어 발견되던 시기와 맞물려있어 흥미롭기만 하다.

중국 설화에 의하면 고산지대에 사는 원숭이들이 독초를 잘 못 먹거나 놀다가 다치기라도 하면 찻잎을 입에 넣어 타액唾液과 함께 씹어 먹거나 환부에 발라 치유하였다고 한다.

생물학적 인간론에서는 원숭이와 우리 인간을 조심스럽게 비유하면서 같은 파일의 반열에 놓는다.

차와 원숭이가 공익관계共益關係에 있다면 호모 사피엔스Homo Sapiens 또한 공익관계에 있을 법도 하다. 차 해독설의 지혜가 엿보이는 대목이다. 그래서 찻잎이 갖는 탁월한 치유의 역사는 어재 오늘의 일이 아닌 듯도 하다.

우레시노 대 다수의 교훈

일본 규슈九州 후쿠오카시福岡市에서 버스로 약 2시간 거리인 사가 현佐賀縣 우레시노嬉野 온천에서 내려 다시 후도산不動山 사라야다니皿 屋谷계곡 쪽으로 10여 분 가다 보면 약간 경사진 밭 언저리에 '우레시 노차 발상지'라는 큰 표지석이 서 있고 그 바로 뒤 언덕에는 균형 잡히 고 단아한 모습을 한 차나무 한 그루가 삼연森然히 서 있다. 이 차나무 가 일본 사람들이 말하는 이른바 우레시노의 대다수大茶樹이다.

큰 차나무, 즉 대 다수라고 말할 때에는 나무의 키樹高가 크고 나 이도 많이 먹은 노거수老巨樹라는 두 가지의 의미를 함축한 말로서 단순히 키큰 나무 또는 키 크기에 상관없이 나이 먹은 나무와는 구분 이 되는 개념이라고 할 것이다. 통상적으로 나이에 상관없이 키 큰 나무를 거목, 또한 키 크기에 상관없이 나이 많은 나무를 고목이라고 불러 노거수와 구별하고 있다.

수고 약 4m에 8개의 주간主幹, 35개의 수간樹幹, 가지둘레枝張 동 서 8.15m에 남북 8.3m, 가지면적 약 100㎡, 최대 뿌리둘레根回 38cm 에 달하는 이 나무는 지금으로부터 약 350년 전후에 심어진 일본에 서 가장 크고 오래된 차나무로 확인됨에 따라 1928년 10월 20일 내 무성 고시 제158호로 국가천연기념물로 지정되어 보존되고 있다.

일본의 대표적인 차문화 저술가인 마쓰시다 사도루松下智는 이 나무가 소엽 저목성 관목계小葉低木性灌木系 차나무로는 아마도 세계에서 제일 크고 오래된 나무일 것이라고 조심스레 말한다. 중국 윈난성雲南省 등지에서 보는 500년, 1천 년 이상으로 추정되는 차나무는 모두 대엽종 교목계大葉種喬木系 차나무로 소엽 저목성 관목계에 비하여 나무가 월등히 크고 오래 산다는 것이 정설이다.

몇 해 전부터 우리나라에서 대 다수에 대한 관심이 높아지고 있다. 그 뒷이야기가 실로 놀랍다. 200년 내외의 차나무가 한두 달 사이에 1천년으로 둔갑하는 요술을 부리고 있는가 하면, 그 나무 찻잎으로 만든 차는 엄청난 값으로 거래되었다고 한다.

사실이 아니기를 바라지만 아무튼 머리가 멍해진다. 과학적인 뒷받침이나 사실성史實性 없이 수령樹齡을 아무렇게나 과장하거나, 특정인의 얄팍한 호기심이나 문화적 편견을 충족시키는 대상이 되거나, 치졸한 상업성이 개입된다면 우리의 차문화에 커다란 누태를 남기는 웃음거리가 되고 말 것이기에 걱정스럽기만 하다.

이와 같은 왜곡이나 추졸한 일이 없도록 하기 위하여 우레시노 대 다수에서 대 다수가 갖는 의미를 찾아보고자 한다.

첫째, 대 다수는 산수적 개념에서가 아니라 차문화사적 관점에서 인식되고 그 가치가 평가되어야 한다. 일본차의 전래는 가마쿠라 시대 1192~1333 초기 일본 임제종臨濟宗의 개조인 에이사이榮西 1141~1215 선사가 송나라 천태산天台山 만년사萬年寺와 천동산天童山 경덕선사景德禪師 등지에서 임제선臨濟禪을 배우고 1191년 돌아오는 길에 차 씨앗을 가져와 지금의 규슈 후쿠오카현과 사가현의 경계에 위치한 배진산背振山 영선사靈仙寺에서 가까운 석상방石上坊에 파종하였다.

이것이 일본 최초의 차 재배지가 된 것이다. 나가사키현長崎縣의 히라도平戶 섬에 있는 천광사千光寺 부춘원富春園에 맨 먼저 파종하였다고도 하나, 계획적으로 파종하기는 석상방이라는 것이 정설이다.

그 후 에이사이는 교토京都에 일본 최초의 선사인 건인사建仁寺를 개산하면서 고산사高山寺의 법제자인 묘에明惠 스님에게 석상방의 씨앗을 주어 심게 하였다. 묘에는 이를 교토 북서부 도가노오栂尾에 심은 후 인근 여러 사찰에 나누어 심게 함으로써 차 재배 지역과 면적이 광범해졌으며, 동시에 수확이 늘어나고 음다 인구 또한 점차 확산되면서 일본차 문화의 여명기를 맞이하게 된다. 이 차가 일본차의 본류를 이루는 혼차本茶이다. 그러나 세월의 흐름에 따라 이 도가노 다원이 점차 황폐해지고 그로부터 분양받은 우지차宇治茶의 품질이 우월해지면서 혼차가 우지차로 자리바꿈하게 되었다.

다른 한편, 배진산 석상방에 심어졌던 차나무는 당나라에서 건너온 도공陶工의 후예가 1440년 우레시노 사라야다니에 정착하면서 자가 소비용으로 재배해 왔는데 이를 우레시노차의 시초라고 말한다.

그 후 1500년대 초에는 명나라 사람 홍령민洪令民이 가마덖음차釜炒茶 제다법을 전수하는 등으로 우레시노차의 명맥이 간신히 유지되어 왔지만, 본격적으로 재배되고 산업화한 것은 요시무라 신베吉村新兵衛 1603~1657에 의해서다.

사가 번사佐賀藩士인 신베는 번의 경비를 소홀히 한 죄로 번주藩主로부터 할복자결의 명이 내려졌으나, 그의 할아버지와 아버지가 쌓은 과거의 무공이 참작되어 사면이 내리자 그 은혜에 보답하는 뜻에서 후세에 길이 남을 일을 하겠다는 각오로 석상방에서 차씨를 주서 모아 시라야다니 일대에 파종하고 제다에 힘씀으로써 일본 명차의 하나인 우레시노차를 창시하기에 이르렀다.

현존하는 우레시노 대 다수는 신베가 1648~1652년간에 심었던 차나무인 것으로 전해져 내려오고 있다. 신베는 사면을 내려준 번주 나베시마 가쓰시게鍋島勝茂가 1657년 3월 24일 에도에서 서거했다는 소식을 전해 듣자 애통해하며 같은 해 4월 11일 새벽 55세의 나이로 순사追服殉死했다. 그 후 그의 공덕을 기려 1934년 대다수 아래 언덕에 송덕비를 건립하고 매년 4월 신차 채취 전에 '다조 신베제茶祖新兵衛祭'를 지내며 유덕을 기리고 있다.

『우레시노 정사嬉野町史』, 『고향 역사 이야기』, 『사가현의 문화재』, 『가쿠가와다도대사전角川茶道大事典』, 『다도사전』, 『일본차엽발달사』, 『차의 모든 것』등의 저작들에도 한결같이 우레시노 대다수의 식재 연대와 생활사가 자세히 기술되어 있고, 대 다수가 갖는 문화사적 의미와 지역, 나아가서는 국가 경제에 공헌한 역사적 사실을 기술하고 있다. 이와 같이 대다수는 역사적으로 수령이 또렷이 실증되거나 문화사적 의미가 함께 해야 한다. 그저 오래된 나무이거나 조금 크다는 이유만이라면 식물학적 범주에 속한다고 할 것이다.

둘째, 대 다수는 설령 사실성이 다소 희박하다 하더라도 기나긴 세월을 거쳐 오는 동안 토속적 정서가 깊이 배어 있거나 구전으로 내려오는 설화가 있는 나무여야 한다. 이를테면 우리나라의 정이품 송正二品松과 같은 경우이다. 충북 보은군 내속리면 속리산으로 들어가는 길 복판에 우뚝 서 있는 노거수를 보자. 이 소나무는 수령이 약 600년 전후의 나무로 추정되고 크기는 높이 15m, 가슴높이 둘레 4.5m인데, 1464년 세조 임금이 가마를 타고 법주사를 가기 위해 소나무 아래를 지나면서 "가마가 걸린다."라고 말하자 소나무가 스스로 가지를 버쩍 들어 올려 어가가 무사히 지나도록 도왔다고 한다. 이에 세조 임금은 소나무에 정이품을 내려 화답하였다는 것이다. 보은 속리 정이품송은 천연기념물 제103호로 지정되어 있다.

또한 임진왜란 때 침입해 오는 왜병들의 눈을 가리게 하여 성을 지켰다는 전남 광양시 유당공원의 이팝나무천연기념물 제235호, 마의 태자가 나라 잃은 설움을 안고 금강산으로 가는 길목에 심었다고도 하고 신라의 큰스님 의상대사가 평소 짚고 다니던 지팡이를 꽂고 간 것이 오늘의 경기도 양평군 용문사 은행나무천연기념물 제30호라는 등과 같은 경우이다.

셋째, 차나무의 외형적인 모습이다. 우리가 평소 차나무를 보고 느끼는 정서는 가목嘉木이라는, 다시 말하면 우리의 건강과 양생을 돕고 삶의 의미와 사유를 일깨우는 다양한 신체적·정신문화적 메커니즘을 동시에 갖춘 은혜로운 나무라는 인식에서 비롯되므로 수령에 걸맞은 삼연한 외모를 갖추어야 한다.

우리나라 차나무는 소엽종으로 저목성 관목이라는 특성 때문에 형태적으로 키가 작고 분지分枝가 조밀하고 개장開張하면서 약간 반원형으로 자라므로 수령이 많은 나무는 마치 한 그루의 나무인데도 여러 나무가 밀식된 것처럼 단아하면서도 장중한 외모를 하게 된다. 다만 기후조건, 토양, 관리 수준 등의 생육 환경에 따라 다소간의 개체차가 있음은 물론이다.

송나라 때의 시인 소식은 「차나무를 심다種茶」라는 시에서 솔숲에서 자라는 차나무가 소나무에 가려 여위고 가시덤불과 잡초에 엉클어져 쇠잔해 있는 모습을 안타까워하면서 이렇게 노래하였다.

하늘이 버리셨는가	天公所遺棄
백 년이 되어도 아직 어리네	百歲仍稚幼
차 싹 또한 제대로 자라지 못하니	紫笋雖不長
허약한 뿌리만으로 그저 목숨만 붙어 있음일세	孤根乃獨壽

이 시에서 백 년이 되어도 아직 어리다는 구절을 생각해 보자. 만

약에 500년 후에도 이 나무가 살아 있었다면 얼마나 자랐을까? 그리고 나무의 모양새는 어떠할까? 지나치게 가설적일지 모르겠으나 아마도 수령에 걸맞은 성장을 기대하기는 어렵지 않을까 하는 생각이다.

그처럼 500년 이상 된 차나무나, 가령 비탈진 곳에 2~3m 짤막한 키에 몇 개의 가녀린 수간을 한 퇴영적退嬰的인 나무를 수령이 많다 하여 대다수라고 천연기념물로 지정한다면 얼마나 비웃음 살 일인가.

우레시노 대 다수는 1926년, 1930년, 1956년 세 차례에 걸친 큰 태풍으로 나뭇가지가 많이 부러지는 수난을 겪었었다. 특히 1956년

우레시노 대 다수와 필자

도의 태풍에는 전체 5분의 2의 가지가 부러지는 큰 시련을 겪기도 하였으나, 방풍림을 조성하여 바람을 막고 나무 외연에 새끼줄을 쳐서 눈의 피해를 막는 설조雪弔, 유키즈리를 설치하는 등 철저히 관리한 보람으로 지금은 예스럽고 유한幽閑한 운치가 감도는 한 폭의 분경盆景을 보는 듯하다.

넷째, 대 다수에 대한 용어 사용에 좀 더 신중해야 한다. "한국에서 가장 키가 크고 오래된 한국 최고" 등의 표현은 지나치다. 국토 전 지역을 낱낱이 전수조사全數調査하지 않고 몇 사람의, 일부 한정된 지역에 대한 육안 답사만으로 그 이상의 다수가 없는 양 단언하는 것은 바람직하지 않다. 한국 최고가 아닌 "○○山 대 다수 또는 ○○山 큰 차나무"라야 한다. 부언하면 대 다수는 등급이나 순위를 가리는 것이 아니므로 하나가 아닌 둘 이상일 수 있기 때문이다. 그래서 중국이나 일본에는 복수의 대 다수가 있다. 다만 1천 년이나 2천 년 등 아주 오래되고 수세가 중후한 나무에 한해서 '차나무 중의 어른 차나무' 또는 '할아버지뻘 되는 차나무'라는 뜻에서 "다수왕茶樹王" 등으로 병칭하면서 존경을 표하고 있다.

차나무는 하늘이 우리 인류에게 내린 무소부지無所不至의 섭리이다.

란슈쿠의「주다론」소고

을진사乙津寺는 일본 3대 청류淸流의 하나인 중부 동해 지방 기후
시岐阜市의 나가라가와長良川 하구 가가미시마鏡島에 소재하는 절로
일명 매사梅寺라고도 한다.

전해 내려오는 이야기로 이 절은 중국 불교의 한 종파인 법상종法
相宗으로 나라시대 유식론唯識論의 대가인 행기行基 668~749선승을 개
조開祖로 한다.

행기선승은 아버지가 백제계 사람으로 알려져 있는데, 그의 밑으
로는 많은 승려가 모여들었고 포교와 더불어 나라현의 영산사靈山寺,
장궁사長弓寺와 교토의 보적사寶積寺, 오사카의 금강사金剛寺, 효은사
孝恩寺, 가원사家原寺, 희광사喜光寺, 사자굴사獅子窟寺와 사가현滋賀縣
의 금강륜사金剛輪寺 등 수많은 사찰을 창건한 대승이다.

「주다론酒茶論」을 저술한 란슈쿠蘭叔 선승은 휘諱가 현수玄秀이고,
법상종인 을진사와 교토에 있는 묘심사妙心寺를 거쳐 법상종의 원로
가 된 선사이다. 그가 1576년 에 쓴「주다론」은 2,089자로 된 짧막한
글에 불과하지만 술과 차에 관한 고사를 통해서 중국과 인도의 선미
禪味를 접할 수 있고, 해학적이면서 필력도 빼어나 에도시대江戶時代

이후 일본에서 널리 읽혀져 왔다.

「주다론」은 을진사에 보관되어 왔으나 제2차세계대전 때의 공습으로 을진사와 함께 소실되었다. 그러나 다행스럽게도 또 한 권이 교토의 묘심사 양덕원養德院에 보존되어 있었는데, 이는 양덕원의 제1세 고다쿠 소군功澤宗勳이 란슈쿠 선승의 법사法嗣로서 사제지간이었던 점으로 미루어 보아 선사의 자필본을 내려 받은 것으로 보고 있다.

차와 술에 관한 저서로는 당나라 때 왕부가 저술한 「다주론茶酒論」과 함께 차문화사상 쌍벽을 이루는 진귀하고 흥미로운 담론서이다.

일본에서 차를 처음 마신 시기는 사료상 헤이안시대平安時代 794~1192 초기이다. 『일본후기日本後紀』에 의하면 815년 4월 22일 사가천황嵯峨天皇이 시가현 범석사梵釋寺에서 에이추永忠 743~816 스님이 달인 차를 마셨다는 기록이 가장 오래된 것이다. 에이추는 유학승으로 당에 건너가 35년 동안 있다가 805년에 귀국하였는데, 이때 일행 중에는 사이초最澄도 있었다. 또한 구카이空海 등 일본차의 여명기를 밝힌 다수의 사람들은 대부분 당이나 송의 유학승으로, 주로 당나라 풍속에 젖어 있어서 일본의 다풍은 그 한계에서 벗어날 수 없었으나 시간이 흐름에 따라 당나라식 다풍은 매력을 잃기 시작하였다.

그 후 가마쿠라 시대에 에이사이榮西 선사가 두 차례에 걸쳐 송나라를 방문했는데, 특히 1187년 두 번째 갔을 때는 천태산 만년사와 천동산 경덕선사 등에서 약 4년간 임제학臨濟學을 수학했다. 에이사이는 차에 의약적 효능이 많다는 것을 깨닫고 귀국하는 길에 차 씨앗을 가져와, 지금의 나가사키 현 히라토시平戶市에 있는 천광사千光寺 부춘원富春園과 후쿠오카현과 사가현의 현계에 위치한 배진산背振山 영선사靈仙寺 경내에 파종하였다. 이때 영선사에 파종된 씨앗이 전국의 여러 사찰에 보급되고 무가武家에서 이를 적극 수용함으로써 일본의 차문화가 급속도로 확산되는 계기가 되었다.

에이사이는 송나라에서 돌아온 해로부터 21년이 되는 1211년 71세 되던 봄에 일본 최초의 차에 관한 저서이자 일본 차문화의 효시인 『끽다양생기喫茶養生記』를 저술하였다. "차는 사람을 양생하는 선약이며 장수의 묘약이다."라는 서문으로 시작된 이 책은 차의 약효를 불교와 연관하여 설명하고, 여러 가지 중국의 고문헌을 인용하여 차의 재배와 제다, 저장 그리고 음다법을 기술한 실용적인 다서로서 다도 보급에 선구적 역할을 하였다.

대부분 약용만으로 쓰이던 차가 기호음료로 바뀌기는 가마쿠라 시대鎌倉時代 후기부터의 일이다. 차에 대한 의약적 효능과 더불어 마실 거리로 변질해 나가면서 투차鬪茶 놀이가 점점 유행하게 된다. 투차의 시초는 일반적으로 당나라 때로 보고 있으며, 발상지는 공차 생산지로 유명한 젠저우建州라고 한다.

신차가 생산되면 차 농가들이 모여 차 맛으로 제다 기술을 겨루는데, 차의 탕색과 탕화표면에 뜨는 포말의 두 가지 항목으로 승자를 결정하였다. 송나라 때 일본으로 건너온 투차는 차요리아이茶寄合 또는 차쇼부茶勝負라고도 불렸는데, 헤이안시대 후기에 귀족과 무사들 사이에 성행하였다. 특히 묘에明惠上人가 에이사이로부터 차 씨앗을 받아 그가 거처하던 도가노오梅尾의 고산사高山寺 경내에 심었던 차나무로 만든 차를 진짜 차本茶로 하고, 그 외의 차를 가짜 차非茶로 구분하여 진짜와 가짜를 가리는 시합에서 성적이 우수한 사람에게 상을 내리는 방식이었다.

시간이 흐름에 따라 차를 가리는 데 그치지 않고 네 종류의 차를 열 번 마셔 보고 어떤 차인가를 가려내는 '사종십복차四種十服茶'가 생겨나고, 차종도 10종 이상에서 20종 이상으로 늘어나는 등 다양해져 갔다.

투차가 끝나고 나면 술과 음식珍酒佳肴을 즐기고 유녀遊女와 어울리는 등 상류 무사뿐 아니라 귀족이나 사찰에서도 그와 같은 투차에 빠져들었다. 그 밖에도 차의 맛, 산지, 수품水品 등을 알아맞히는 유기遊技 형식으로 내기와 음탕한 놀이가 횡행하였다.

무로마치시대室町時代 1336~1573의 다회와 끽다의 지식을 총망라한『끽다왕래喫茶往來』에는 소란스럽고 난잡했던 당시의 풍습이 낱낱이 적혀있다. 그런 가운데서도 차를 즐기는 풍조는 사원에서 무가 사회로, 그리고 일반 서민의 생활 속으로 깊숙이 스며들고 있었다. 특히 남북조南北朝 1336~1392 전란기에 활약하던 신흥 귀족들은 투차에 대한 집념이 강하여 투차와 동시에 중국에서 들어온 고가의 다구나 미술품을 서원에 전시해 두고, 차를 즐기는 사람들數寄者을 불러 모아 풍류하는 다풍이 일고 있었다.

일본 초기의 차는 선종에서는 양생의 묘약으로, 무가에서는 유교적인 대의명분과 불교적인 인과응보의 사상을 무사 정신으로 수용함으로써 빠르게 확산되었으나, 시간이 흘러가면서 방종과 패륜의 온상이 되고 사치의 도구로 전락한다.

1336년 11월에 성립한 전문 17조의 아시카가 막부법足利幕府法 「건무식목建武式目」에 의하면 막되게 구는 무리婆娑羅나 신분과 지위를 무시하고 노는 주연酒宴, 無禮講 풍조를 엄히 다스리고, 다회茶寄合나 연가회連歌會 등 무리를 지어 술과 유희를 즐기는 행동群飮佚遊 또한 엄히 제한한 점으로 미루어 보아 당시의 상황이 얼마나 심각 했는지를 알 수 있다. 방종을 매개하는 것은 술이었다. 다도, 투차, 주연의 3요소로 다사茶事가 행해지던 차문화의 혼돈기에 모로마치시대의 무라타 주코村田珠光 1423~1502와 다케노 조오武野紹鷗 1502~1555, 아즈치모모야마시대安土桃山時代 1576~1603의 센리큐千利休 1522~1591 이 세 사람의 다인에 의해서 오늘의 일본 다도가 제 모습을 갖추게 된다.

나라奈良의 칭명사稱名寺에 있던 주코는 당나라에서 들어온 호화찬란한 미美에 비하여 다소 거칠고 모자란 듯 한 미를 주장하고 그 속에서 정신적으로 만족을 얻는 길이 차의 나아갈 길이라고 하여 사치의 상징이었던 당나라의 풍물唐物을 거부하였다. 동시에 차와 선은 일미茶禪一味라 하여 차와 선을 하나의 범주로 넣음으로써 나락의 수렁에 빠진 차의 이상을 구하려 하였다. 즉 다선일미 사상을 내세워 타락의 원인이 된 주연을 다도에서 추방하여 정화 개혁하려 한 것이다.

조오는 주코의 문하에서 다도를 배운 사람으로 초가집 암자풍草庵風의 작은 차실을 창건하는 등 차에 와비侘び의 경지를 열어 주코의 사상을 보완 발전시켜 나갔다. 또 한편으로 조오에게 사사한 센리큐는 차실과 노지露地를 초암풍의 양식으로 완성하고, 다구는 당물과 고려물高麗物을 멀리하면서 와비 차에 적합하도록 개량하거나 창안하여 차의 작법作法을 정형화했다. 무절제하고 방종했던 차문화를 화和·경敬·청淸·적寂을 실천적 도덕으로 하여 와비의 이상을 추구하는 일본적 문화로 축성하기에 이른다.

따라서 주코가 술의 해악을 들어 다회에서 철저하게 추방하려는 데 반하여 제자인 조오와 센리큐는 다도에 부분적으로 수용한다. 일본 다회의 지주삼헌旨酒三獻이 그와 같은 것이다. 이러한 시대 풍조에 편승하여 이류異類 군담 소설軍談小說[11]과 논리의 전개 방식이 아주 흡사한 「주다론」이 등장한다.

가마쿠라시대에 헤이케平家 일가의 영화와 겐페이源平의 싸움으

---

11 군담 소설을 일본에서는 군기 이야기(軍記物語)라고 하는데, 군기라고는 하지만 사실에 충실하게 쓰인 글이 아니고 무용담이나 명예 등을 후세에 전하기 위한 픽션이다.

로 인하여 몰락하는 과정을 묘사한『헤이케 이야기平家物語』를 비롯하여, 헤이안시대에 일어난 호겐保元의 난을 배경으로 한『호겐 이야기保元物語』와 그 자매편으로 헤이지平治의 난의 전말과 무장들의 활약상을 엮은『헤이지 이야기平治物語』등이 있다. 또한 남북조시대南北朝時代로부터 가마쿠라 막부의 멸망과 그 후의 쟁란기의 이야기를 담은 40권에 달하는 방대한 양의『다이헤이키太平記』, 소가曾我 형제가 원수를 물리치는 이야기와 그 후일담을 다룬『소가 이야기曾我物語』, 무로마치 시대 미나모토 요시쓰네源義經의 유년기와 유랑기를 다룬『요시쓰네 이야기義經物語』등 수다한 군담 이야기가 있다.

무인들이 전횡하는 사회에서 무인 사회의 영고성쇠가 문학 작품의 주요 소재가 되고 사회 전반에 미치는 영향 또한 대단하였다. 이러한 군담문화는 한걸음 더 나아가 사람이 아닌 동식물이나 귀신 등을 의인화하여 어떤 메시지를 함축하는 이류 군담의 세계를 낳았다. 몇 가지 사례를 들어 보자.

사례1 : 술과 떡의 싸움酒餅合戰

술과 떡은 서로 자기가 잘났다고 자랑한다. 이들의 말다툼이 길어지면서 술은 과음하여 곤드레만드레 잠들고, 떡도 너무 많이 먹어 포만감으로 잠들게 된다. 한참 후 이들이 깨어나자 무가 나타나 술이나 떡 모두 알맞게 고루 먹어야 한다며 중재하여 화평을 찾는다.

사례2 : 술과 차의 싸움酒茶合戰

새 차 단지茶壺의 봉함을 개봉하여 갖는 첫 다회口切り에서 만
난 상호上戶[12]와 하호下戶[13]의 말다툼이 싸움이 되고 만다. 주군
酒軍은 야마토국大和國 제백諸白,정백미로 빚은 고급술을 대장으
로 하고, 최상등급 우지차宇治茶를 대장으로 하는 다군茶軍은 진
을 차지하기 위해 평등원平等院[14]으로 향한다. 다과茶菓가 다군의
원군이 되어 가세한 가운데 우지천宇治川의 싸움이 시작되지만
물고기들과 새들의 중재로 화평을 되찾는다.

사례3 : 술과 밥의 싸움酒飯論

상호上戶가 먼저 여러 가지 고사를 인용하면서 술의 덕을 이
야기한 다음 '나무아미타불南無阿彌陀佛'라고 읊는다. 이어서 하호
下戶가 나서서 밥이 제일이라고 말한 다음 '나무묘법연화경南無妙
法蓮華經'이라 읊는다. 마지막으로 중호中戶가 나타나서 무슨 일
이든 중용中庸이 좋은 것이라고 말한 다음 '나무삼보南無三寶'라고
읊는다.

---

12 술을 많이 마시는 사람을 일컫는다. 하호와 더불어 헤이안 시대에 주로 많이
   쓰던 말로 고호(高戶)라고도 불렸다. 중국에서는 당나라 이전부터 대호(大戶),
   소호(小戶)라 부르기도 하였다.
13 술을 못하는 사람.
14 교토 부 우지 시(宇治市)에 있는 천태종(天台宗)의 절. 봉황당(鳳凰堂)으로 유
   명하다.

이상과 유사한 군담의 흐름에서 「주다론」이 전개되는데 줄거리를 요약해서 옮겨 본다.

한적한 봄날 한낮에, 한 사람은 꽃나무 사이에 멍석을 깔고 앉아 술을 마시고 또 한 사람은 소나무 옆에 놓인 평상에 앉아 차를 마시고 있다. 두 사람은 서로 마주 보며 한가로이 봄놀이를 즐기게 되었다. 술을 마시는 사람의 이름은 망우군忘憂君[15]이고 차를 마시는 사람은 척번자滌煩子[16]이다. 서로 인사가 끝나자 망우군이 척번자에게 먼저 말을 건넨다. "당신은 차의 덕을 말하십시오. 나는 술의 덕을 이야기하리다." 하니 기다렸다는 듯이 논쟁은 시작된다.

란슈쿠『주다론』

---

15 술의 이명(異名).
16 차의 이명.

술을 마시면 근심을 잊는다는 망우군과 차를 마시면 번민을 없애 준다는 척번자 사이에 서로 공덕을 자랑하기 시작한다.

척번자 : 석가釋迦가 계셨을 적에 파갈타婆竭陀[17]가 술에 취하여 실수를 하니 그 연유로 음주계飮酒戒를 만들어 내리셨다. 석가의 제자인 목련존자目連尊者[18]는 사람이 술을 마시면 삼십육실三十六 失[19]을 범하게 된다고 하였다. 그래서 부처님은 술을 엄히 경계하라 하였다. 술은 일신을 망치는 것이다.

망우군 : 당신은 실없는 소리만 늘어놓고 있다. 석가는 "술은 감로甘露의 영약이다."라고 말씀하셨고, 파사익왕波斯匿王[20]의 말 리 부인末利夫人[21]이 음주계를 범했을 때는 "계를 범하기는 하였 으나 대공덕을 얻었다."라 하였으며, 보살菩薩은 "남에게 술을 베 푸는 것은 불법상 잘못이 아니다."라고 말씀하였다. 그리고 일체 장경一切藏經[22]에도 술의 덕에 대한 이야기는 자주 나오지만 차의

---

17 석가의 제자 중 한사람. 술을 마시고 실수를 저지른 일이 있어 석가가 음주를 금하는 계를 내렸다고 전한다.
18 석가 십대 제자의 한 사람으로 신통(神通) 제일이라 칭하는 사람.
19 불전에 있는 36가지의 술의 해악.
20 사위국(舍衛國) 왕 범수왕(梵授王)의 아들로 부처님과 같은 날에 태어났다고 한다.
21 파사익왕의 둘째 부인으로 왕에게 술을 올렸다고 한다.
22 대장경(大藏經)

덕에 대하여 적혀 있다는 이야기는 듣지도 못하였고, 유교의 육경六經[23]에도 차의 덕에 대해서는 아무 말이 없다.

척번자 : 칠불七佛[24]의 스승인 문수대사文殊大師도 차를 즐겨 마셨다. 예로부터 부처님에게는 차를 올리지 술을 공양하지는 않았다. 이 세상에 차보다 청아한 것이 어디 있겠는가. 조주화상趙州和尙도 차를 마심으로써 칠백의 갑자甲子를 누리셨다. 풍혈선사風穴禪師는 삼순三巡의 예도를 바로잡았고, 위산화상潙山和尙은 차를 마심으로써 사물의 이치體用를 깨달았으며, 향암화상香嚴和尙은 차를 마시고 좋은 해몽을 하게 되었다. 그 밖에도 많은 화상이 차를 즐겼다. 이 모두가 총림의 성사이다.

망우군 : 진晉나라의 도취한陶醉漢[25]은 언제나 술을 사랑하였지만 한 점의 속기도俗氣도 없었다. 그래서 제1달마라고 부른다. 승가에서는 반야탕般若湯이라 하지 않은가. 천하를 잃고 몸을 버리는 것은 술 탓이 아니다.

---

23 『역경』, 『서경』, 『시경』, 『춘추』, 『예기』, 『악기』.
24 지난 세상에 나타난 과거칠불(過去七佛).
25 진나라 도잠(陶潛, 365~427), 도연명(陶淵明)이다. 술을 사랑했으나 언제나 유연하였다.

척번자 : 하夏나라의 걸왕桀王과 은殷의 주왕紂王은 술이 지나쳐 천하를 잃었다.

망우군 : 옛날 성천자聖天子인 요제堯帝는 술잔을 포갤수록 그 인덕이 만고에 뻗쳤다 하고, 공자가 술잔을 기울이면 그 덕이 사해西海에 넘쳤다고 한다. 의적儀狄[26]이 술을 빚으면 하나라의 우왕禹王은 이를 마셨다. 위魏나라의 두강杜康이 술을 만들어 무제武帝에게 올리니 "내 근심을 지울 수 있는 것은 오로지 두강의 술뿐이로다."라 하였다. 또 은의 고종高宗은 맑은 술을 성인聖人, 탁한 술을 현인賢人이라 하였는데 성인과 현인이라는 것도 술에서 비롯된 말이다. 옛사람들의 말에 따르면 술을 마셔도 취하지도 않고 깨어나지도 않고醒 마시는 것을 중이라 하였다는데, 아마도 중용中庸의 길이라는 말도 술에서 비롯된 것이 아닌가 한다. 또한 『사기史記』에 "술은 백약의 우두머리"라고 하였다.

척번자 : 신농으로부터 시작된 차는 노나라의 주공周公을 비롯한 많은 사람이 즐겨 마셨다. 이 세상에는 사람과 금수, 산천, 초목류가 있으나 사람에게 가장 존귀한 것이 차다. 차茶 자를 풀어보면 사람人이 풀草과 나무木 사이에 있는 것으로 되어 있다. 술

---

26 하나라 때 처음으로 술을 만든 사람. 후에 술의 이명이 되기도 하였다.

은 물 수水 변에 새鳥가 있다고 자랑하지만 새가 금수인 이상 어찌 인간에 필적하겠는가.

망우군 : 인간에게는 귀천이 있고 상과 하의 위계가 있다. 혹시라도 사람이 풀과 나무의 사이에 있는 것이라면 어찌 귀족 공자가 되겠는가. 당나라의 이백과 두보는 천하에 알려진 유명인이다. 언제나 물가水邊에서 노니는 새를 사랑하였으며, 당대 두 마리의 새가 되어 그 날개가 천하를 안았었다.

척번자 : 성성猩猩[27]이 취해 말하고 비비狒狒[28]가 끊임없이 사람을 웃기는 것과 같은 말이다. 사람은 금수를 귀하다고 생각하지 않는다. 차는 때로는 봉황단鳳凰團이 되기도 하고 벽용단璧龍團이 되기도 한다. 이것들을 우리기 위하여 기린탄麒麟炭[29]을 사용하는데 이것들은 금수의 우두머리이다. 다구는 금·은·주옥·동·철·토석으로 만드는데 그 값은 기천만 냥이다. 호사가는 보물로 비장한다. 그 하나라도 손에 넣는다면 명성이 천하에 나리라. 이에 반해서 술 도구는 반문전半文錢도 되지 않는다.

---

27 상상의 동물로 술을 잘 마시고 춤도 잘 춘다고 한다.
28 사람을 닮은 짐승. 사람을 보면 언제나 웃는 버릇이 있다.
29 기린은 중국에서는 상상의 동물로 인수(仁獸)로 여긴다. 기린탄은 상등탄을 말한다.

망우군 : 풍류는 본래 온자蘊藉한 것이어서 값으로 말할 수 없는 것이다. 그러나 술잔에도 금잔과 은잔이 있고 약옥선藥玉船[30]이라는 귀중한 술잔도 있다. 또한 계절을 타지 않는 것이 술이다. 봄에는 도이원桃李園 꽃밭에 앉아 달에 취하고, 여름에는 죽엽주竹葉酒를 마시며 더위를 물리치고 시원한 바람을 맞이한다. 가을은 숲 속 빨갛게 물든 홍엽을 모아 술을 데우고, 눈 오는 겨울에도 추위를 피할 수 있다. 당나라 시인 고적高適은 "술은 차보다 낫다."라고 하지 않았는가.

척번자 : 차 역시 사계와 밤낮에 구애받지 않는다. 예로부터 차를 즐기는 사람이 많지만 육우와 노동이 제1등이다.

망우자 : 주성酒星[31]은 하늘에서 반짝이고 주천酒泉은 땅에서 솟아난다. 그 중간에 인간이 있어 술을 마시지 않은 사람이 없다. 진의 칠현七賢과 팔달八達[32]이, 당에서는 육일六逸[33]과 팔선八仙[34]이 있다. 유현석劉玄石[35]이 천 일을 취했고, 순우군淳于

---

30 술잔의 명기. 송나라 소동파의 시 「시약옥배시(試藥玉盃詩)」에 나오는 말이다.
31 당나라 이백의 시 「월하독작(月下獨酌)」에 나오는 말로 술의 별.
32 『진서』 광일전(光逸傳)에 나오는 여덟 은둔자.
33 당나라 때 산에 숨어 술에 젖어 살았다는 여섯 사람들. 이백이 대표적인 인물이다.
34 당나라 때 술을 사랑했던 이백을 포함한 여덟 문인. 음중(飮中)의 팔선(八仙).
35 유현석은 술집에서 술 마시고 크게 취하여 집에 돌아가 잠들었는데, 집에서는

髡[36]은 칠십팔두七十八斗를 마셨다. 왕적王績[37]은 『주경酒經』을 쓰고 유백륜劉伯倫[38]은 「주덕송酒德頌」을 지었다. 왕과 고관대작은 술로써 나라를 다스리는 수단으로 하였고, 사농공상士農工商은 술을 위안으로 삼았다. 환과고독鰥寡孤獨[39]한 사람에게는 술이 수심을 지워 준다. 일찍이 초楚나라의 대부大夫 굴원屈原은 혼자 멀쩡히 있다 하여 쫓겨나고, 송나라 태사太史 소자유蘇子由[40]는 술을 마시지 못한다 하여 무능한 사람으로 낙인찍혔다. 이 두 사람은 술 때문에 손해를 본 것이다. 원결元結은 술을 마시지 않는 사람을 악객惡客이라 하였으니 당신도 악객인 셈이다.

　척번자 : 말할 나위 없이 다소간에 차를 즐기지 않는 자는 사람이 아니다.

　이어서 도가노차가 제일이고 다음이 우지차라는 말을 하고 있는데 곁에 한 사람의 한인閑人이 나타나 말하기를, "천하도 태평하고 좋

죽은 줄 알고 장사를 지내고 나서 천 일 후에 관을 열어 봤더니 그제야 술에서 깨어났다고 한다.

36 전국 시대 제나라 사람으로 위왕이 밤낮도록 술 마시지 못하도록 간하였다.

37 당나라 시인. 술이 좋아 관직을 마다하였다. 스스로를 오두선생(五斗先生)이라 하고 일음오두(一飮五斗)하였다.

38 진나라 사람으로 술을 좋아하였고 술을 찬양한 「주덕송」으로 유명하다.

39 『맹자』 「왕혜왕하편 梁惠王下篇」에 나오는 말. 천하에서 가장 쓸쓸한 사람, 즉 늙은 홀아비, 늙고 서방 없는 과부, 어려서 부모 잃은 고아, 자식 없는 늙은이를 말한다.

40 송나라 시인으로 소동파의 아우.

은 철입니다. 나는 술도 잘 마시고 차도 마시지만 이 둘은 어느 편이 이기고 지는 것이 옳을까요. 두 어른께서는 나의 노래 들어 보소."라고 노래하며 화해시킨다.

소나무 위 구름 한가롭고, 꽃밭에 노을 졌네　　松上雲閑花上霞

두 노인 서로 마주 보고 말다툼하니 호사롭네　翁翁相對鬪豪奢

나는 말하네, 둘은 천하에 가장 빼어난 우물尤物[41]이라

　　　　　　　　　　　　　　　　　　吾言天下兩尤物

술은 술이요, 차는 차일세　　　　　　　　酒亦酒哉茶亦茶

　당나라 때 향공진사鄕貢進士 왕부王敷가 지은 「다주론茶酒論」은 란슈쿠의 「주다론」보다 약 830여 년 앞서 찬한 것으로, 1907년 영국의 스타인과 1908년 프랑스 정부에서 파견된 중앙아시아 문화재 조사단장 펠리오에 의해서 중국 간쑤 성 북서부에 위치한 둔황의 막고굴에서 발견되어 런던의 브리태니커도서관과 프랑스 파리 국립도서관에 각각 소장되어 있다.

　두 가지의 담론을 비교해 보면 시대적인 배경이나 문장의 구성, 의인 설정 등에 차이가 있기는 하지만 왕부의 「다주론」이 차에 무게를 두는 반면, 란슈쿠는 술에 비중을 두는듯하면서도 둘 다 차의 덕

---

41 가장 좋은 물건.

과 술의 덕을 인정하고 화해한다.

어느 한쪽에도 더하고 덜함이 없고, 승자도 패자도 없는 절묘한 중용의 지혜를 볼 수 있다.

센 리큐 시대에 와서 찬한 「주다론」은 술의 폐해를 사실적이고 구체적이면서 실증적으로 제시함으로써 차문화 정화의 당위성과 필연성을 논리적으로 제시하고 있으면서도, 망우자가 주장하는 술의 덕을 자세히 들여다보면 주장 그 자체가 자기의 덕을 대변하는 듯한 코믹한 구성으로 되어 있어 야릇한 뉘앙스를 풍긴다.

「다주론」과 「주다론」의 비교

구분	「다주론」	「주다론」
저자	향공진사 왕부	선승 란슈쿠
시기	당 천보(天寶) 원년(742) - 중당 후반기	천정(天正) 4년(1576) - 아즈치모모야마 시대 초기
시대 배경	·도가적 무위자연 사상 만연 ·당시(唐詩) 전성기 - 이백, 두보, 고적, 원결 등 ·음차의 일반화 - 공차 폐해	·선종, 무가 음다 주도 ·투차(鬪茶) 폐해 만연 ·군담 문화의 태동 ·일본 차문화 형성기
문장 구성	·차 문헌 최초의 구어문-1,009자로 속어(俗語)를 혼용한 음영물(吟詠物) ·자찬과 헐뜯음 - 해학적이고 고사 인용 많음	·2,089자로 구성 - 산문 형식 ·자찬과 헐뜯음 - 해학적이면서 고사 인용 많음
의인 설정	차, 술	·술 - 망우군(忘憂君) ·차 - 척번자(滌煩子)
논쟁 성향	차>술 무승부	술=차(무승부)
중재역	물(水)	한인(閑人)

육우의 『다경』 「육지음六之飮」을 보면 술과 차의 성질을 지적하고 있다. "목마름을 구하려면 미음漿을, 근심과 울분을 덜려면 술을 마시며, 혼매昏寐를 씻으려면 차를 마신다."라고 하였다. 이와 같이 술과 차는 성질이 상이한 마실 거리이다.

본성이 상이하므로 사회적·문화적 역할 또한 다른 것이다. 어느 한쪽이 좋고 나쁘다는 양良, 불량不良과 선善, 악惡이 아니라 수평과 등가等價의 존재이다.

이러한 사상은 잇큐 소준一休宗純[42]으로부터 주창되어 온 다선일미, 즉 주색酒色을 다회에서 완전히 추방하려는 주코의 적극적인 주장에 대하여 다케노 조오와 센 리큐에 의해서 제한적으로 완화되어 수용된다.

란슈쿠 선승은 이 점을 중용의 사상으로 풀이하였다. 속인은 술을 찬미하고, 차만이 유현하고 신묘하다는 통속화된 사상을 거부한 것이다.

망우자와 척번자의 자리에 홀연히 나타난 어느 한인은 "둘은 천하에 가장 빼어난 우물이라, 술은 술이요 차는 차일세"라고 말한다.

이류 군담의 해학적인 요소와 사실적 요소를 차문화에 도입하고, 광범하고 깊이 있는 고사의 인용과 운치 있고 해학적인 문장은 차문화의 고전으로 높이 평가할 만하다.

---

42 무로마치 시대의 시승. 자유분방한 기행으로 일화가 많다.

세계 최북단에서 자라는 차나무 한 그루

일본열도의 북단 홋카이도 오타루小樽에서 차를 타고 샤코단반도
積丹半島를 향해서 30여분을 가다 보면 후루비라정古平町이 나오는데
바로 그 정사무소 인근에 선원사禪源寺라는 절이 있다.

이 절은 선종 5가禪宗 5家의 하나인 조동종파曹洞宗派의 절로 1858
년에 개산하였는데 규모는 그다지 크지 않으나 500 나한도羅漢圖와
혹한을 이겨내며 자라는 차나무가 한 그루 있어서 세상에 널리 알려
진 절이다.

1919년 다네다 후미타로種田富太郎이라는 마을 어부가 사할린 해역
의 어장에서 고기잡이를 마치고 돌아오는 길에 풍랑을 만나 이틀 동안
을 망망대해에서 표류하던 중 근처를 지나던 외국 상선에 발견되어 기
적적으로 구조 된 일이 있었는데 평소에 불심이 깊었던 그는 무서운
격랑과 공포 속에서 살아 돌아오게 된 것은 오직 관음보살의 보살핌이
라 생각하고 그에 대한 감사와 더불어 풍어와 안전조업을 기원하는 마
음을 담아 500 나한도를 발원하여 선원사에 기증하게 되었다고 한다.

나한도는 삿포로 1중학교 미술 교사인 서양화가 하야시 다케지로
林 竹次郎의 작품으로 1920년부터 그리기 시작하여 약 20년에 걸쳐서
완성하였는데 이 나한도는 세계에서 유일하게 유화油畵로 그려진 나

한도로 유명하다. 일본화로는 장기 보존이 어렵기 때문에 유화로 그린 것이라고 전한다.

또한 이 절 경내에는 스님들의 따뜻한 보살핌을 받으며 단아하게 자라고 있는 작은 차나무가 한 그루 있는데 이 나무는 세계에서 가장 북단에서 자라고 있는 차나무로 알려져 있다.

이와 같이 얼핏 보기에는 작고 아주 평범해 보이는 절이기는 하나 이 절에서만이 볼 수 있는 유화로 그려진 나한도와 더불어 생육한계선을 넘어 혹한에서 자라는 차나무 등 "세계 유일"이라는 두 가지의 영예를 한 몸에 안은 대단한 절이다.

차나무가 자라고 있는 이곳은 북위 43도 15분으로 한반도의 최북단을 넘어선 위치이다. 따라서 차나무의 한계 기온인 년 평균 13도보다 약 5도가 낮고 극한기인 2월에는 영하 10도에서 영하 15도의 추위가 이어지고 심할 때는 영하 20도 이하로까지 내려가는가 하면 2m가 넘는 적설량 등 온갖 악조건을 견뎌내며 싱싱하게 자라고 있으니 놀라운 일이다.

차나무는 아열대성 상록식물로 영하 12도에서 영하 15도가 되면 찻잎은 세포내 동결을 일으키거나 갈색으로 변색하면서 죽는다는데 선원사의 이 나무는 웬일인지 끄떡없다.

차나무는 어떤 연유로 이 추운 곳에까지 오게 되었을까. 그리고 모진 추위를 어떻게 이겨내고 사는 것일까.

차나무의 역사는 차 마시기를 몹시 좋아하던 한 주지스님에서 비롯되었다.

지금으로부터 약 100여 년 전인 1912년 아이치현愛知縣 출신의 아키다秋田岳轉 스님이 주지로 부임하는 길에 기념으로 그 곳에서 자라던 소엽종 차나무 묘목 한 그루를 가져와 본전 뒷마당에 심어 키웠는데 20여년 전 불당을 증축하게 되면서 지금의 자리에 옮겨 심게 되었다고 한다.

1997년에 발행한 와가와유가이窪川雄介의 『차의 모든 것茶のすべて』에 의하면 그 무렵의 차나무 수고는 1m내외이고 수경은 5cm, 잎의 길이는 5cm정도이고 폭은 2,5cm 정도라고 적고 있으나 옮겨진 후로 나무가 시들부들하다가 고사하는 듯 하더니 묵은 가지는 메말라 죽고 새 가지가 돋아나서 현재와 같이 되었다는 것이다. 2018년 초가을 필자가 본 현재의 상태는 30cm정도의 높이에 나무의 폭은 60cm 내외에다 잎의 크기는 그 때와 같고 잎은 짙은 녹색으로 물들어있으며 예쁜 꽃봉오리가 주렁주렁 매달려있었고 수세는 위로 뻗기 보다는 지표면을 따라 가지를 넓히면서 자라는 형국을 하고 있었다.

다만 현재의 나무를 두고 다르게 말하는 사람들도 있다. 아키다 주지스님이 가져 왔던 나무는 이식 후 얼마 가지 않아서 고사하고 일

젠겐지 차나무와 잎

본 재배차나무의 북방 한계선인 아키다현秋田縣 노시로能代에 거주하
는 비하라梶原茂兎悅라는 사람이 그 소식을 듣고 자기 차밭 추운 노지
에서 자라고 있던 차나무를 보내와 다시 심은 것이라는 이야기도 있
기는 하나 진위는 알 수가 없다. 어쨌거나 과학적인 생육 한계선을
훨씬 뛰어 넘어 자라고 있다는 것만은 분명하다.

1912년에 심은 나무라고 보기에는 너무나도 어리고 가냘파 보인다.
하기야 기원전 53년 전한前漢 말기 감로사甘露寺의 보혜선사 우리찐普

慧禪師 吳理眞이 쓰촨성 멍딩산四川省蒙頂山의 고산지에 일곱 그루의 차나무를 심었다는 전설이 내려오고 있는데 청나라 때의『명산현지名山縣誌』에서는 "이 일곱 그루의 차나무는 2천년이 되어도 마르지 않으며 크게 자라지도 않는다."고 적혀있고 실제로 황차원皇茶園에서 자라는 전설의 나무를 보면 선원사의 차나무와 크게 다를 바가 없어 보인다.

하늘이 버리셨는가.   天公所遺棄

100년이 되어도 아직 어리네.   百歲奶稚幼

라고 노래한 북송 시인 소식蘇軾의 시『종다種茶』도 있지 않던가.

그러나 이 나무의 성가聲價는 어디까지나 나이나 크기가 아니라 한계 추위를 극복하고 자라는데 있기 때문에 많은 사람의 입에 오르내리고 차인의 안타까움과 귀여움을 함께 사는 것이다.

일본 농가에서 행하는 전통적인 방한법防寒法을 보면 차나무는 높이 키우지 않는다. 키가 크면 줄기에만 영양이 몰려 잎이 무성하게 자라지 않으며 추위에 잎이 크게 훼손될 수 있기 때문에 40~60cm를 넘지 말아야 하고 가급적이면 둥글게 원형으로 모양을 잡아주고 돋아있는 싹은 따버린다. 그리고 10월 말 첫 눈이 내리기 전에 차나무 밑동에 왕겨나 낙엽 더미 등 5~7cm 두께로 덮어 준다. 눈이 오면 차나무는 마치 눈에 덮여 쌓인 듯한 모양이 되어 잎이 마르거나 상처 입는 일 없이 혹한기를 지낼 수 있다고 한다.

이상은 적설지방 방한법의 기본이라고 할 수 있는데 선원사의 차나무도 이와 유사한 재배법을 따르고 있었다.

주지스님의 말에 따르면 절에서는 추위가 오기 전에 나무 밑동에 흙이나 왕겨 등으로 뿌리를 덮어 주고 네 모퉁이에 각목을 새워 그 위에 볏단을 엮어 올려 겨울 내기를 시킨 다지만 4방이 가려져있지를 않은 상태에서 2m 내외의 엄청난 적설량을 이겨내어야 하는 기상 여건을 감안하면 사실상 겨울 내내 눈에 묻혀 지내는 것이나 크게 다를 바 없어 보인다. 다만 눈이 차나무를 피복被覆하는 모양새가 되어 마치 툰드라지방의 에스키모인이 눈이나 얼음으로 블록을 쌓아 만들어 생활하는 이글루igloo처럼 매서운 추위와 바람을 피해서 겨울내기를 하는 이치와 엇비슷할 것이라고 생각한다. 위대한 자연의 지혜와 섭리를 만끽하면서다.

유난히도 파리한 잎과 유현하고 청아한 이 차나무는 오래도록 외롭고도 매서운 추위를 이겨내며 그만의 자부심과 영예를 꿋꿋이 지켜가며 자랄 것이다.

그래서 얼핏 작아 보이지만 작지 않고 외로워 보이지만 외롭지 않은 나무인 것이다.

차마고도는 문명의 길

중국차의 종류는 다양하며, 분류법도 다종다기하다. 중국차의 분류법 중의 하나는 판매 지역과 판매 루트에 따른 방법이다. 즉 중국 내수 시장, 해외 시장, 변경 지역 시장 등으로 분류하는 방법이다. 중국 남부와 서북부 국경을 접하고 있는 주변 국가에 판매되는 중국차를 변차邊茶 border tea라고 한다. 티베트 · 몽골 · 위구르 · 미얀마 · 라오스 · 베트남 등 변경 지역의 차 인구는 2천만 명이 넘으며, 주로 쓰촨 · 윈난 · 후난 · 구이저우 · 산시 등에서 생산된 다양한 차를 음용하고 있다.

중국차의 전파에는 왕실 간의 혼인이 가장 중요했다. 당 태종의 양녀 원성 공주元成公主가 641년 티베트의 왕 송스탄 감보Songstan Gambo 松贊干布와 결혼할 때, 쓰촨성 야안雅安 지역의 차를 티베트로 가지고 가서 티베트 주민에게 차 음용 문화를 전파시켰다. 티베트에서는 차가 전래된 이후 일상생활의 필수품이 되었다. 티베트 인은 고원 지역의 산물인 말, 모피, 깃털 등을 중국의 차와 교역하였다. 그 후로 쓰촨과 윈난 지역의 차가 중국 국경 북서부 지역으로 대량 수출되었다.

변차의 종류와 제다 방법은 무척 다양하지만 공통적인 특징이 있다. 차 제조 공정에서 찻잎을 강하게 압축하여 작고 길며 납작한 블록 형태나 팬케이크 형태로 만들어, 장기간의 운반 과정에서 보관이 용이하게 하는 것이다.

그렇다면 변경 지역에서는 왜 재배되지도 않는 차를 오래전부터 수입하여 음용하였을까? 여기에는 몇 가지 이유가 있다.

첫째, 티베트 고원지역은 해발 3천~4천 m로 춥고 건조한 사막 기후이기 때문에 농사를 짓기에는 부적합하고 주로 가축을 길러 식용으로 이용한다. 이들의 주식은 고기나 낙농 제품이 주류를 이룬다. 따라서 차를 마시는 것은 육식으로 인한 지방의 분해와 소화 작용을 돕는 데 필수적이다.

둘째, 변경 지역은 공기가 건조할 뿐만이 아니라 산소가 희박하기 때문에 일상 노동에 쉽게 피로해진다. 따라서 차를 마시는 것은 신체에 수분을 공급해 줄 뿐만이 아니라 차의 폴리페놀 성분이 타액을 유도하고 갈증 해소에 도움을 준다. 나아가 강장제의 역할을 하여 피로한 신체에 활력을 준다.

셋째, 변경 지역은 과일과 채소가 거의 없기 때문에 주민들은 비타민과 같은 필수 영양소가 항상 결핍되어 있다. 차는 비타민 C가 풍부하고 다양한 비타민을 함유하고 있어 변경 주민들의 고른 영양섭취에 긴요하다. 현재 티베트의 도시 지역 주민은 연간 1kg의 차를 소비하며, 반농반목半農半牧 지역의 주민은 연간 3~4kg을, 차가 가장 많이 필요한 유목 지역의 주민은 연간 6~7kg의 차를 음용한다.

지난 1,400여 년 동안 쓰촨과 윈난 지역의 차는 어떻게 변경 지역으로 이동되었을까? 가장 대표적인 고대의 차 운반로는 쓰촨성의 야안을 출발하여 루딩爐定과 리탕理塘을 지나 티베트의 수도인 라싸Lasa에 이른다. 말 한 필당 약 60kg의 차를 싣고 쓰촨에서 라싸를 이동하는 차 상인 부대가 한 번 왕복하는 데는 반년이 더 소요되었다. 제2차 세계대전시에는 쓰촨—라싸 길이 통제되어 윈난성의 샹그릴라香格里拉, 원래 중뎬中甸이었으나 2002년 개명를 거쳐 미얀마, 인도를 경유해 티베트의 라싸로 이동하기도 하였다. 이처럼 1,400여 년 전부터 말, 노새, 당나귀를 이용하려 중국에서 변경으로 차를 이동한 상인들의 길을 차마고도Ancient Tea Caravan Route라고 한다.

차마고도로 이동하는 병차餠茶의 무게는 357g이며, 이는 오늘날에도 변함이 없다. 쌍유화姜育發 교수는 보이병차의 무게가 왜 편당 357g이고, 왜 한 통이 7개여야 하며, 왜 12통을 한 대바구니에 담아야 하는가에 대한 답을 제시해 주고 있다. 티베트로 가는 보이차 운송은 말과 당나귀와 노새로 구성되어 있다. 말 한 필이 질 수 있는 무게는 60kg이며, 하루에 갈 수 있는 거리는 60km라고 한다. 따라서 약 60km마다 하나의 마역馬驛이 있다. 이러한 조건들을 고려해 만들어진 것이 보이차의 한편의 무게 357g이다. 357g×7편이면 한 통이 약 2.5kg이 된다. 2.5kg씩 12통이면 한 대광주리가 되는데, 이것이 30kg으로 말의 양쪽에 대광주리 각각 하나씩을 실으면 60kg이 된다.

차마고도를 따라 이동하는 차상들

한 연구에 따르면, 차마고도로 이동하는 하나의 상인 부대caravan
가 담당하는 말의 수효는 300~400필이 넘었으며, 한 번의 여행에 일
반적으로 3~4개의 상인 부대가 1천 필이 넘는 말에 짐을 가득 싣고
이동하였다고 한다. 각각의 상인 부대는 한 명의 대장과 장총을 어깨
에 멘 여러 명의 부대원으로 이루어졌다. 때로는 이 긴 여정에 부인
을 동반하기도 하였으니 엄청난 대장정이었음을 알 수 있다.

차마고도의 출발지는 차의 기원지이자 변차의 수출 중심지인 쓰
촨성 야안현雅安縣과 보이차의 수집과 운송의 중심지인 윈난성 푸얼
현普洱縣이다. 차마고도의 행로에 대해서는 여러 이론이 있지만 대략

6개의 길로 요약된다.

● 차마고도 서북로

고대 중국과 남아시아 사이의 중요한 무역 통로로서 푸얼을 출발하여 징구景谷, 다리大理를 거쳐 리장麗江으로 옮겨지고, 샹그릴라, 옌징鹽井을 거쳐 티베트, 히말라야 북쪽을 지나 국경을 넘어 인도까지 이른다. 흔히 차마대도라고도 한다.

● 차마고도 동로

쓰촨성 야안에서 출발하여 캉딩康定, 창두昌都를 지나 티베트의 수도 라싸에 이르며, 티베트 국경을 지나 네팔, 인도 등으로 확산되는 길이다. 당나라 공주 원성이 쓰촨 성의 차를 티베트로 가지고 간 길로서 가장 역사가 오래된 차마고도로 쓰촨-시장西藏, 티베트을 잇는 길이어서 천장차마고도川藏茶馬古道라고 한다.

● 차마고도 서남로

건조기 때 차를 운반하는 길로 우기에는 란창강 물이 차올라 이 길은 막힌다. 푸얼에서 출발하여 란창瀾滄, 멍렌孟連, 미얀마에 도착한다.

● 차마고도 동북로

푸얼에서 쿤밍昆明을 지나 베이징에 이르는 길로 '관마대도官馬
大道'라 불리는데, 황실에 바치는 공차를 운반한 길이다. 청나라
때는 보이차가 약 200년간 황실의 공차로 지정되었다. 이 길은
상인이나 관원들이 다녔던 길로 차와 소금 등 특산품이나 공문서
등을 운반하여 매우 중요하게 여겼으며, 명·청대에는 여러 군데
에 초소를 두어 엄밀하게 지켰다.

● 차마고도 남로

푸얼을 출발하여 다뤄打洛로 뻗어 나간 관마대로官馬大路이
다. 징훙景洪, 멍하이勐海, 다뤄를 지나 미얀마로 들어가는 길로
300km가 넘는 길이다.

● 차마고도 동남로

푸얼에서 멍셴, 리밍, 장청을 거쳐 베트남의 라이조우를 지나
하노이에 도착하면 배에 싣고 유럽으로 향하여 간다. 매우 가까
운 길이다.

차마고도를 통한 중국과 티베트를 비롯한 변경 국가와의 교역은
갈수록 증가하였다. 티베트는 중국에서 차를 수입하고, 군마, 동충
하초, 녹용, 홍화 등을 수출했다. 북송 시절960~1127에는 연간 티베트

에서 중국으로 수출하는 군마가 2만 두나 되었으며, 쓰촨 성의 차 생산량 1,500만kg 중 반 이상이 티베트로 수출되었다고 추정된다. 따라서 말을 함께 보관해 주는 여관업이 흥했고, 물건 보관하기나 여물 주기 같은 부수적인 직업도 생겨났다. 이들 여관이 하루에 수용하는 말만 해도 200~300필에 달했다. 마방들은 사시사철 끊이지 않았다고 한다.

차마고도는 단순히 물자만 운송했던 길이 아니다. 한족과 티베트의 문명이 나아가 동아시아와 서아시아가 서로 교류하고, 상호 작용을 하며 영향을 주고 융화한 길이다.

찻길Tea Road을 통해 쌀 재배, 실크, 자기, 종이 문화 등 중국의 문화가 서아시아로 전파되었으며, 멀리는 페르시아와 인도, 티베트의 문명이 중국에 영향을 준 또 하나의 실크로드이다.

차인, 육유의 슬픈 연가

남송 시인 육유陸游 1125~1210는 정치가이자 시인으로 자는 무관務觀, 호는 방옹放翁이다. 월주산음越州山陰, 현재의 저장성 샤오싱超興 출신으로 남송의 대표적 시인이자 현존하는 시만 9,200여 수에 달하는 것으로도 유명하다.

육유는 남송이 중원을 금金에게 빼앗기고 굴욕적인 화친책을 펴면서 겨우 명맥을 유지하고 지낼 때, 항전과 실지 회복을 주장하는 주전파로서 그의 시풍에는 애국적인 시와 한적한 나날을 노래한 두 가지의 측면을 엿볼 수 있다.

「정동원에서 물 길어 차를 달인다丁東院汲泉煮茶」, 「임안의 봄비 처음으로 개이고臨安春雨初霽」등으로 우리에게 익숙한 차인이기도 한 그는 금기시되던 연가戀歌를 거침없이 노래하며 방황하기도한 호방한 시인이다.

그는 스무 살이 되자 어머니의 사촌 조카뻘 되는 당완唐婉과 결혼하여 단란한 나날을 보내고 있었으나, 그러나 당완이 들어오고 나서 육유의 아버지와 당완의 아버지가 연이어 사망하는 우환이 겹치자 육유 어머니는 불길한 마음이 들어서 점술사를 찾게 되었다. 이혼을 시키지 않으면 계속해서 우환이 생길 것이라는 점괘가 나오자, 후손을 보기 전에 이혼시켜야겠다는 생각으로 당완과 헤어지게 하였다. 당시로서는 부모 말을 거역하면 곧 불효자식으로 낙인찍힐 때라서 제아무리 부부 금실이 좋아도 어찌할 수 없는 노릇이었다. 그리하여 도리 없이 이혼한 당완은 본래 병약한 여자였으나 송나라 황실과 혈연관계에 있는 조사정趙仕程과 재혼하게 되었고, 육유 또한 왕씨 집안에서 둘째 부인을 맞았으나 서로 사랑하는 마음에는 추호도 변함이 없었다.

심원

육유가 서른한 살이 되던 어느 봄날, 그는 지난날 당완과 틈틈이 사랑을 속삭이며 산책하던 샤오싱 근교의 우적사禹蹟寺 옆에 있는 심원沁園에서 당완을 그리워하며 소요하고 있는데, 때마침 우연히 나들이 나온 당완 부부와 마주치게 되었다. 이에 당완은 즉시 남편 조사정에게 그 일을 알리고 사람을 시켜서 자리를 함께할 것을 권유하였으나, 육유는 벽에 「채두봉釵頭鳳」이라는 시 한 수만을 남기고 홀연히 사라져 버렸다.

채두봉 시벽

분홍색 부드러운 손으로	紅酥手
황등주 따라 주었네	黃縢酒
세상은 봄빛으로 물들고 절 담장 버드나무 아름다워라	
	滿城春色宮墻柳
야속한 어머니 탓에	東風惡
정겨운 날은 짧게 지나가고	歡情薄
수심만 안은 채	一懷愁緒
헤어진 지 얼마던고	幾年離索

아니야. 아니야. 아니야	錯錯錯

봄은 예와 같으나	春如舊
당완은 홀쭉 야위고	人空瘦
붉은 볼 적신 눈물 손수건에 베어나네	淚痕紅浥鮫綃透
복숭아꽃 질 무렵	桃花落
조용한 연못 누각에서	閑池閣
사랑 굳게 맹세했건만	山盟雖在
편지 한 장 전할 길 없네	錦書難托
헛된 일이야. 헛된 일이야. 헛된 일이야	莫莫莫

육유와 당완은 이혼 후에도 어머니의 눈을 피해 가며 얼마간 만나
기도 하였으나, 은밀한 만남마저 발각되어 그럴 수도 없게 되자 연모
의 정은 더욱 깊어만 가고 동풍악東風惡[43]이라며 어머니를 몹시 원망
하기도 한다.

"봄은 예와 같으나, 당완은 홀쭉 야위고"라며 비원悲怨의 마음이
응어리진다. 안타까움도 모자라 안쓰러움이 더하여 눈시울을 적시
게 하는 시구마다 대시인의 감성이 절절히 고여 있다.

---

43 어머니를 봄날의 거친 동풍에 비유하였다.

그는 「차를 맛보며試茶」에서도 그 옛날의 정한을 못 잊어 "은병과 동맷돌 갖추어 놓고, 가녀린 손으로 차 권하던 모습 생각하니 한스럽기만 하구나"라며 한탄하고 있다. 결국 심원에서 마주친 지 오래되지 않아 당완은 죽고, 육유도 어느덧 늙어 일흔다섯이 되던 해에 지난날을 회상하며 심원을 찾아 별리의 아픔을 구슬프게 읊었다.

성벽은 석양에 물들고 화각 슬퍼우네　　　城上斜陽畫角哀

심원의 연못과 누대樓臺는 옛 모습이 아니로다　　沈園非復舊池臺

다리 아래 봄 물결, 녹색 물결 일지만 내 마음은 아프기만 하여라

　　　　　　　　　　　　　　傷心橋下春波綠

날아가는 기러기 모습의 그 사람 그림자 비춰주던곳

　　　　　　　　　　　　　　曾是驚鴻照影夾

꿈은 조각나고 향기 사라진 지 40년　　　夢斷香消四十年

심원 버드나무도 늙어 솜털마저 날지를 않네　　沈園柳老不吹綿

이 몸 이제 계산稽山[44]의 흙 될 몸이건만　　此身行作稽山土

지금도 여전히 추억 어린 곳 찾으니 눈물 넘쳐흐르네

　　　　　　　　　　　　　　猶弔遺蹤一泫然

남송의 대시인 육유는 이 시를 지은 지 11년이 지난 86세의 나이

---

44 사오싱 은근에 있는 회계산(會稽山)

로 영면하였다. "아니야, 헛된 일이야"라며 울부짖던 그는 저 머나먼 곳에서 당완을 품에 안았으리라.

육유의 시는 애정시가 금기시되던 유교문화 전성기에 쓰인 시이다 보니, 더욱 애절하고 감회롭다. 그의 호가 말해 주듯이 과연 호방 豪放한 방옹放翁이기도 하다.

제3부, 서양 차문화 이야기

식물 사냥꾼의 미끼가 된 차나무

식물 사냥plant hunting이라는 용어가 있다. 우리가 듣기에 익숙하지 않은 이 용어는 17세기에서 20세기 초에 걸쳐 정원 가꾸기와 수렵에 도취했던 영국 상류 사회의 생활 행태에 비유하여 영국인 스스로가 지어낸 말이다.

서구 사회에서는 자연주의가 싹트고 자유분방한 낭만주의와 조화되어 이상주의가 팽배했을 무렵, 네덜란드의 동양 진출이 본격화되면서 희귀식물의 보고라 할 수 있는 아시아의 녹색 신비綠色神祕가 조금씩 모습을 드러내기 시작하였다.

중상주의 사상의 태동으로 개인이나 국가의 부가 축적되면서 영국은 물론 네덜란드, 프랑스, 독일, 특히 서유럽권을 중심으로 정원 문화가 전성기를 맞이하는 것을 계기로 식물 사냥이 성행하게 된다. 이러한 식물 사냥은 다른 나라에 서식하는 희귀식물과 그 종자를 몰래 훔쳐오거나 그렇지 않으면 원주민을 매수하거나 기만하기도 하고, 심지어는 회유와 폭력, 살상 등 무자비한 방법으로 약탈해 왔기 때문에 그런 무법 잔혹한 행태를 저지르는 사람들을 수렵에 비유하여 식물 사냥꾼plant hunter이라고 부르게 되었다. 이러한 식물 사냥은 정부나 귀족들 외에도 많은 애호가들의 의뢰를 받아 세계 각지에서 국경 없이 행해졌고, 희귀식물의 값은 보석을 능가하는 경우도 허다하였다.

사냥꾼은 대부분 식물원이나 식물에 관심이 많던 정부나 개인의 원예가들로 구성된 조합 아니면 원예협회에 고용된 사람들로 주류를 이루었으나, 식물학이 의학에서 완전히 분리되기 이전인 당시의 의학은 약용 식물에 상당 부분을 의존하고 있었으므로 그에 대한 지식을 갖추고 있던 의사 역시 식물 사냥꾼과 더불어 불가분의 관계에 있는 협조자였다. 더구나 외국에 파견된 공무원, 선교사, 군인이나 사적인 여행자까지도 누구나 다 식물 사냥에 혈안이 되고 있었다.

세상의 식물은 모두 유럽인, 특히 영국인의 관상용이나 약용, 향료와 식용 등 명예와 사치와 치부를 위한 전리품으로 변신하기에 이르렀다. 생물분류학의 기초를 다지는 데 결정적인 역할을 했던 스웨덴 출신의 식물학자 카를 린네Carl von Linné 마저도 이러한 식물 사냥꾼들의 행동을 왕이나 영웅에 비유하면서 찬양하고 부추길 정도였으니 당시의 시대 정황이 눈에 잡힐 듯하다.

이러한 식물 사냥꾼들이 주로 노리던 식물 사냥터는 인도와 미얀마 그리고 원시적인 고산 지대인 티베트와 양쯔강, 황하강, 이라와디강, 메콩강, 살윈강 유역과 그 지류 지역으로 정상이 눈으로 덮인 거대한 고산 지대에 서식하는 내한성 혹은 반내한성 기후에 서식하는 키 큰 나무나 관목 그리고 다년생식물이 선호되었다.

내한성식물이 선호되었던 이유는 그 당시에 야생 식물을 서양 정원에 도입하여 유명해진 서양 정원의 개혁자 아일랜드인 윌리엄 로

빈슨Willian Robinson 1838~1935의 영향이 컸다. 로빈슨은 정원사로 있으면서 언제나 겨울이 되면 온실 관리 때문에 힘들고 지친 나머지 어느 해에 온실 관리를 소홀히 하여 고가의 식물을 모두 서리 맞게 방치하였다가 죽게 한 것이다. 그로 인하여 아일랜드에서 영원히 추방되었으나, 이를 계기로 점차 정원에 지나친 인공을 가하지 않고 겨울에도 온실이 아닌 노지에서 재배할 수 있는 내한성 식물을 선호하는 새로운 정원 기법이 유행하기 시작하였다. 고산 식물Alpine plant을 정원에 도입하면 난방을 하지 않고도 야생 식물을 재배할 수 있는 편이성과 경제적인 이점이 있기 때문이었다.

식물 사냥꾼들의 사냥의 대상은 다음과 같은 측면에서 살펴볼 수 있다.

첫째, 희소가치가 높은 아름답고 향기로운 꽃이었다. 식물 사냥이 심했던 영국은 물론 네덜란드와 서유럽 여러 나라들은 고생대에 대조산운동大造山運動이 반복적으로 일어나고 긴 빙하기에 추위에 약한 많은 식물들이 절멸하여 식물의 종류가 많지 않고 토질도 식물이 자라기에 적당하지 않았을 뿐만 아니라, 매우 음울하고 변덕스러운 날씨로 인하여 화려한 화단을 선호하게 된 것이다. 더구나 낙농 사업의 발달과 급진적인 초기 산업화는 임야의 황폐화를 초래하여 산야 식물은 보잘것없이 황폐해져 갔다.

식물 사냥꾼의 행장

　이와 같은 여건에서 식물 사냥으로 포획된 아름답고 향기로운 이
국의 꽃을 본 영국인이나 유럽인들은 너나 할 것 없이 그 황홀함에
말문을 열지 못하였다. 한 예로 지금으로부터 약 300여 년 전 네덜란
드에서는 튤립에 매료된 식물 애호가들에 의해서 마침내 일확천금
을 노리는 일대 투기 사건이 벌어졌다.

　어떤 학자는 그 현상을 짧지만 '집단적 광기集團的 狂氣'라는 말로
표현한 바 있다. 작은 꽃 한 송이가 한 나라의 경제를 뒤흔들고 오늘
에 이르기까지 세계사에 교훈이 되고 있으니 도무지 믿기지 않는 이

야기이다.

18세기 초 프랑스 정부에 의해서 북미 미시시피강 개발계획으로 야기된 미시시피 버블Mississippi Bubble과 그로부터 얼마 후에 영국에서 일어난 남해 버블South Sea Bubble과 더불어 근세 유럽의 3대 버블 사건 중의 하나이자 세계 최초의 버블 경제 사건인 튤립 버블Tulip Bubble 사건의 주역이 되었다.

튤립의 발상지는 키르기스스탄과 중국의 국경에 위치한 톈산산맥天山山脈으로 전해지고 있다. 오스만 터키의 세력이 강대해지면서 튤립과 만나고 16세기에 이르러 외교관의 행낭에 숨겨져 유럽 각지로 조금씩 전파되기 시작하였으나, 진정한 매력을 인정받은 계기는 식물학자 카를로스 클루시우스Carolus Clusius의 연구 결과 때문이었다.

튤립 구근을 연구해 오던 클루시우스는 1593년 독일 프랑크푸르트에서 네덜란드의 라이덴 대학으로 옮겨오면서 가지고 온 여러 종류의 진귀한 튤립 구근을 외부에 유출되지 않도록 관리에 철저를 기하였으나 여러 차례 도둑을 맞게 되었다. 이렇게 도둑맞은 구근은 애호가들의 손으로 넘어가 번식되어 엄청난 고가에 거래되었다.

흡사 루이 16세의 정원에 재배하던 감자를 도둑맞아 전 유럽으로 급속히 전파된 경우나, 나폴레옹의 처 조제핀이 전용 궁전에서 정성껏 가꾸던 290주의 달리아 중에서 100주를 정원 관리사가 훔쳐 내 널리 전파시킨 경우와 같았다. 외국에서 사냥해 들여온 진귀한 식물들은 희소가치를 노려 독점되기를 원했으나 오래지 않아 또 다른 사냥꾼들에 의해 사냥된 물건이라는 오명을 안은 채 널리 퍼지게 되는 경우가 대부분이었다.

오늘날 튤립은 쉽게 볼 수 있는 식물이지만 당시로서는 요염하고 희귀한 값비싼 보물이었다. 큰 저택과 튤립 구근 한 개를 맞바꾸기도 하고, 딸의 결혼 지참금으로 구근 한 개를 가져간 것이 사회적인 선망의 대상이 되어 큰 화젯거리로 떠올랐다는 이야기를 통해서도 알 수 있듯이, 튤립은 금은보화 이상의 고가로 거래됨으로써 튤립 투기가 일고 마침내 이러한 투기의 광기는 네덜란드 전역으로 확산되었다.

더구나 놀라운 사실은 프로테스탄트와 가톨릭 사이에 벌어진 30년 전쟁의 와중에도 현물 거래가 아닌 한 통의 계약서만으로 1천만 개 이상의 '가공의 종이 구근Paper Tulip'이 거래되는 등 일확천금을 노리는 허황된 열기는 더해만 갔다. 그러나 현물 공급이 수요에 전혀 따르지 못하는 불균형 속에서 상승적으로 일어나는 허수의 경제虛數의 經濟는 마침내 종언의 시기만을 기다리고 있었다.

1637년 4월 27일 네덜란드 정부가 튤립에 대한 계약도 다른 일반 계약처럼 선물 거래가 아닌 현물 거래를 하여야 한다는 법률을 시행하자 끝내 혼란의 소용돌이 속으로 빠져들고 말았다. 이에 따라 대폭락이 일어나고 거래가 완전히 끊기면서 수많은 투기꾼들이 한순간에 패가망신하고 말았다.

유복했던 나라 네덜란드의 광란은 거품으로 부풀어 오른 튤립의 망령에서 헤어나면서 서서히 막을 내리게 된 것이다. 이것이 그 유명한 튤립 버블 사건이다.

둘째, 식물 사냥꾼들의 사냥 대상은 사냥이나 번식이 어렵고 고상한 품위를 갖춘 식물이었다. 난이 그 대표적인 식물로 집중적인 사냥의 표적이 되었다. 귀족이나 부유층에서는 신분을 나타내는 카스트마크caste marks가 될 법한 식물을 소유하고 싶어 했다. 특히 희귀하고 신비로운 향기와 이국적인 정서가 풍기면서도 뿌리는 관절염과 구순염, 종양과 최음催淫에 특효가 있다고 믿어졌던 난은 일차적인 표적이 되었다. 프레더릭 보일Frederick Boyle은 그의 저서『난에 대하여About Orchids』에서 "이 식물은 특권층을 위로하기 위하여 특별히 디자인된 것이다.the plant was expressly designed to comfort the elect of human beings in this age"라고 말할 정도였으니 서구인들을 열광시키기에 충분한 환상적인 식물이었다.

이러한 난에 대한 넘치는 수요를 충당하기 위하여 난 사냥꾼들은 오지와 미개인이 사는 정글까지 가지 않는 곳이 없었다. 사냥 길은 멀고 고단하고 목숨을 거는 일이었다. 같은 사냥꾼끼리 감추고 음해를 가하기도 하고 질투와 시기, 칼부림도 마다하지 않고 살인까지 행해졌다. 심지어는 난이 다른 사냥꾼에게 넘어가는 것을 막기 위해서 산을 온통 불태워 버리기까지 하였다. 이처럼 난은 식물 사냥사에 가장 치열한 광태를 부린 식물이자 사냥꾼이 찾는 대표적인 노다지 식물이었다.

셋째, 또한 사냥 대상으로는 식용이나 약용, 공예 따위에 쓰이는 경제식물이었다. 이 식물은 어떤 개인을 떠나 국가 경제에 엄청난 부를 안겨다 주는 자원이며 경제식물이다. 흔히 녹색 보물green treasure이라 일컬어지기도 한다. 그 한 예로 브라질산 고무나무를 들 수 있다.

영국 큐왕립식물원Royal Botanic Gardens Kew에서는 1875년 브라질산 고무나무를 얻기 위하여 젊은 식물학자 헨리 위컴Henry Wickham을 학술 연구원으로 위장 파견하여 브라질 정부의 감시가 느슨했던 아마존 강 중류 지역 산타렘Santarém 일대에서 원주민을 회유 또는 매수하여 파라고무나무Para rubber tree 종자 7만 개를 훔쳐 내어 배 밑창에 감춰 큐식물원으로 옮겨 오는 데 성공하였다, 그중에서 발아에 성공한 3천 개의 묘목을 원래 파라고무나무가 자라던 아마존강 유역과 자연조건이 흡사한 미얀마와 말레이시아 일대에 심어 2천 그루의 어미나무를 확보함으로써 영국의 식민 전성시대의 기초가 되고 나아가서는 산업 발전의 발판이 되었다.

이러한 경제식물 중에는 세계 3대 음료의 하나인 차의 원료가 되는 차나무가 있다. 차나무 역시 어느 나무 못지않게 식물 사냥꾼의 표적이 되었다. 중국과 유럽 여러 나라와의 차 무역이 날로 증대해지자 유럽에서는 은의 유출을 막기 위해 몇 가지 대안이 시도된다. 당대의 저명한 식물학자 린네는 "유럽의 모든 은이 아무런 대안 없이 무차별하게 새어 나가는 문을 틀어막는 것이야말로 시급한 일이다", "중국이나 일본에서처럼 유럽이나 스웨덴 최남단 지방에서도 틀림없이 차는 재배된다." "불쌍한 중국인들은 앞으로 엄청난 양의 금을 잃을 것"이라는 말을 공공연하게 하고 다녔다.

한편으로는 중국 몰래 차 씨앗을 훔쳐 오게 되는데 그때마다 본국으로 오는 배에서는 적도의 뜨거운 열을 이기지 못하고 기름기 많은 배아胚芽가 썩고 말았다. 그 무렵 어느 식물학자가 러시아 정부의 대상隊商을 따라 뜨겁지 않은 북부 육로를 이용하여 운반하면 썩지 않을 것이라고 말하자, 린네는 좋아서 어쩔 줄 몰라 하며 껑충껑충 춤을 추었다는 일화가 있으나 끝내 실현되지는 않았다. 또한 1757년 스웨덴 동인도회사에서는 긴 여행을 이겨 낸 중국 차나무 두 그루를 린네에게 보낸 일이 있었으나 꽃이 피고 나서야 차나무가 아닌 동백나무山茶 Camellia Japonica임이 밝혀지자 크게 실망한 일도 있었다고 한다.

유럽 여러 나라는 차 소비가 급증함에 따라 파생하는 은의 과다 소비, 즉 경제적 불균형을 타개하기 위하여 두 가지 대안을 놓고 몰두하게 되었다. 그 하나는 차를 자체 생산하는 일, 즉 자급자족하는 일이요, 다른 하나는 새로운 상품을 개발하여 중국 시장에 팔아서 은을 다시 회수해 오는 방법이었으나 마땅한 상품을 찾기가 여간 버거운 일이 아니었다.

이상 두 가지 대안을 타개하는 첫째 방안으로는 중국으로부터 차 종자를 훔쳐 와 대규모 다원을 조성하여 자급자족은 물론 무역 상품으로 특화하는 것이고, 둘째는 식민지 인도에 면과 아편을 대대적으로 재배하여 중국에 내다 파는 일이었다. 그런 연유로 대규모 다원 조성에는 차나무 종자 확보가 우선이었기 때문에 종자를 구하는 데 혈안이었다. 차나무의 재배가 처음 시도된 것은 영국에 앞서서 네덜란드 동인도회사에 의해서였는데, 유럽의 차 무역을 독점하고 있던 관계로 수입한 완제품을 판매하여 이익을 보는 데 만족하다가 마침내 인도네시아 자바Java섬에서 차밭을 일구려고 시도하였다. 그런데 그 시기는 우연하게도 영국인 로버트 브루스Robert Bruce 형제가 인도 아삼Assam주 오지 사디야의 산중에서 야생의 차를 발견한 1823년과 때를 같이한다.

한편 네덜란드 군에 복무하던 독일인 군의관 지볼트Philipp Franz Von Siebold는 동아시아의 네덜란드 식민지를 통치하는 자카르타에 주둔하면서 그곳 총독의 명에 따라 일본으로 건너가 일본의 지리와 지형을 염탐하고 차나무 종자를 훔쳐 자바로 보내는 임무를 맡았다. 당시로서는 지도상에 아직 일본이 나타나 있지 않은 때였기 때문에 임무는 막중한 것이었다. 그가 1823년 8월 일본의 규슈 남단 나가사키長崎에 있는 데지마出島에 도착했을 때는 일본이 1639년 이후 줄곧

쇄국을 철저히 하고 있던 때였다. 다만 에도 막부는 유일하게 1.3ha의 인공섬인 데지마를 조성하여 네덜란드에 한해서 상관商館을 운영하도록 허용하고 있었기 때문에 그곳에 체류하는 네덜란드 인의 의료를 맡는다는 명목으로 가게 된 것이다.

지볼트는 일본에 대한 정보 수집과 식물 사냥을 위해서는 먼저 나가사키 인근의 일본인들과 친숙해져야겠다는 계략으로 그곳에서 일본어를 열심히 배우면서 현지 의사들에게 현대 의학을 소개하는가 하면, 주민에 대한 무료 진료와 심지어는 현지인 여성 스노기와 결혼까지 하며 친숙해지고 신망을 얻게 되어 데지마 인근 지역의 자유로운 출입이 허용됨에 따라 수시로 주위 모아 두었던 차 종자를 1825년 철분 함양이 많은 점토 속에 숨겨 넣고 포장하여 인도네시아 자바 섬에 있는 보이텐조르히식물원지금의 보고르식물원 Kebun Raya Bogor으로 몰래 반출하는 데 성공하였다.

한편으로는 중국 현지 차 무역 상회에서 차 감정원으로 일하던 야콥슨Jacobson에게는 차 종자와 차에 관한 정보, 다원에서 사용되고 있는 기구와 중국인 노동자를 은밀히 모집하여 보내게 하였다. 적의에 가득한 나라에 가서 그와 같은 일을 하는 것은 지극히 위험한 일이었으나 야콥슨은 자신과 열정에 넘쳐 있었다.

야콥슨은 1828~1829년에 돌아올 때 푸젠 지방에서 차나무 11그루를 훔쳐 오고, 1830~1831년에는 243그루의 차나무와 150개의 차나무 종자를, 1831~1832년에는 다시 30만 개의 종자와 열두 사람의 중국인 기술자를 회유하여 데려왔으나 중국인들은 누군가에 의해서 한 사람씩 모두 살해되고 말았다. 그의 중국에서의 마지막 사냥인 1832~1833년에는 다시 700만 개의 종자 그리고 차 재배와 제조 기술자 등 열다섯 사람과 그가 수집한 많은 기구들을 가져올 수 있었다. 이때 중국 정부는 도둑맞은 차 종자와 중국인 기술자들을 실은 배와 야콥슨의 목에 많은 상금을 내걸고 사로잡으려 하였지만 뜻을 이루지 못하였다.

야콥슨의 배가 항구에 도착하자 축포가 울리고 성대한 축하 행사가 행해졌다. 그 후 야콥슨은 네덜란드 정부로부터 사자대십자훈장 Grand Cross oh the Order of the Lion을 수여받았고 자바 서부와 중부 전역에 많은 다원이 일구어지게 되었다. 그러나 아쉽게도 산업화에는 미치지 못하던 차에 1878년 영국령 인도에서 아삼차의 종자를 들여온 영국인 존 피트John Peet에 의해서 묵은 중국 차나무는 보다 튼튼하고 젊은 아삼차로 교체되고 재배와 제다 방법을 개량하고 근대화시키면서 자바 다원에 일대 변화의 바람을 일으켰다.

한편 홍차 소비가 기하급수적으로 늘어나는 영국으로서는 중국차에 수요를 전적으로 의존하는 관계로 값이 비싸고 중국의 국내 정세에 따라서 수급에 불균형을 초래하는 등의 불안정 요인을 안고 있었다. 이와 같은 상황 아래 식민지인 인도 등에 대단위 다원을 조성해야 한다는 국내 여론이 비등해지자, 1822년 영국 왕립협회The Royal Society는 영국령 서인도 제도, 희망봉, 호주의 뉴사우스웨일스,

동인도 제도 등지에서 중국차를 대량으로 재배하거나 생산에 성공한 사람에게는 거액의 상금을 주겠다고 발표하기에 이르렀다. 그러나 상금을 탄 사람은 아무도 없었다.

그 당시 중국차 수입을 독점해 오던 영국 동인도회사는 중국과의 독점적 교역이 허물어지는 것을 두려워하여 새로운 공급원을 찾는 데 지극히 소극적이었으나, 1833년 영국 의회에서 독점권을 박탈하자 태도를 바꾸어 적극적으로 새로운 플랜테이션plantation 조성에 나서기 시작하였다. 이와 같이 영국이 동인도 회사로 하여금 식민지인 인도에서 차를 재배할 정책으로 전환하자 차나무 종자의 확보, 적지 선정, 재배 기술과 차 생산 기술 도입 등의 여러 문제점이 대두되었으나 그중에서도 무엇보다 차나무 종자를 확보하는 어려움이 가장 큰 문제였다.

한편 1842년에 영국과 청나라 사이에는 난징조약南京條約이 체결되었다. 이 조약으로 굳게 닫혀 있던 중국 내륙, 특히 식물 사냥꾼들의 꿈의 사냥터가 부분적으로나마 열리게 되었다. 홍콩을 영국에 할양하고 광저우廣州, 야모이廈門, 푸저우福州, 닝보寧波, 상하이上海등 5개 항이 개방된 것이다. 동시에 중국 측은 조약 항의 조계 범위 안에서는 거류 외국인에 대한 감시를 완화하겠다는 약속을 하고, 공식적인 보장은 아니었으나 조약 항으로부터 30마일 범위 내에서의 여행은 보장되는 것으로 되어있었다.

이에 따라 영국 왕립원예협회Royal Horticultural Society는 중국위원회를 조직하고 중국에 대한 식물 사냥을 본격화하기 위하여 협회에 소속되어있던 치스윅Chiswick 온실 관리 주임인 31세의 스코틀랜드 출신 로버트 포춘Robert Fortune을 중국에 파견하게 되었다. 1843년 7월에 포춘이 홍콩에 도착할 무렵의 중국의 남부 지방을 중심으로 서구인을 보면 홍모紅毛라 부르고 적대적인 감정을 드러내며 가까워지려 하지 않았다. 또한 바다에는 해적이, 육지에는 산적과 도둑떼가 득실거려 자칫 목숨을 잃을 수도 있는 상황인 데다 차 산업을 국가 시책으로 엄격하게 보호 통제하고 있던 관계로 외국인 신분으로 차밭에 접근하기란 죽음을 의미하는 것이나 다름없는 위험한 일이었다.

그러한 상황에서 목숨을 잃을 뻔한 위태로운 고비를 수없이 겪으면서도 포춘의 열정과 강인한 의지 그리고 맡은 일에 대한 책임감은 수그러드는 법이 없었다. 열악한 환경과 풍토병에 시달리면서 포악한 산적에 쫓기기도 하고 해적과 격렬한 해전을 치러야 했던 이루 다 말할 수 없는 고통스러운 여건에서도 굴하지 않고 차나무 사냥은 계속되었다. 비록 30마일 범위 안에서의 행동의 제약은 있었으나 값싼 노임으로 고용한 인부들에 의해 기대 이상의 성과를 거둘 수 있었다.

그러던 중 1848년에는 영국 동인도회사의 요청으로 인도 고산 지대인 히말라야 근처에 다원을 조성하는 데 필요한 우수한 차 종자와 차 재배, 생산 기술자, 그에 필요한 제반 장비를 구하기 위해 중국인으로 변장하고 차 종자를 사냥하기 시작하였다. 그 이후 약 3년간의 실패를 거듭하다가 특별히 고안된 묘목용 유리 운반 케이스인 워디

안 케이스Wardian case에 넣어 보낸 실생묘實生苗가 활착活着에 성공한다. 마침내 시킴 지방의 남쪽 히말라야 산맥 남동쪽 기슭, 번개와 천둥의 전설이 숨 쉬는 다르질링Darjeeling에 세계 3대 명품 홍차의 하나인 다르질링 홍차의 플랜테이션이 조성되기 시작하였다. 그러나 자생종에 비해 상업적 가치가 못하였음에도 중국차에 대한 광신적 지지자들이 득세하고 있던 상황이라 차 종자를 계속 사냥해 오기도 하고 매입해 오는 경우가 빈번하였지만, 네덜란드 동인도 회사의 경우와 같이 종자의 발아 상태나 어린 묘목의 성장 정도가 매우 저조하였다. 그래서 "중국인은 차 종자를 외국인 손에 넘기기 전에 발아가 되지 못하도록 삶은 다음 말려 판다."라는 등의 비난을 받아야 했다. 건강한 차나무라 할지라도 생육이 저조하고 중국의 차 맛에 미치지 못하였다는 것으로 보아 생장 환경의 차이에서 오는 것이라고 생각된다.

마침내 아삼 자생종의 보완 이식으로 다르질링에서의 플랜테이션이 완성되기에 이르렀다. 한편 태평천국의 난으로 청나라의 정국이 한창 어수선할 무렵 미합중국 정부의 은밀한 요청으로 포천은 1858년부터 차나무와 종자를 미국으로 보냈으나, 미국 또한 남북전쟁을 앞둔 혼란기를 맞아 차나무 재배 계획은 용두사미가 되고 말았다.

20세기에 들어오면서부터 차는 우리 인간의 가장 친근하고 대중적인 음료가 되었다. 그러나 그 이면에는 헤아릴 수 없이 많은 고난과 시련, 영욕과 희생이 뒤따랐다. 우리에게 건강을 담보해 준 차, 사회 관습과 인간의 이성을 일깨워 준 차, 품격 높은 생활문화를 창조해 준 차, 이 모두 은혜로운 자연에게 감사할 뿐이다.

이상 몇 가지 경우에 한하여 간략히 설명하였으나, 그 밖에도 수많은 식물이 탐욕에 찬 많은 사냥꾼에 의해서 사냥되었다. 우리나라도 예외는 아니다. 알게 모르게 수많은 사냥꾼들이 온 산야를 지나간 잔흔들이 속속 드러나고 있다.

타일러 휘틀Tyler Whittle이 저술한『식물사냥꾼들The Plant Hunters』에 의하면 미국인 프랭크 마이어Frank Meyer 1875~1918는 미 농무성의 지시로 동부 이시아 지역 일대를 탐험하고 사냥을 했는데 그가 다닌 곳은 우리 한반도와 중국의 대평원, 헤이룽장성黑龍江省, 지린성吉林省, 랴오닝성遼寧省, 네이멍구자치구內蒙古自治區와 만리장성이 있는 란저우蘭州 등 광범위한 지역으로, 주로 과수와 야채류 그리고 신종 쌀이나 콩과 가축용 식물을 찾아다녔다.

휘틀은 미국의 농민들이 마이어가 아시아에서 거두어들인 성과에 대하여 영원히 감사하게 생각해야 할 것이라고 말하고, 특히 대두를 포함한 콩류와 과수는 독특한 매력과 아름다움을 간직하고 있었다고 기술한 것으로 보아, 우리나라와 중국에서 자생하는 유용식물의 상당수가 마이어의 사냥에 의해서 북미 지역으로 흘러 들어간 것을 알 수 있다. 그런 후에도 전국의 산야에 있는 토종 야생종 식물이 외국 사냥꾼의 사냥터가 되어 왔다. 외국의 꽃시장에서 사랑받고 있는 '미스킴 라일락MissKim Lilac'이 1947년경 북한산北漢山에서 미국인이 채취해 간 우리의 라일락이라고 하니 실로 놀라운 일이다.

우리 역사에도 이와 비슷한 이야기가 없는 것은 아니다. 단지 유럽 사람들이 미개하거나 또는 그들의 지배하에 있던 식민지를 대상으로 상업주의적인 영리와 수단 방법을 가리지 않는 강압적인 횡포에 의해서 행해진 데 반해 자의적으로 이루어졌다는 점에서 큰 차이점이 있다.

고려 말의 문신인 삼우당三憂堂 문익점文益漸 1329~1398이 원나라 조정 사신으로 가는 이공수李公遂의 서장관書狀官으로 갔다가 미움을 사, 3년 동안 유배 생활을 마치고 돌아오는 길에 그동안 그곳에서 눈여겨보아둔 목화 씨앗 세 알을 붓두껍 속에 숨겨 와 심은 것이 계기가 되어 오늘과 같은 포근하고 튼튼하며 땀을 잘 흡수하는 무명 옷감으로 우리 민족의 생활 패턴이 바뀌게 되었다는 말이 전해 내려오기는 하지만 사실史實은 회의적이다.

승리의 심벌, 보스턴 티 파티 전후

세계 차 역사상 최대의 사건이라고 하면 단연 영국의 식민 정책에 반대하여, 사뮤엘 아담스Samuel Adams가 이끄는 50여명의 자유의 아들들이 1773년 12월 16일 모호크 족Mohawk으로 변장하여 보스턴 항에 수백 상자의 차를 싣고 정박 중이던 다트머스Dartmouth, 엘리너 Eleanor, 비버Beaver 등 3척의 배에 침입하여 많은 차를 바다에 내버린 이른바 보스턴 티 파티일 것이다.

영국의 패권이 한창일 때 식민지였던 미국의 독립운동으로 발전하여 합중국 탄생의 단서가 되는 세계사적인 사건이 오늘날 우리가 즐겨 마시는 차로 인해서 발생했으니 참으로 놀랄 만하다.

한낱 마실거리에 불과한 차가 그러한 어마어마한 사건들을 유발시킨 원인은 도대체 무엇이며 결과는 어찌 되었을까?

1614년 네덜란드가 지금의 뉴욕 중심지인 맨해튼 섬에 모피거래소를 설치한 후로 이 섬의 남단부에 이주가 시작되었고, 1626년에는 신대륙 식민지의 초대 총독 미누이트Peter Minuit가 약 24불 상당의 값어치에 불과한 유리구슬과 장식용 소품을 인디언에게 주고 맨해튼 섬을 사들여 뉴암스테르담New Amsterdam이라 이름 짓고 본국의 암스테르담을 닮은 소도시를 조성하기 시작하였다.

뉴암스테르담으로 이주해 온 상류 사회는 그들의 모국인 네덜란드가 유럽에서 가장 먼저 차의 풍습을 수용한 국민답게 가정이나 사교계의 음료로 차를 애용하면서 여러 종류의 다구茶具들이 본국으로부터 반입되고 있었다.

한편 영국은 1606년 국왕의 칙허장에 의하여 건설된 런던 회사에 이어 1607년 제임스강 연안에 일단의 영국민을 정착시킴으로써 제임스 타운으로 부르게 되었고, 1620년에는 본국의 종교 박해를 피하여 네덜란드에 이주해 있던 청교도 일파가 신앙의 자유를 찾아 메이플라워May Flower호를 타고 지금의 매사추세츠주 플리머스에 상륙 정주하여 식민지를 넓혀 가고 있었으나 영국인들은 차에 대하여 거의 무관심한 상태였다.

뉴암스테르담을 호시탐탐 노리던 영국은 1664년에 무혈입성하여 그들의 식민 통치하에 합병시키고 뉴욕으로 개칭하였으나, 경제적인 주도권은 여전히 네덜란드 인에게 있었기 때문에 차를 마시는 관습은 그대로 남아 있었다. 그 후 1682년 퀘이커 교도에 의해서 차가 커피와 함께 상류층에 파급되면서 1690년에는 영국 본토법에 따라 미국 최초로 매사추세츠 중심 도시인 보스턴의 밴저민 해리스Benjamin Harris와 대니얼 버논Daniel Vernon 두 사람에게 공공의 장소에서 차를 팔 수 있는 면허를 내주었다. 그러나 찻값이 워낙 비싸고 일상적인 음료가 아닌 탓으로 그리 많이 팔리지는 않았다.

여기서 특기할 일은 밴저민 해리스에 대한 이야기이다. 그는 런던에서 반왕당反王黨의 출판물을 발행하고 있던 반왕당파 운동가로,

신변이 위태로워지자 1686년 미국으로 탈출한 후 보스턴에 와서 신변의 안정을 찾게 되자 런던출판소라는 인쇄소를 만들고 미국에서 최초로 주간 신문을 발행했던 사람이다.

당시에 영국에서는 홍차가 일반적으로 판매되고 있었으나 미국에서는 1712년에서야 보스턴의 약종상 자브디엘 보일스턴Zabdiel Boylston이 '녹차와 보통의 차(홍차)'의 소매 광고를 낸 적이 있을 정도였다.

무역상 토머스 가웨이Thomas Garway가 영국에서 차를 처음 거래한 1657년에 비하여 판매 면허는 33년을, 소매 광고는 실로 55년 뒤에 일이다. 그러나 18세기에 접어 들어 찻값이 내리고 생활수준이 향상되면서 차를 마시는 인구가 급격히 늘어나 은그릇이나 도자기 등의 고급스러운 다구가 영국으로부터 대량 유입되고 미국 상류 가정의 가구나 인테리어 장식에 큰 영향을 미치게 되었다.

심지어 뉴욕에서는 차에 사용할 질 좋은 물을 얻기 위해 시내 채텀과 루스벨트 가 2개소에 차 전용 펌프가 설치되기는 하였으나 마부들이 마차에 물을 싣고 다니면서 "찻물! 찻물! 밖으로 나와서 찻물 사세요!tea water! tea water! come out and get you tea water!"라고 외치면서 찻물을 파는 광경도 볼 수 있었다.

그동안 영국은 버지니아 식민지를 시발로 1733년까지 동해안 13개의 식민지를 확보하게 되었다.

1651년 영국은 네덜란드 선박들을 내몰기 위해서 항해조례를 발포하여 영국 식민지와의 무역은 영국 선박만으로 가능하도록 하였다. 다만 식민지 선박은 영국 선박으로 간주해 주는 온정적인 정책을 써 왔기 때문에 식민지로서는 아주 유리한 입장에서 무역을 할 수 있어 대단히 환영받아 왔으나, 1660년 2차 행해조례는 식민지와의 통상을 영국 본국의 상인에 한정하였기 때문에 식민지에서는 수출입세를 부담하는 큰 타격을 감수해야 할 처지가 되어 식민지 사람들의 불평이 일기 시작하였다.

1756년부터 1763년까지 영국과 프랑스 간에 7년전쟁이 발발하였을 때 13개 식민지 사람들은 영국 편을 들어 승리를 얻는 데 큰 공헌을 했음에도, 1765년 미국에 영국군 1만 명을 주둔시킬 비용으로 연간 30만 파운드의 3분의 1인 10만 파운드를 식민지에 부담시키기 위해 인지조례印紙條例 Stamp Act를 발포하였다. 법률상·상업상의 여러 증서와 증권, 주류 판매 허가증, 신문, 책자, 광고 등에 반 페니penny에서 10파운드까지 스탬프를 찍도록 규정한 것이다. 이에 영국을 위해 이미 7년 전쟁에 참전하고 전승함으로써 단순한 속령이 아닌 자치령으로 보아야 하는 것이기 때문에 동의 없이 임의로 과세하는 것은 영국 헌법 위반이며, 자신들의 권리에 도전하는 행위라는 항의가 빗발치고 끝내 영국 상품 불매 운동으로 발전하자, 영국 상인들이 나서서 이 조례를 폐지할 것을 의회에 강력히 요구함으로써 반년 후에 인지조례는 폐지되었다. "대표 없이는 과세 없다no taxation without representation"는 의식은 식민지인들의 불변의 신념이었다.

그러나 1767년 당시의 재무부 장관인 찰스 타운센드의 이름으로 된 타운센드법Townshend Act이 발포되어 식민지의 차, 유리, 종이, 도료에 대해서 새로운 세금이 부과되자, 이 또한 거센 불매 운동과 갖가지 저항에 부딪히면서 1770년에 차에 대한 세금만을 남기고 폐기되었다. 그 당시 중국 광둥 무역이 성했던 네덜란드 동인도회사와 그밖의 여러 대륙의 동인도회사에서 사들인 차의 양이 영국 동인도회사에서 사들였던 차보다 월등히 많았다. 그 원인은 영국이나 미국에 세금을 내지 않고 밀수로 팔려 나갔기 때문이다.

이즈음의 미국은 벌써 커다란 차의 소비 시장으로 변모해 가고 있었다. 그들은 런던으로부터 들어오는 세금 붙은 비싼 차보다 밀수로 들어오는 값싼 차를 사 마시게 된 것이다. 영국은 차가 팔리지 않자 세금을 낮추어 보기도 했지만 미국 등의 식민지에서의 매상은 오르지를 않고 영국 동인도회사는 팔리지 않은 대량의 차를 런던의 창고에 쌓아 둔 채 파탄 위기에 몰리게 되자 자구책으로 의회에 압력을 넣어 1773년에 차법령Tea Act을 통과시켰다. 이 조령은 아시아에서 영국으로 들어오는 차에 대해서 수입세를 철폐하고 동시에 값싼 차를 중개인을 거치지 않고 자사 대리인을 통하여 미국으로 직접 수출하며, 대리인은 식민지인이 지불을 거절하고 있는 차세를 대신 지불하는 것으로 되어 있었다.

이렇게 되자 영국의 국내세가 면제된 좋은 차가 값싸고 조악한 네덜란드 차와 같은 값으로 유통되는 결과를 가져왔으나, 문제는 돈이 아니라 도의상의 문제였다. 식민지가 본국의 정치에 참여할 권한이 없는 것처럼 영국 또한 식민지에 마음대로 과세할 권한이 없다는 논리에다, 미국 시장은 이미 절차운동節茶運動의 영향으로 공급 과잉 상태에 있었기 때문에 남아도는 물량을 떠맡을 상인은 나타나지 않았다.

이에 동인도 회사는 어쩔 수 없이 직접 나서서 그들 소속인 다트머스호를 비롯한 4척의 배에 차를 싣고 미국으로 출항시켰다. 다트머스호는 1773년 11월 28일 보스턴 항에 닻을 내렸고 엘리너호와 비버호는 조금 늦게 입항하였으나, 윌리엄William호는 보스턴에 입항하지 못하고 코드곶에서 좌초되고 말았다.

입항한 이들 배에 실린 차는 미국 수입업자를 통해서 위탁 판매하게 될 것이라는 소문이 파다하게 퍼지자 하수인荷受人의 창고를 불태워 버리는 소요가 일어났고, 한편으로는 보스턴 항에 정박 중인 3척의 선장들에게 짐을 실은 채 런던으로 되돌아가 줄 것을 종용했으나 거절당하자 그동안 쌓였던 울분이 분출되기에 이르렀다.

차 밀수와 관계되는 사람들이 주동이 되어 반영反英 운동이 격렬하게 일어나고 드디어 소동으로 발전한 것이다. 1773년 12월 16일 석양 무렵 보스턴에서 큰 군중집회가 열리고 "배에 실린 차를 소금물바닷물로 섞어 버리자how tea will mix with salt water"라는 구호를 신호로 모호크 인디언의 전사로 분장한 20~30명의 시민과 이를 따르는 수많은 군중이 "오늘 밤 보스턴 항은 다관이다Boston Harbour a teapot tonight."라고 외치면서 그리핀 부두로 쇄도하더니 다트머스호를 시작으로 차례차례 배에 승선하여 싣고 온 342개의 차 상자를 세 시간도 채 안 되는 사이에 모두 바다에 내던져 버렸다.

모호크족으로 변장한 자유의 전사들

군중들 사이에서는 "오늘 밤 보스턴 항은 다관이다.", "조지 3세의 티 파티다", "그리핀 부두 만세!" 등의 연호가 쏟아져 나오기도 하고, "미국 해역에서 영국을 회유해 온 물고기에서는 짙은 차 맛이 난다", "대서양에 사는 모든 물고기는 보스턴 차 사건 후 차에 물들어 까맣게 색이 변해 버렸다"라는 말들이 유행되기도 하였다.

그리핀항에 쇄도한 군중들

이상이 개략적으로 엮어 본 보스턴 티 파티의 전모이다. 그로부터 수개월간 영국으로부터 운반되어 온 차는 비슷한 대접을 받았다.

1774년 3월에는 찰스턴, 필라델피아, 뉴욕, 아나폴리스와 보스턴 등지에서 다시 보스턴 차 사건과 유사한 소요가 일자, 영국은 탄압을 가중시키면서 보스턴 항을 봉쇄하고 매사추세츠주에 대한 지배권을 강화하게 되었다.

미국으로 이민한 대부분의 사람들은 정치적 자유와 종교적 자유를 갈망하며 이주해 온 사람들이어서 어떤 간섭이나 구속도 저항의 요인이 될 수밖에 없었다.

여러 가지 강화책은 미국 식민지 사람들의 반감을 한층 더 높이 사게 되면서 끝내 영국에 저항하기 위하여 무기를 준비하게 되고, 마침내 1775년에는 보스턴 교외에서 영국 본국의 군대와 무력 충돌이 일어나기에 이르렀다. 이것이 바로 미국 독립전쟁으로 확대 발전되었고, 나아가서는 미합중국 탄생의 결정적인 단서가 되었다.

　독립전쟁 중은 물론 전쟁 직후에도 "애국하는 사람이라면 아무도 차를 마시지 않는다"는 풍조가 만연되었고 독립 후의 미국인은 중국과 차 거래를 직접 하게 되었는데, 그 이유인즉 미국인에게 "영국의 차는 증오스러운 압제의 상징"이며 영국으로부터 오는 차를 거부하는 것은 애국자의 처신으로 당연시되었기 때문이었다. 미국인들이 차 자체를 거부한 것은 아니다.
　당시 이들이 부른 모호크 족의 노래를 보면, 자유와 저항의 의지가 어떠했는지를 가늠하게 한다.

Famous patriot Paul Revere was reported to have been among those who participated in the Boston Tea Party.

보스턴 티 파티 지도자 리버

우리의 워런이 여기 있다. 용감한 리버여,

자유와 법을 우리의 손으로 쟁취하고, 우리의 언어로 환호하자.

우리 조국의 용감하고 진정한 수호자는

결코 북쪽 해안에만 머물러 있지 않지

자유를 위해 싸우자!

청년들이여, 그리고 모이자, 서두르자

그린 드래건에서 우리의 대장을 만나자!

Our Warrens here, and brave Revere[45],

with hand to do and words to cheer for liberty and laws.

our countries 'braves' and true defenders

shell ne'er be left by the North Enders

fighting freedom's cause!

then rally, boys, and hasten on

to meet our chiefs at the Green Dragon[46]!

---

45 워런과 리버는 영국의 세금 부과에 저항한 대표적 인물.
46 당시에 보스턴에서 가장 큰 술집, 혁명 지도자들의 화합에 이용하던 곳으로 속
   칭 '미국 혁명의 본부'라고도 한다.

녹차나무, 홍차나무

차나무는 동백나무속의 한 종으로 학명으로는 카멜리아 시넨시스Camellia Sinensis이다. 시넨시스는 라틴어로 '중국'을 의미하고 카멜리아는 가톨릭 제수이트jesuit 수사이자 식물학의 선구자인 카멜George joseph Kamel의 라틴어식 발음인 카멜리우스Camellius에 연유한다.

차에 대하여 국제표준화기구는 ISO-3720에서 '음료로 사용하기 위하여 차를 만들기에 알맞은 품종 즉 카멜리아 시넨시스의 두 가지의 변종에 한해서 그 잎과 싹, 부드러운 줄기를 원료로 하여 발효와 건조 등의 공정을 통하여 만들어진 것'이라고 하였다. 여기서 두 가지의 종류는 중국종var. sinensis과 아삼종var. assamica을 말한다.

이와 같은 맥락에서 우리가 흔히 마시는 인삼차나 감잎차, 두충차, 생강차, 국화차, 모과차 등은 본디 차라고 하지 않는다. 그래서 이를 두고 '차가 아닌 차' 혹은 '차 외의 차', '기타차其他茶', '건강차健康茶', '대용차代用茶', '민속차民俗茶', '전통차傳統茶' 등으로 부르기도 한다.

만들어진 차는 제조 공정상의 발효 정도에 따라서 녹차, 황차, 흑차, 청차, 백차, 홍차 등 여섯 가지로 구분하여 부르는 것이 일반적이다. 다시 말하면 채취한 찻잎을 원료로 하는 점은 같으나 생잎을 발효시키느냐 하지 않느냐와 발효 정도에 따라서 구분한다.

이를테면 홍차의 경우 찻잎을 시들게 한 다음 충분히 유념하면서 찻잎에 함유된 산화효소를 공기 중의 산소와 교반 활성화시킴으로서 탄닌tannin과 카테킨catechins 기타 성분을 산화 발효시킨다. 그 후 발효가 충분히 이루어지면 건조해 완성하는 데 반하여 녹차는 산화효소의 활동을 살청으로 억제시켜 만든 불발효차이다. 다만 그 원료가 되는 차나무에는 여러 품종이 있는데 녹차不醱酵에 어울리는 품종과 홍차醱酵에 어울리는 품종이 있을 뿐이다.

유럽권에서 차가 국민적 음료로 가장 먼저 정착한 영국은 일찍이 중산계급이 급증하고 동시에 국민 생활수준이 향상되어 일반 노동자까지도 차를 즐기는 계층으로 합류하면서 음차인구가 기하급수적으로 늘어나 청나라로부터 매년 많은 차를 수입하게 되었다. 따라서 늘어나는 차 수입은 만성적인 무역 불균형으로 이어져 심각한 재정 위기를 맞게 되면서 이를 보전하기 위하여 이를테면 산업혁명의 산물인 목면木棉 등을 중국 시장에 내놓기도 하였으나 별로 팔리지를 않는데다 식민지인 미국의 독립으로 은의 공급원인 멕시코와의 길이 막히고 덩달아 영국동인도회사의 부채가 산더미처럼 늘어나면서 궁여지책으로 중량이 가볍고 쉽사리 부패하지 않을 뿐 아니라 재배가 용이하면서도 수익성이 아주 높은 아편 수출이 가장 적합한 해결

책이라고 판단한 것이다. 즉 차 수입에 쓰이는 막대한 재정상의 손실을 보전하기 위해 인도에서 앵속罌粟을 재배하여 중국으로 팔아넘기자는 것이다.

아편은 개인은 물론 가정과 사회와 국가를 나락으로 몰아넣는 악독한 마귀의 화신이다. 도덕적으로 도저히 용납할 수 없는 길을 택한 것이다. "아편은 생활의 필수품이 아니라 악랄한 사치품이다. 유일하게 외국과의 무역 목적 외에는 허가되어서는 안 되며 현명한 정부로서는 국내 소비를 신중히 규제하여야 한다."는 영령 인도 초대 총독이던 워런 헤이스팅스Warren Hastings의 말과 같이 영국은 자국민의 아편 사용을 엄격하게 규제하면서도 외국 수출용으로는 장려하는 반인륜적反人倫的인 이중 잣대를 적용하는 정책을 택한 것이다.

이러한 정책의 기저에는 포르투갈이나 네덜란드가 이미 오래 전부터 아편을 중국에 밀수출하여 많은 돈을 벌어들인 데서 실증되고 있었다.

인도에서 재배된 아편의 교역량이 늘어나면서 사정은 반전되어 경제적 사회적 폐해가 극에 달한 청조는 1839년 임칙서林則徐를 흠차대사欽差大使에 임명하여 광둥廣東에 파견하여 아편 단속에 나선 결과 내외국 무역상을 억류하는 동시에 300만 파운드에 달하는 아편을 몰수하였다. 몰수한 아편은 500명의 건장한 노동자를 시켜 바닷물에 석회와 함께 뒤섞어 1839년 6월 주장珠江에 흘려보냈다.

53세의 임칙서는 도학과 유학에 심취했던 학자로 몰수한 아편을 바다에 버리기 전 바다의 신령神靈에게 의식을 올렸는데 그날의 일기에서 "아편을 녹여 강에 버리게 되면 바다에 사는 모든 생명체가 피해 입을 것이 염려스러우니 신령께서는 그들이 잠시 피신하도록 전해 주시고 외국의 야만인 또한 일소될 수 있도록 도와 달라." 빌었다고 적고 있다. 실로 청조의 절박한 시대 정황과 임칙서의 종교적 신념을 읽는 듯한 일화이다. 이에 대하여 보고만 있을 영국이 아니었다. 빅토리아 여왕은 제국의 존엄에 상처를 입힌데 대한 보복과 수익이 많은 삼각무역을 존속시키기 위하여 해군을 파견하게 되면서 아편전쟁1840~1842이 일어난 것이다.

근대화된 영국 증기함선과 청나라의 목조 범선군함과의 해전은 시작이 곧 끝이나 다름없는 전쟁이었다.

천상천하 제일이라고 믿었던 청조의 자존심은 꼼짝없이 당하고 영국의 무력에 굴복하면서 1842년 8월 불평등조약인 난징조약南京條約이 체결되었다. 난징조약은 전승국 영국에 일방적으로 유리한 조약으로 홍콩 섬의 할양割讓과 광저우廣州, 닝보寧波, 샤먼廈門, 푸저우福州, 상하이上海 등 5개 항에 대한 개항은 물론 그 항구들에 대한 무역면허의 면제와 전비 배상금으로 1,200만 달러silver dollars와 바다에 내버린 아편에 대한 보상금으로 600만 달러라는 당시로써는 어마어마한 거금을 영국에 지급해야만 하는 치욕을 맛보아야 했다.

그러나 영국의 지도층에서는 이도 모자라 불만이 거세게 일기 시작하였다. 3억 인구의 거대시장을 배경으로 떼돈을 벌어들일 줄로만 알았는데 그러하지 못하자 개항지 선택이 잘 못되어서라는 등의 불만이 고조되고 시간이 흐름에 따라 청나라의 자국 내 아편 생산량은 늘어나면서 영국의 수출량은 줄어들고 덩달아 차의 독점에서 오는 수급상의 위기감 증대 등 장래에 대한 전망이 날로 체감遞減되는 징후가 나타나고 장기적 안목에서 차를 자급자족하여야 한다는 여론이 빗발치자 식민지 인도에서 차를 대대적으로 재배하게 되었다.

이러한 생각은 헨리 하딩Henry Hardinge 1844~1848 인도 총독이 본국에 보낸 경고 서한에서도 볼 수 있다. "본인의 생각으로는 수년 내에 중국 정부가 양귀비 재배를 합법화할 것으로 생각합니다. 이는 정부의 주된 재원을 빼앗긴다는 것이나 다름없습니다. 차 재배를 전적으로 장려하는 것이 대단히 바람직할 것으로 생각합니다. 차는 양귀비처럼 인도에서 재배가 되고 아편 매매의 독점으로 생기는 수익보다 훨씬 확실한 재원이 되리라는 것을 머지않아 아시게 될 것입니다." 아편전쟁에서 얻은 이익을 자칫 잃을 수 있다는 경고장이나 다름없는 말이다.

특히 식민지 인도 북동부 히말라야 산록 일대는 지대가 높고 토지도 비옥하면서 안개 낀 날이 많아 차나무에 적당한 수분을 공급해 줄 뿐 아니라 뜨거운 햇살을 알맞게 가려 주고 자주 내리는 서리 등의 자연적인 여건이 단맛과 풍미가 탁월한 중국 고급차 산지의 기후풍토와 흡사하여 차나무 씨앗과 재배기술만 갖춘다면 양질의 차를 얼마든지 자급자족하고도 남을 입지적 여건이 충족되는 곳이라는 판단으로 대다원大茶園 tea plantation을 조성하는 프로젝트에 착수한다.

그러기에 앞서 인도 아삼지방Assam에서는 이미 브루스C. A. Bruce에 의해서 아삼 원종의 차가 사디야Sadiya에서 가까운 브라마푸트라Bramhaputra강 연안 디부르가르Diburgarh에서 시험 재배되고 있었는데 그 찻잎으로 브루스가 직접 중국식으로 시험 제다하여 만든 녹차 여덟 상자350pound가 1838년 11월에 런던으로 보내져 1839년 1월 10일 인디아 하우스India House에서 경매에 붙여졌는데 영국인 스스로의 손에 의해서 만들어진 첫 차에 애호가들은 환호했다. C. A. 브루스가 형 R. 브루스로부터 아삼 원종의 차나무를 물려받은 지 실로 반세기만의 결실이었다.

그 후 제다기술의 부족과 심각한 경영상의 어려움에 봉착하기도 하였으나 영국인의 취향에 맞도록 맛과 향, 색 등 아삼차 특유의 개성을 살린 차가 저렴한 가격대로 서서히 대량 생산하는 데 성공함으로써 후일 오늘과 같은 세계 3대 홍차 중의 하나로 자리 잡게 된 것이다. 아삼 홍차는 영국식민지에서 최초로 생산된 차이자 빅토리아여왕 시대의 생산품이기도 하다는 뜻으로 엠파이어 티Empire Tea라기도 하고 빅토리안 티Victorian Tea라 불리기도 하였다.

그러나 영국인들의 욕망은 끝이 없었다. 여전히 중국차에 대한 향수를 버리지 못하고 집착하는 많은 애호가들은 아삼종의 차가 아닌 입에 익은 중국 찻잎으로 만든 차를 갈망하고 있었다. 『차의 모든 것All about Tea』의 저자 유커스Ukers는 『차 이야기The Romance of Tea』에서 이들을 '광신적 지지자들狂信的 支持者들'이라고 말한다. 단순한 중국차 선호의 수준을 훌쩍 뛰어넘어 집단적 갈망의 수준으로까지 이르렀다고 표현한다.

이러한 국민적 열망과 취향을 충족시키고 동시에 국가 재정의 안정을 위해서는 인도의 또 다른 지역에서 중국종의 차나무에 의한 중국식 제다법으로 대량 생산해야만 했다.

여론이 들끓던 시기에 마침 중국이 아편전쟁에 패하고 영국과 맺은 난징조약에 의해서 외국인의 출입이 한정적으로나마 가능해지자 마치 기다리기라도 하였다는 듯이 그 다음 해 초 식물사냥꾼plant hunter 로버트 포춘Robert Fortune 1812~1880을 중국에 급파하였다.

포춘은 스코틀랜드 출신으로 왕립 원예협회 회원이면서 젊고 유능한 정원 온실 담당자로 원예협회의 엄선에 의해서 신비의 나라 중국의 차나무와 재배기술 그 밖에도 진귀한 식물들을 훔쳐 오는 임무가 주어졌다. 관상식물에 정통한 원예가 누구도 가본 적이 없는 신비스러운 미답의 땅이자 이국

로버트 포춘[47]

적인 정서가 흐르는 곳, 위험스러운 곳이기는 하나 식물사냥꾼의 오랜 환상과 동경의 표적이 되어 오던 곳에 누구보다 앞서가는 영광을 누리게 된 것이다.

특히 중국에 대한 향수 즉 시누아즈리chinoiseries에 취해 있던 시대에 사명을 안은 포춘으로서는 개인의 명예 이상의 막중한 의미가 주어졌다.

1843년 2월 영국에서 출발하여 4개월간의 긴 항해 끝에 중국에 도착하였으나 외국인은 20마일~30마일32km~48km 이상 내륙으로 들어갈 수 없었다. 중국 황제는 외국인이 자국을 탐검하거나 어떤 자원에도 손대지 못하도록 애썼고 중국인 또한 얼굴이 하얗고 키 큰 사람

---

47 http://www.dailymail.co.uk/news/article-1159458/

만 보아도 '이국의 악마洋鬼子, 洋鬼子', '홍모紅毛'라고 부르며 증오하던 때였으므로 서북지방에 사는 사람처럼 보이기 위해서 변장變裝에 변발辮髮과 턱수염도 길렀으나 행동반경은 제한적이어서 주로 광둥, 아모이, 저우산군도舟山群島 상하이 주변에서만 식물을 채취하기도 하고 종묘상을 찾아다니는 데 만족해야만 했다. 그러던 어느 날 중국인들이 조상 묘역墓域에 꽃나무 조경을 많이 한다는 이야기를 듣고 후미진 공동묘지를 찾았다가 증오에 찬 한 무리 토착민의 습격을 받아 도망치는 과정에서 돌팔매에 맞아 등에 큰 부상을 입기도하고 어떤 때는 해적과 총격전 끝에 간신히 목숨을 건지기도 하고 풍토병에 시달리는 등의 후일담은 그가 겪었던 고난의 정도를 가늠할 수 있는 일화로 남아있다.

그러한 여건에서도 그는 조심스럽게 활동 영역을 넓혀 가고 있던 1844년 5월에 닝보에서 얼마간 머물면서 멀지 않은 곳에 차산지가 있다는 정보를 입수하고 탐방하여 차나무와 제다법에 관한 약간의 지식을 얻을 수 있게 되었고 다음 해에는 푸저우로 건너가 그 지방의 차 재배지대에 잠입하여 역사적인 사실을 알게 된다.

같은 차나무에서 채취한 잎으로 제다방법에 따라서 녹차가 되기도 하고 홍차로 만들어 진다는 것을 자기 눈으로 똑똑히 본 것이다.

차문화사에 길이 남을 거대한 발견이었다. 포춘은 내심 흥분을 감추지 못했다.

그 무렵 대부분의 유럽 사람은 녹차는 녹차나무 잎으로, 홍차는 홍차나무 잎으로 만들어지는 것으로만 알고 있었다. 심지어 저명한 식물분류학자 린네Linne마저도 같은 생각이었다. 또한 일부 소수 애호가는 녹차가 중국에서 출항하여 인도네시아 순다해협과 인도양을 횡단하여 아프리카 케이프타운을 돌아 대서양을 거쳐 영국에 이르는 장장 30,000km의 무더운 적도를 100여 일 항해해 오는 동안 선창에 가득 채워진 찻잎이 고온과 습기에 의해서 자연 발효되어 갈색으로 변한 것이 홍차라고 잘못 생각하고 있었다.

녹차는 충분히 살청殺靑되었기 때문에 발효될 수 없고 홍차는 발효과정을 거치면서 외관상 검게 변색되기도 하거니와 특히 영국의 경우 차를 우리는 데 사용하는 물이 칼슘이나 마그네슘이 다량 함유된 경도硬度 120~200도의 경수硬水인데 그 물로 차를 우리면 카테킨 catechin류가 물에 함유된 미네랄 성분과 화합하여 찻물색이 투명도를 잃게 되면서 홍색을 띤 검은색으로 변하게 된다.

그래서 유럽권에서는 홍차를 블랙 티Black Tea라 부르는데 반하여 한국과 중국 일본 등지에서는 우려진 찻물의 색을 보고 지어진 이름으로 물의 경도가 100도 이하로 투명도가 높아 찻물색이 붉게 보였으므로 홍차紅茶라고 부르고 있다. 다만 홍차라고 하는 말의 시초는 중국 상하이 개항기上海 開港期인 1844년경에 그 지방 차상들이 상품

가치가 높아 보이게 하려고 일부러 사용하기 시작하였는데 1869년
에 출판된『A vocabulary of the Shanghai Dialect』에 상하이어로 소
개되기도 하였다. 심지어 1874년경 일본 교토지방 제다회사들에서
는 한때 홍차를 적차赤茶 red tea라고 불렀었는데 1874년에 교토부京
都府에서 대장성大藏省에 보낸 의뢰장을 보면 다음과 같은 글이 있어
홍미롭다. "중국 적차가 영국에서 대단한 인기가 있습니다. 이대로
가면 우리 차가 외국에서 볼품없는 처지가 될 것 같습니다. 교토는
차 재배가 활발한 곳으로 적차 씨앗을 뿌리면 자라지 않을 이유가 없
을 것입니다. 훗날 나라에 큰 이익을 가져 올 것입니다."라는 내용인
데 대장성에서는 의뢰장의 내용에 따라 중국 상해 영사관에 적차 종
자를 구입하여 보내도록 하였는데 얼마 후에 영사관에서는 "중국차
는 녹차와 홍차는 같은 차나무에서 체취한 잎으로 만들되 적차는 없
고 제조방법에 따라서 녹차가 되기도 하고 홍차가 되기도 한다"라고
답신이 왔었다는 일화가 있다.

　홍차의 인기가 높아지자 빨간색을 착색한 조악품까지 만들어 외
국에 수출하기도 하였다고 한다.

　그뿐 아니라 포춘이 또 다른 녹차공장을 찾게 되었을 때는 차를
만드는 제다공들의 손가락이 모두 한결같이 짙은 파란색眞靑으로 물
들어 있는 것을 보고 유심히 보았더니 파란 물감으로 차에 착색하는
것이 아닌가.

그렇지 않아도 중국 녹차에 대한 불신감이 팽배해있던 시기에 탐검가의 눈에 비쳤으니 진실을 규명할 좋은 기회가 온 것이다.

사라 로즈Sara Rose의『중국차의 모든 것For all the Tea in China』에 의하면 "당시 영국의 차 경매시장이나 감정사들 사이에서는 중국인들이 여러 가지 부정한 방법으로 차를 만들고 있을 것이라고 믿고 있었다."고 적고 있는 점 등으로도 당시의 분위기를 읽을 수 있다.

포춘은 그들이 사용하고 있는 약간의 착색료를 몰래 훔쳐 분석용으로 런던에 보내 화학적 분석을 하게 되었는데 분석 결과 짙은 파란색은 착색제着色劑로 쓰이는 도료용 물감인 프러시안 블루prussian blue로 밝혀졌다. 프러시안 블루는 착색력이 매우 강하여 페인트와 잉크, 크레용 등을 만들 때 첨가 물감으로 사용되는 인체에 해로운 색소로 이를 마지막 덖음 과정 5분쯤 전에 석고石膏와 혼합하여 녹차 색이 더 짙고 윤택해 보이도록 했던 것이다.

이런 놀라운 사실은 곧 영국 전역에 알려졌고 1851년 런던에서 개최된 만국박람회에서 공개되어 진 세계를 놀라게 한 바 있다.

"착색료가 일반 공개됨으로써 영국의 국민적 음료인 차는 유럽의 과학과 지식의 빛에 의해서 오랜 신화와 수수께끼로 포장된 어둠으로부터 참모습을 찾게 되었다." 사라 로즈의 허탈한 독백이다.

중국 녹차의 이러한 행태는 영국인을 녹차에서 홍차 선호로 돌아

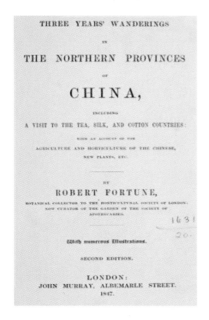

서게 한 계기가 되기도 하였다. 포춘은 누군가의 말처럼 '비참한 모험harrowing adventured'으로 점철된 탐검이었음에도 런던으로 돌아온 다음 해인 1847년『중국 북부지방, 3년의 방랑Three Years Wandering in the North Provinces of China』이라는 낭만적인 이름으로 중국에서의 행적을 자세히 담아 출판하였다.

「중국의 북부지방 3년의 방랑」 표지

　비참한 모험은 녹차와 홍차가 같은 나무에서 만들어진다는 것을 밝히고 차에 관한 정의의 혼란을 수습해 줌으로써 차가 동백과의 식물로 재분류되어 오늘과 같이 차나무Camellia sinensis의 학명을 얻게 되는 결정적 계기가 되었을 뿐 아니라 부정한 차에 대한 경종과 수백 종에 달하는 신품종 관상식물의 수집 등 식물학적 기여와 인도 다르질링지방을 비롯한 여러 곳에 대 다원의 꿈을 실현시키는 계기가 되고 나아가서는 세계인의 음료가 되는데 기여하게 된 것이다.

문호 괴테의 위대한 아마추어리즘

카테킨과 더불어 차의 2대 건강 성분 중 하나인 카페인이 발견된 동기는 문호 괴테의 아마추어리즘이었다.

1749년 프랑크푸르트에서 태어난 괴테J. W. Goethe는 독일이 낳은 세계적 극작가이다. 그의 대표적 저서로는 『젊은 베르테르의 슬픔Die Leiden des jungen Werthers』외에 『빌헬름 마이스터의 편력시대 Wilhelm Meisters Lehrjahre』와 『파우스트Faust』가 있는데 특히 스물네 살에 구상하여 생을 마감하기 한 해 전인 1831년에 완성한 희곡 『파우스트』는 독일 고전주의 문학의 대표작이자 그를 세계적인 문호의 반열에 올려놓은 계기가 되었다.

괴테는 호기심과 연구심이 왕성하여 여러 편의 과학적 논문도 썼는데 「식물변태론植物變態論」과 「색채론色彩論」이 대표적인 예로 이러한 그 나름의 호기심은 뒷날 세계 차문화사에 결정적인 변환기를 맞이하는 계기가 된다.

어느 봄날, 젊은 변호사 베르테르는 상속사건을 처리하러 시골 마을에 간다. 그 곳에서 베르테르는 로테를 알게 되고 짝 사랑에 빠진다. 로테는 알베르트와 이미 약혼한 몸이었다. 알베르트가 장기간의 여행에서 돌아오자 마을을 떠나게 되고 로테는 알베르트와 결혼을 한다. 시골 마을을 떠나 공사의 비서로 일하던 베르테르는 로테를 못 잊어 다시 찾아오지만 이미 알베르트의 아내가 되어버린 로테의 호의는 도리어 그를 고독과 연민의 함정에 빠트리게 한다.

오 달이여! 구름 틈에서 나오라.
밤하늘의 별이여, 모습을 보여라!
그 부드러운 빛으로 내 그리운 사람이 쉬고 있는 곳으로
나를 데려가 다오

그토록 애절하게 노래했던 사랑의 꿈은 사라지고 귀족사회에 대한 불만이 겹치면서 베르테르는 로테에게 보내는 마지막 편지를 남기고 로테가 건네주는 알베르트의 권총으로 방아쇠를 당긴다.

이 이야기는 단테, 셰익스피어와 더불어 세계 3대 문호인 그의 자서전적 소설 『젊은 베르테르의 슬픔』의 줄거리로 스물다섯 나이에 처음으로 쓴 서한체의 소설인데 이 소설 한 권으로 약관의 나이로 하루아침에 유명작가 반열에 오르게 된다.

나폴레옹은 전장에서도 이 책을 호주머니에 넣고 다니면서 읽기도 하고 그가 1808년 괴테와 처음 만났을 때는 아무 말도 하지 못하고 멍하니 바라다보기만 하고 헤어졌었는데, 헤어지고 나서야 "참다

괴테

운 사람을 보았다"고 중얼거렸다고 한다. 당대의 영웅도 최상의 존경
을 표한 것이다.

그 밖에도 이 한 권의 책을 둘러싼 일화는 부지기수이다. 특히 젊
은 남녀들이 애틋하고 비극적인 베르테르의 자살을 모방하고 동조
하는 등 사회 문제로까지 급속도로 비화되자 일부 국가에서는 금서
禁書가 되기도 하였다.

베르테르 효과Werthers effect라고 하는 엄청난 파란이 염려되었기
때문이다.

그는 평소 커피를 무척 좋아한 나머지『젊은 베르테르의 슬픔』네 곳에 커피를 마시는 장면을 묘사하였다. 바르하임 마을에서 상냥하고 건강한 레스토랑의 안주인이 포도주와 맥주, 커피를 내 오는 장면이 있고, 보리수나무 아래에서 커피를 마시는 한 무리 시골 아낙네들의 단란한 모습과 베르테르 자신이 마을 주막에서 테이블과 의자를 가져 나와 커피를 마시며『호메로스』를 읽었다.

그리고 자살하기에 앞서 로테에게 보내는 마지막 편지를 써내려가는 장면에 커피를 끌어 드렸다. 커피를 마시며 "드디어 마지막이 다가 왔습니다. 이렇게 눈을 뜨고 있는 것도 이것이 마지막입니다--오! 천사여!"라며 글을 맺고 떨리는 손으로 방아쇠를 당겨 죽는다.

괴테와 동 시대의 작곡가 바흐Johann Sebastian Bach 1685~1750는 커피에 매료된 나머지 커피칸타타coffeecantata를 작곡한 것으로 유명하고 베토벤Ludwig van Beethoven 1770~1827 또한 아침 식사를 커피만으로 채운 것으로도 널리 알려진 커피 광이었다. 괴테는 이와 같은 사회적 환경에서 커피에 대한 관심이 남다를 수밖에 없었는가보다.

커피의 본체 일부가 발견된 것은 19세기 상반기의 일이다.

당시 유럽의 과학계는 식물화학 연구에 한창이었다. 독일 출신 과학자 제르튀르나F. W. Sertürner가 그 효시로 약관 20세의 나이인 1805년 아편에서 활성성분活性成分인 아편산阿片酸을 찾음으로서 약효의 본체(비밀)가 화학물질이라는 사실이 밝혀지자 이를 계기로 많은 화학자와 약학자들은 식물의 유효 성분을 밝히는 데 너나 할 것 없이 매달려 있을 시기에 괴테는 화학이론과 주기표周期表 정비에 공헌한 화학자의 한 사람인 데뵈라이너J. W. Döbereiner와 친교 중이었는데 그 밑에 룽게F. F. Runge라는 독일 출신의 연구원이 있었다.

룽게는 25세의 젊고 유능한 화학도로 식물화학 연구에 여념이 없었는데 스승인 데뵈라이너는 어느 날 괴테에게 룽게의 연구 성과를 자랑삼아 이야기하게 되었다.

가지과의 유독 식물인 벨라도나belladonna의 엑기스로 고양이 동공瞳孔을 넓일 수 있다는 이야기에 놀란 괴테는 데뵈라이너에게 룽게의 실험을 직접보고 싶다고 청하였다. 룽게는 평소 존경하던 대 문호 괴테의 부름에 어쩔 바를 몰라 했다. 값비싼 고급 모자와 연미복을 빌려 입고 옆구리에는 고양이 한 마리를 안은 채 약속된 장소로 가게 되었는데 이런 사실을 알게 된 주변 사람들은 모두 부러움과 놀라움을 감추지 못하였다.

그도 그럴 것이 괴테는 이미 전 유럽에서 가장 인기 있고 저명한 작가로 명성을 떨치고 있던 터라 만나는 것만으로도 명예롭고 영광스러운 일이였기 때문이다.

룽게가 벨라도나 엑기스 한 방울을 고양이 눈에 떨어뜨리자 바로 나타나는 극적인 효과에 괴테는 놀라움과 감동으로 어쩔 바를 몰라 했다.

실연實演을 마치고 룽게가 돌아 가려하자 귀중한 아라비아 모카 커피 콩이 들어 있는 작은 상자를 내밀면서 콩의 성분을 분석해 보도록 부탁했다. 괴테의 과학적 호기심이 발동한 것이다.

평소 커피의 약리적 성분과 의학적 효과에 강한 의문과 흥미를 품었던 괴테로서는 다시없는 기회인데 반해 룽게의 입장에서는 저명한 문호와의 만남은 큰 행운이자 명예로운 일이었다.

꼼꼼하고 정력적인 룽게는 그로부터 2, 3개월 후인 1819년 어느 날 카페인 추출에 성공하고 그 결과를 1820년 『최신 식물화학의 발견』이라는 소책자를 통해서 커피염기kaffebase를 분리했다는 사실을 발표했다.

룽게는 인류 역사상 가장 최초로 카페인 성분을 찾아낸 것이다. 괴테의 호기심이 커피염기 발견의 동기가 된 것이다.

그 후에도 콜타르coal tar와 증류물에서 인공유기염료를 최초로 개발하는 치적을 남기기도 하였다. 특히 콜타르 연구 결과로 염료와 약품, 향수, 조미료, 보존료, 수지, 도료 등의 합성이 가능해져서 중요 산업의 총아가 되고 인류 문화 발전에 크게 기여하였다.

이와 같은 룽게의 연구 성과가 자극이되어 식물화학을 연구하는 몇몇 화학자들이 카페인을 찾아내기도 하였었는데 그 중에서 프랑스인 화학자 우드리M. Oudry's가 1827년 사상 최초, 소종차小種茶로 차의 화학적 성분 분석에 착수하여 "테인thein"이라는 성분을 분리하

고 이를 약학 관계 잡지에 「테인. 차중의 유기염류성염기有機塩類性
塩基」라는 글을 실었는데 정작 우드리 자신은 이것이 카페인과는 별
개의 것으로 알고 있었으나 1838년 요브스트C. Jobst가 「화학년보」에
「테인은 카페인과 같다」는 연구 논문에 이어서 네덜란드인 물더H. J.
Mulder 또한 같은 해 「물리. 화학년보」에 게재한 논문 「테인의 원자량
에 대하여」를 통해서 우드리가 분리한 테인이 룽게의 카페인과 같다
는 것이 판명 되었다.

와인버그B. A. Weinberg와 비러B. K. Bealer가 공저인 『카페인의 세
계The World of caffeine』에서는 1840년 조바Jobat가 처음이라고 적고
있다.

이렇게 하여 테인과 카페인의 원자 구성이 동일한 유기화합물이
란 사실이 밝혀진 것이다.

제르튀르나가 아편에서 아편산을 발견한 것을 계기로 괴테의 아
마추어적 호기심과 룽게의 집요한 연구심으로 커피콩에서 카페인
성분이 발견되고 룽게의 그와 같은 카페인 발견에 고무된 우드리가
커피의 경쟁음료競爭飮料인 차에서 카페인을 발견하면서 차의 신비
는 과학으로 변신하기 시작하였다. 괴테의 호기심이 몰고 온 현대문
명의 개가이다.

차의 오묘한 맛과 효능이 화학성분에 기인하는 것으로 밝혀지면

서 선인仙人 호거사壺居士의 신화도 황홀한 오감의 세계에 부유하던 노동盧仝의 우화羽化의 신비도 그 정체가 맨 낯으로 들어 나면서 마침내 만병통치약panacea이자 장생의 선약仙藥으로까지 인식되어온 그 모든 것들이 화학성분 때문인 것으로 밝혀지므로서 차는 가장 보편적이고도 착한 생활 음료로 우리 곁에 다가 서게 된 것이다.

그래서 리비히J. V. Liebig가 말한바와 같이 간의 양식liver food이자 쉬라디G. F. Shrady박사처럼 기계시대의 신경안정제the machine-age tranquillizer가 되기도 한 것이다.

카페인은 인간의 지성과 신체기능 향상에 놀라운 은혜를 베풀어 왔다. 즉 정서적 만족도를 높이고 각성과 주의, 기억력의 향상과 강심작용, 이뇨작용 촉진 등과 여러 가지 음료의 함유음료含有飮料로서의 역할이 그것이다. 그래서 어떤 학자는 사람들이 차를 즐겨 마시는 근본 이유는 카페인에 있다고 말한다. 세계 삼대 기호음료인 차, 커피, 코코아가 다 같이 카페인을 함유한 점을 들면서 말이다.

우드리가 차에서 카페인 성분을 발견한 해는, 우리 차문화의 중흥조인 초의草衣 1786~1866가 지리산 칠불암에서 「만보전서 채다론萬寶全書 採茶論」을 등사하여 『다신전茶神傳』을 엮어내기 3년 전이자 『동다송東茶頌』이 나오기 10여 년 전에 있었던 일로 이 모두 초의 연간(草衣年間)의 사건이다.

밀크티 논쟁

차가 유럽에 문헌상으로 처음 알려지기는 베네치아 인 라무시오 Giovanni Battista Ramusio 1485~1559의 『항해와 여행기Delle Navigationi e viaggi』에 의해서이다. 이 책은 1545년에 출판된 지리학 보고서로 "중국 어디에서나 차를 마시고 있다. 공복일 때 한 잔이나 두 잔 마시면 열병, 두통, 위통, 관절 통증을 없애는 효과가 있다."라고 소개하고 있다.

그로부터 55년이 지난 1600년 17세기 마지막 날인 12월 31일에 216명의 상인들이 주주가 되어 영국 런던에 동인도회사를 설립하고, 이어서 1602년 네덜란드 동인도회사가 암스테르담에 설립된 후 1607년에 상업적인 목적으로 마카오에서 차를 운반하여 판매하면서부터 중국의 차와 다기에 대하여 유럽 지역에 처음으로 알려지기 시작하였다. 이와 같이 차를 접하기는 네덜란드가 빨랐으나, 영국은 17세기 후반기에 이르러 음다 풍습이 시민 사회의 기호음료로 확산하면서 유럽 차의 중심지가 되어 가고 있었다.

차 기호 인구가 늘어나면서 차에 대한 여러 가지 논쟁이 끊이지 않았는데, 그 대표적인 논쟁은 차가 우리 인간의 몸에 좋은지, 아니면 좋지 않은지의 건강 논쟁이다.

네덜란드 사람 니콜라스 더크스Nikolas Dirx는 1641년 그의 『의학론Obserbationes Madicae』에서 "차는 장수 음료로서 육체에 활력을 주기 때문에 세상에 어떤 것도 비교할 수 없다." "이 식물에 필적할 수 있는 것은 아무것도 없다. 그것을 마시는 사람은 단지 그런 이유만으로도 여러 가지 병을 이겨내고, 대단히 오래도록 살 수 있다."라고 하였고, 차의 과대 선전가로 유명한 네덜란드의 코넬리스 덱커Cornelis Decker는 1678년 31세 때에 발표한 「훌륭한 허브티에 관한 논문」에서 하루 100잔이나 200잔까지 마셔도 나쁘지 않다고 하는 유명한 말을 남기기도 하였다. 덱커의 지론에 대하여 일부 논객 중에서는 아마도 공부차工夫茶 잔같이 아주 작은 찻잔을 염두에 두고 말했을 것이라고 옹호한다. 또한 프랑스의 수크Suk는 차를 "성스러운 허브"로 예찬하였다.

한편 이와는 반대로 오스트리아 사람 마르티노 마르티니Martino Martini는 "중국인들의 깡마른 얼굴은 음다 습관 때문"이라며 음다를 정면으로 반대하였다. 1756년에 출판된 영국의 상인이자 개혁론자인 조너스 한웨이Jonas Hanway는 "음다는 건강을 해치고 산업에 방해가 되며 나라를 빈곤하게 하고 여성미용의 적"이라고 비난하기도 하고, 심지어는 차를 마시는 것은 시간과 경제의 낭비이자 망국의 습관이라고 말하기도 하였다.

이와 같은 논쟁은 유럽 각국의 문필가나 의사 등을 중심으로 제기되어 왔으나, 차가 상류 사회의 음료에서 사회 전반으로 확산되고 알코올음료의 폐해로부터 해방될 수 있는 대체음료로 인식되고 과학의 진보에 따라 그 효능이 알려짐으로써 치열했던 논쟁은 점차 수그러들기 시작하였다.

또한 차를 수입해서 마시는 것이 국가적으로 과연 어떤 손익이 있느냐의 논쟁은 차에 대한 무조건적인 반대론이 아니라, 급격한 수입량의 증가와 소비 증가로 초래될 영국 경제에 대한 일종의 기우론으로 당장에 차를 폐절하라는 소리가 있기도 하였으나 차 이전의 식생활로 되돌아갈 수는 없었다.

차에 대한 찬반 논쟁은 인도와 스리랑카 등의 티 플랜테이션 개발 성공으로 수급이 원활해지고 가격이 안정되면서 해소되었으나, 몇 세기에 걸쳐 풀리지 않은 논쟁, 즉 이 논쟁은 '유머러스한 논쟁 또는 사치스러운 논쟁'이라고도 하는데 밀크티milk tea를 두고 하는 논쟁이다. 이 논쟁은 논제 자체가 차의 예찬론을 전제로 음다 요령을 두고 하는 이야깃거리이기 때문이다.

밀크티는 홍차에 밀크를 넣은 차를 말하는데, 홍차의 중심지인 영국에서는 정작 밀크티라는 이름의 차는 없고 단지 'Tea with milk'가 있을 뿐이다. 엄격히 말하면 일본식 영어選語라고 말할 수 있다.

밀크티에 대하여 가장 먼저 언급한 것은 덱커가 발표한 1678년의 「다론」이지만, 기록상으로 실제 차에 우유를 혼합하여 마시는 관습은 중국의 북동부 지방이나 광둥의 일부 지방에서는 오래전부터 있던 관습인 데 반해서 유럽에서 행해진 시기는 1680년대 프랑스의 한 살롱에서 시작되었다는 설이 있다. 영국은 한참 뒤의 일이다.

1870년경부터 영국에서 밀크티를 우려 마시는 습관이 크게 유행하면서, 밀크티를 우릴 때 찻잔에 밀크를 먼저 부어야 하느냐 아니면 홍차를 먼저 부어야 하느냐의 논쟁이 일기 시작하였다.

밀크를 먼저 넣는 것을 MIFMilk in First, 홍차를 먼저 넣는 것을 MIAMilk in After 또는 TIFTea in First라 부른다. 얼핏 생각하면 앞뒤 가릴 것 없어 보이지만, 주장에 따르면 논쟁거리가 됨 직도 한 일이다.

MIF의 주장을 들어 보면, 우선 밀크의 분량을 알아보기 쉽고, 밀크 위에다 홍차를 따르기 때문에 혼합이 잘 되고 향이 잘 일며, 밀크를 먼저 넣으면 뜨거운 차로 인한 도자기의 충격을 해소해 주고, 뜨거운 홍차에다 밀크를 부으면 단백질이 파괴되어 버린다고 한다. 이에 반해서 MIA의 주장은, 밀크량을 조절할 수 있기 때문에 홍차 색을 조절하기 용이하고, 밀크티를 마시고 싶은 사람에게만 우려 줄 수 있으며, 밀크를 먼저 넣는 것은 따를 때 홍차의 뜨거운 열로 인해서 찻그릇이 깨질까 염려되어 하는 것인데 이는 가난뱅이들이 걱정해야 할 일이라고 주장한다.

뜨거운 차로 인해서 다완茶碗이 파손되는 것을 우려한다고 하였는데, 당시 영국의 귀족이나 부유층에서는 중국 징더전景德鎭에서 생산되는 다완을 가장 선호하였다. 특히 황제들이 애완하던 '고월헌古月軒'이라는 이름의 아주 섬세하고 작은 다완으로 차 마시는 것을 최고의 사치이자 자랑으로 여겼을 때로, 그 고월헌은 너무 섬세하고 얇아서 지자紙磁 또는 난막卵膜이라 부르기도 한 데서 비롯된 것이다. 값비싼 징더전 다완이 파손될까 하는 기우에서 나온 이야기이다.

영국에서 처음으로 차 광고를 사용한 것으로 유명한 차 상인 트와이닝Twining은 차에 우유를 넣어 마시면 내장을 강화하고 체력 소모를 예방함과 동시에 장의 통증을 완화하고 직장 경련과 설사를 예방한다고 하였는데, 다만 티를 우릴 때는 밀크가 먼저라고 하였다. 이에 반하여 1945년『동물농장』으로 세계적인 베스트셀러 작가가 된 홍차광 조지 오웰George Orwell이 1946년 1월 12일 영국의 유력 일간지 이브닝 스탠더드Evening Standard에 기고한 에세이「완벽한 한 잔의 차The perfect cup of tea」에서 홍차를 먼저 넣어야 한다고 하였다. 특히 그는 차를 넣은 다음에 밀크를 더하면서 차를 저어야 한다며 "나 자신의 논거는 반론의 여지가 없다I maintain that my own argument is unanswerable"라고 말하였는데, 그의 이와 같은 단호한 지론은 50여 년간 많은 영국인뿐만 아니라 세계 홍차 애호가의 지표가 되어 왔다. 그러나 역사는 오웰의 편이 아니었다.

2003년 6월 24일 조지 오웰이 탄생한 지 100주년을 기념하여 영국 왕립화학협회RSC에서는 과학적으로 입증된「한 잔의 완벽한 홍차를 만드는 방법」을 발표하였는데 결과는 MIF 편이었다. RSC는 "뜨거운 홍차에 밀크를 부으면 밀크는 갑자기 뜨거워져서 밀크에 함유된 단백질이 변하여 맛이 나빠진다. 그러나 밀크에 조금씩 홍차를 부으면 밀크의 온도도 조금씩 올라가게 되므로 단백질의 열변성熱變性은 일어나지 않는다."라고 한 것이다.

발표 다음날인 6월 25일자 영국 유력지「더 가디언The Guardian」은 "완전한 한 잔의 홍차를 우리는 방법: 밀크를 먼저 넣자How to make a perfect cuppa: put milk in first"라는 제호를 달아 130여 년간의 기나긴 논쟁의 종식을 알리면서 "영국 국민의 반은 이것을 선전 포고로 받아들일지도 모르겠다."라면서 발표되기까지의 어려움을 표현하였다.

영국 국민의 반은 MIA 편이었기 때문이다. 오웰의 다론은 이제 하나의 역사적 이야깃거리로만 남게 되었다.

이 밖에도 영국의 홍차를 에워싼 논쟁은 끊이질 않는다. 예를 들어 크림논쟁cream tea debate 같은 거 말이다. 듣기에 따라서는 사치스러운 한낱 웃음거리 같기도 하지만 이런 논쟁을 통해서 차문화가 윤택해 지는 것이다. 정말 아름다운 논쟁들이다. 우리도 엇비슷한 논쟁 하나쯤 있어봤으면 좋겠다.

세계 차 소비량의 70~80%는 홍차이다. 홍차는 영국만의 문화가 아니라는 것을 산수적으로 입증해 준다. 따라서 홍차문화는 대 다수의 세계인이 수용하는 문화인 것이다.

우리도 홍차문화에 대한 인식전환이 필요한 때이다.

마녀 커티삭의 저주

　19세기 중국의 항구로부터 유럽으로 차를 나르던 쾌속 범선을 티 클리퍼Tea Clippers라 부른다. 다시 말하면 차를 쾌속으로 나르는 범선을 말한다. 과거 유럽의 식민지 전성기에 아편을 쾌속으로 나르던 범선을 '오피엄 클리퍼Opium Clippers', 양모를 나르던 클리퍼를 '울 클리퍼Wool Clippers'라고 부르게 된 것과 맥락을 같이한다.

　1600년 영국동인도회사가 창립되면서부터 2세기 반 동안 중국 차 수입을 독점해 오던 관계로 차 운송에 경쟁의 필요성이 없었으나 1883년 차 수입이 자유화되면서부터 영국동인도회사는 독점권을 상실하고 자국의 선박에게만 운송권을 부여하던 독점적인 관행 또한 1849년 항해조례의 폐지로 없어졌다. 이에 따라 미국이나 영국에서는 선체 길이가 50~60m에 3개의 마스트를 단 웅장하고 날렵한 차 운반 전용 범선들이 중국 항로에 등장한다.

　이들 쾌속 범선은 홍콩, 푸저우, 상하이 등의 항구에서 신차新茶를 싣고 남지나해를 지나 말레이 반도와 수마트라 사이에 있는 말라카 해협 아니면 수마트라 섬과 자바 사이에 있는 순다해협을 거쳐 인도양을 가로지른 다음 아프리카의 희망봉을 돌아 대서양에 들어서서 도버 해협을 거쳐 런던 항구로 가야 하는 머나먼 항로를 남보다 빠르게 도착시키기 위해서 피나는 경쟁을 하게 된다.

좋은 예가 되는 것이 '티 클리퍼 레이스Tea Clipper Race'로 제일 먼저 도착하는 배에는 상금과 함께 명예가 주어지고 흥분한 런던 시민들은 내기를 하였는데, 그중에서도 1866년에 있었던 레이스는 사상 최고의 레이스로 영국민의 흥분을 자아냈던 대 이벤트였다. 모두 11척이 참가한 이 레이스는 무려 100일 간의 숨 막히는 혈전이었다고 하니, 지금도 당시 런던까지의 항로를 혈도血道라고 부르는 까닭을 알 만하다. 이 신차의 운반이 빠르고 늦음에 따라 차의 가격에 엄청난 차이가 있었기 때문에 차상茶商들은 사업의 명운을 걸고 우수한 티 클리퍼를 확보하는 데 혈안이 되었다.

그 한 예로 1850년 미국의 클리퍼선 '오리엔탈Oriental호'가 홍콩을 출항하여 97일이라는 경이적인 기간에 1,600t의 차를 싣고 런던에 도착함으로써 선주는 다른 영국 클리퍼들의 2배 이상 되는 값으로 차를 팔아 이 한 차례의 수입만으로도 선박 건조 비용의 절반 이상을 챙길 수 있었다고 한다.

이 무렵의 티 클리퍼를 흔히 티 클리퍼의 황금시대라고 부르는데, 이 황금시대 말기인 1868년에 최신형 클리퍼 '서모필레Thermopylae호'가 등장하고 그 대항마로 '커티삭Cutty Sark호'가 등장함으로써 티 클리퍼 레이스를 즐기던 영국인의 환호는 이루 다 형언할 수 없을 정도였다.

이 배는 서모필레호 1년 후인 1869년 11월 22일 스코틀랜드 남부 클라이드 만에 면한 덤바턴Dumbarton 소재 스콧 앤드 린턴 조선소

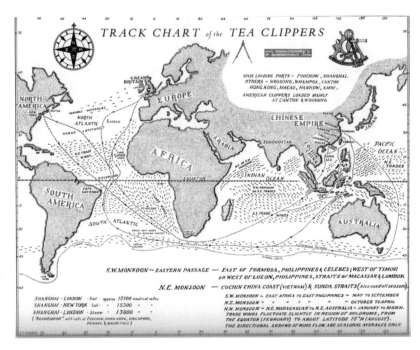

티 클리퍼의 항로

에서 건조되어 진수되었는데, 배의 제원을 보면 총 톤수 963t에 길이 86m, 너비 11m, 최고 시속 31.4km, 마스트 3개에 돛 34장, 그리고 배 전체의 의장이 호화롭게 꾸며져 있어 대범선시대大帆船時代의 설계와 기술 및 자본이 집약된 범선사상 최고의 걸작으로 영국인의 자존심과 명예를 상징하는 데 부족함이 없었으나 왠지 진수 전부터 불운이 이어지고 있었다.

먼저 배의 의장을 과다하게 요구하는 선주의 과욕으로 끊임없이

물의를 일으키면서 조선소가 도산 위기에 몰렸고, 진수하기 6일 전인 11월 17일에 수에즈 운하가 개통됨으로써 해로의 거리가 5천 해리 이상 단축되고 동시에 증기선이 클리퍼의 대역을 맡게 되어 빛바랜 경사가 되고 말았다. 해운사상 일대 혁신이 일어난 것이다.

그런가 하면 첫 번째 항해에서는 선박에 가장 중요한 키舵가 삼각파도에 의해 파손되는 등 예기치 못한 크고 작은 일들이 자주 일어났다. 따라서 진수 후 커티삭호는 티 클리퍼 레이스에 참가해 보지도 못한 채 오직 한 차례만 중국 남해안으로부터 차를 싣고 107일 간

항해중인 커티삭 호(가상도)

의 항해 끝에 런던에 도착할 수 있었다는 설이 있고, 티 클리퍼의 역할을 전혀 한 일이 없었다고 아예 부정하는 사람도 있으며, 7~8회 항해했었다는 등 정확히 확인되지는 않으나 저술가 유커스William H. Ukers는 1870~1877년 사이에 여러 차례 차를 실어 운반했다고 하였다. 영국 홍차협회 또한 커티삭이 여덟 차례에 걸쳐 중국으로부터 차를 실어 운반했다고 말한다. 아무튼 제 역할을 다하지 못한 것만은 사실이다.

수에즈 운하 개통으로 차 운반도 증기선으로 바뀌면서 1878년에 홍차 운송에서 완전히 손을 뗀 커티삭호는 그로부터 5년간 뉴욕으로 황마黃麻를 나르고 버펄로 뿔을 영국으로 수송하는 등의 잡다한 일에 이용되었다. 1883년부터는 오스트레일리아로부터 양모를 운반하기도 하고 위스키 술을 운반하는 등 잡다한 일을 하다가, 1895년에는 소유권이 포르투갈 해운업자의 국적으로 바뀌면서 이름도 '페레이라Ferreira'로 개명하게 된다. 그러나 다시 1922년에 영국인 선장 윌프레드 도먼Wilfred Dowman이 사들여 커티삭으로 이름을 되찾고 동시에 대대적으로 선체 수리를 하여 본래의 모습을 찾게 되었다. 그후 선주 도먼이 사망하자 미망인이 1938년 템스 대학에 기증하여 잉글랜드 남동부 켄트Kent에서 항해학교 훈련선으로 사용되었다. 그후 1951년에 커티삭보존협회Cutty Sark Trust가 설립되면서 선체가 이관된 후 1954년 템스강에 접한 그리니치 드라이 독dry dock에 옮겨져

1957년부터 일반 관광객들에게 공개되어 왔다.

진수 당시의 큰 기대와는 달리 불운이 이어지면서 주인이 바뀌고 이름 또한 개명하는 안타까움도 겪어야 했으나, 그나마 세계에서 단 하나 남아 있는 차 클리퍼로서 역사의 광장에서 세계인의 사랑을 받아 왔다.

커티삭과 때를 같이했던 클리퍼 중에는 처참한 말로를 맞이한 경우가 허다하였다. 에리엘Ariel호는 1872년 런던에서 시드니로 가는 도중에 행방을 감추었고, 테핑Taeping호는 1871년 아모이에서 뉴욕으로 가는 고중 남지나해에서 암초에 부딪혀 침몰하였는가 하면, 세리카Serica호 또한 1872년 홍콩에서 몬테비데오로 가는 도중 난파하고, 서모필레호는 1907년 리스본에서 침몰하고 말았다.

그에 비하면 역사와 세계인의 곁에 있어 주어 고맙고 자랑스러웠으나 불운이 쌓이면 비운을 낳는 것일까. 운명은 안타깝게도 커티삭호를 참담한 역사의 나락으로 몰고 갔다.

커티삭은 특히 일반에 공개되어 많은 사랑을 받아 왔으나 야외 독에서 전시되었기 때문에 훼손된 곳이 많아 2006년부터 공개를 일시 중단하고 1869년 건조 당시의 모습으로 복원에 들어갔다.

그러던 2007년 5월 21일 새벽 작업 현장에서 일어난 예기치 못한 실화로 커티삭을 일시에 잃고 말았다. 그러나 불행 중 다행으로 선체를 분해 수리하고 있었기 때문에 돛대와 갑판의 목재와 선수상船首像

과 내외장 장식품은 다른 장소에서 별도로 수리중이어서 안전할 수 있었다.

방송을 통해 활활 타오르는 커티삭의 마지막을 바라보면서 수많은 세계인이 얼마나 안타까워했던가. 세계 해운사의 산 증인이자 자랑이며 차문화를 세계화하는 데 공헌한 근대사의 상징, 티 클리퍼의 마지막을 보는 마음은 한없이 착잡하고 허전할 뿐이었다.

불타는 커티삭

그 후 영국 정부의 참여로 복구 계획이 수립되어 '문화미디어스포츠부DCMS'의 산하 기관인 문화유산기금의 보조금과 기부금 등으로 복구공사가 완공되어 2012년 4월 25일 엘리자베스 2세 여왕의 일반 공개 선언이 있은 다음날부터 공개가 재개되었다.

커티삭의 이름은 스코틀랜드 어로 '짧은cutty 속치마sark'라는 말이다. 우리가 평소에 이별을 아쉬워하거나 한 해를 보내는 자리에서 즐겨 부르는「올드 랭 사인Auld Lang Syne」의 작사자인 스코틀랜드 시인 로버트 번스Robert Burns 1759~1796가 1791년에 읊은「탬 오 산터Tam O'Shanter」에 등장하는 요염한 마녀에서 유래한다.

건조 때부터 간헐적으로 일어나는 시련은 마치 마녀 커티삭의 주술인 것 같아서 더욱 마음 아프다.

불운과 시련의 이력은 이제 모두 지워버리고 세계 차문화사의 산 증인으로 오래토록 남았으면 한다.

악의 꽃, 아편전쟁과 차

아편은 마취성 극약의 대명사라 할 수 있다. 앵속과의 2년생 초인 양귀비의 껍데기에 상처를 입혀서 나오는 유액을 건조시킨 갈색 분말을 말하는데, 이를 덩이로 만든 것을 생아편이라 하고 가루로 만들어 모르핀 함량을 10%로 한 것을 아편말이라고 하여 의약용 아편으로 사용하고 있다. 또한 생아편을 물에 녹여 불용분不溶分을 제거한 후 증발 농축하여 진액으로 만든 것이 흡연용 아편이다.

17세기 영국인 의사 토머스 시드넘Thomas Sydenham이 "고통을 완화시키기 위하여 전능한 신이 인간에게 내려 준 치료제 가운데 아편처럼 만능이고 효과 있는 약물은 없다."라고 예찬했듯이 진통, 진경鎭痙, 지사止瀉, 진해鎭咳, 최면제, 마취 보조제 등으로 아편은 수천 년 전부터 우리 인간의 고통을 덜어 주는 의약품으로 쓰여 왔다. 그러나 생아편과 의약용으로 쓰이는 아편말을 제외한 흡연용 아편은 인간을 나락의 수렁으로, 황홀한 죽음으로 빠뜨리는 가공할 마약이다.

아편의 주성분인 알칼로이드alkaloid를 복용하면 일상의 억압에서 해방감을 느낀다. 불안과 욕망이 사라지면서 환상적인 도취감에 빠진다. 프랑스의 시인 보들레르charles baudelaire는 그의 시 「인공의 천국」에서 아편으로 만들어진 구름 위의 뜬세상을 노래하였듯이, 아편은 몽환적인 천국의 세계가 있는데 반해 치명적 중독성이 있는, 허망한 가공의 천국과 지옥이 공존한다.

　아편을 몇 차례 복용하면 상습성이 생겨 지속적으로 복용하지 않으면 안 되고 끝내 장 기능이 저하되어 변비가 생기고 오줌이 나오지 않게 되며, 경우에 따라서는 남성 기능을 상실하는 경우도 있다. 또한 신경이 손상되고 근육 경련이 일어나면서 음식을 먹어도 토해 버리고 감기가 든 것처럼 오한이 오면서 몸을 떨고 땀을 흘리는 현상이 생긴다. 이런 단계에 이르면 사회생활은 사실상 불가능하고 집 안에서 아편만을 흡입하면서 황홀감에 도취되어 호흡 곤란과 행동 장애가 생기고 끝내 죽게 된다. 정말 가공스럽다. 이렇게 무서운 마약이 어찌 전쟁의 원인이 되고, 그와는 정반대로 천진무구하고 가녀린 차가 그 매개적인 역할을 해야 했던가. 역사는 비정하기만 하다.

　18세기 후반기에 들어가면서 영국은 앞서 중국과의 무역을 선점했던 스페인, 포르투갈, 네덜란드, 프랑스를 몰아내고 무역을 거의 독점하게 된다. 이 무렵 영국 상인은 본국의 모직물, 시계, 완구류, 동남아산의 향료와 후추, 진주, 인도산의 면화를 가져와 팔고 중국으로부터는 비단과 차, 도자기 등을 사 가져갔다. 그러나 영국에서 가지고 온 물건은 잘 팔리지 않는 데 반해 차는 기호음료로 정착되면서 소비가 비약적으로 늘어나 차 수입으로 인한 무역 불균형이 심화되어 갔다. 게다가 산업혁명이 한창 진행되고 있을 뿐 아니라, 식민지 인도 운영에 많은 은을 필요로 했으나 세계 식민지를 둘러싼 영국과 프랑스 양국 간의 7년 전쟁1756~1763, 영국 본국과 식민지와의 독립 전쟁1779~1785 등의 후유증으로 은이 고갈 상태에 있던 때라 원만한 공급을 할 수 없는 상황에 처해 있었다. 그러자 영국은 그 해결책으로 두 가지의 정책을 펴게 된다.

하나는 인도에서 아편을 대량 재배하여 중국에 수출함으로써 이미 중국으로 흘러 들어간 은을 다시 영국으로 되돌려 환수하는 정책이었고, 다른 하나는 인도를 비롯한 식민지에서 차를 생산하여 영국으로 가져오는 이를테면 자급자족하자는 정책이었다.

아편의 주 생산지는 터키에서 인도에 이르는 지대이다. 중국에서는 오래전부터 이 지방에서 나는 아편을 사들이거나 소량을 자국 내에서 재배하여 약용으로만 한정적으로 사용하여 왔으나 17세기에 들어와 네덜란드 지배하의 대만에서 말라리아가 창궐하자 그 치료약으로 아편을 담배에 섞어 빨아들이는 풍습이 생겨나면서 마침내 대안對岸인 푸젠성福建省으로 전파된 후 전국으로 확산되어 갔다.

아편 복용으로 인한 폐해가 날로 늘어나자 1729년 청나라 제5대 옹정제雍正帝는 아편금지령을 내리고 "아편을 사고파는 자는 변경에 유배하여 병졸로 삼고, 아편굴을 개설하는 자는 사형에 처한다."라고 선포하기에 이른다.

그 무렵에 중국에 들어온 아편은 연간 200상자를 넘지 않았으나, 1757년 영국 동인도회사가 인도 아편의 전매권을 잡게 된 후인 1776년에는 1천 상자, 1790년에는 5,054상자, 1839년 즉 아편전쟁이 일어나기 전해에는 4만 상자가 수입되었다. 아편 한 상자는 상음자 100명이 1년간 피우는 분량에 해당되므로 400만 명이 피웠다고 할 수 있다.

　많은 역사가들은 당시 중국의 인구를 4억으로 본다면 남녀노유를 포함하여 100명에 1명꼴로 아편을 피웠을 것이라고 계산한다. 중국으로서는 아편 흡입자가 날로 늘어나고 사회 문제로 비화되자 1796년 이후에도 몇 차례 금령禁令을 내리기도 하였으나 별 효과가 없었다. 오히려 중국의 아편상이나 관가에서는 밀매매가 성행할수록 이윤과 부패가 늘어날 뿐이었다. 이런 가운데 황제는 수족인 고위 관직이나 군부에까지 흡입자가 급속하게 퍼지고, 심지어 농민층에서는 농경지에 식량작물이 아닌 양귀비로 작목을 바꾸는 일이 생기자 걱정이 태산이었다. 문제는 그뿐만이 아니었다.

　아편 수입이 늘어나면서 은의 수입이 줄어들더니 1827년부터는 역조 현상이 일어나기 시작하였다. 중국의 은이 외국으로 유출되는 상황이 된 것이다. 정부의 은 보유량이 감소되면서 은값이 폭등하고, 세금을 공식 화폐인 동전이 아닌 은으로 납세하도록 했기 때문에 파산이 이어지면서 정부 재정은 쪼들어 가기만 하였다. 이와 같은 혼란이 이어지자 조야에서는 관리와 군대만은 아편 흡음을 엄금하되 일반 국민에게는 금령을 완화하여 재정의 어려움을 해결하자는 이금론弛禁論과 은이 외국으로 유출되는 것은 아편 때문이므로 아편 피우는 자에 대하여 보다 엄한 형벌을 가해야 한다는 엄금론嚴禁論이 일기 시작하였다. 그때까지만 해도 아편 흡입자나 밀매매업자가 적발

되면 등에 매를 맞는 정도였기 때문에 중독자는 아편을 끊기보다는 차라리 형벌을 택하는 형국이었다.

아편은 실로 무서운 천형이다. 사형당하는 것보다도 아편을 끊는 고통이 더하다는 아편의 속성을 누가 이겨 낼 수 있을까?

죽은 마녀 할머니의 시체 젖가슴과 생식기에서 양귀비꽃이 생겨 났다는 발생 신화가 생각난다. 아주 해학적인 표현이지만 한번 맛들 이면 영원히 끊을 수 없다는 이야기이다.

인류의 조상들은 예로부터 꽃의 신이 머무는 곳이라고 믿어 오기도 했다. 양귀비 신의 저주인가.

흠차대신 임칙서

이금론은 경제적 관점에서의 주장인 데 반하여 엄금론은 인도상의 문제로, 황제는 엄금론을 택하고 철저한 엄금론자인 임칙서林則徐를 아편전쟁 1년 전인 1839년 전권대사 격인 흠차대신欽差大臣에 임명하고 광저우에 파견하였다.

임칙서는 광저우에 도착하자 그 즉시 외국 상인에게 소지하고 있는 아편을 모두 내놓도록 명령하고 응하지 않은 상인 350명을 상관商館에 감금해 버렸다. 임칙서의 이와 같은 강경한 조치로 20,283 상자의 아편이 몰수되었고, 몰수된 아편은 많은 광저우 시민과 외국인이 지켜보는 앞에서 바다에 버려졌다. 또한 임칙서는 그에 만족하지 않고 외국 상인들에게 "앞으로 절대로 아편을 가져오지 않겠으며 가져오면 사형을 당해도 이의 없다."는 서약서까지 제출하도록 하였다. 이에 대해서 미국과 포르투갈 상인은 응하였으나 영국 상인만은 응하지 않고 있는 상황에서, 같은 해 7월 만취한 영국 수병한테 중국인 어부 임유희林維喜가 피살당하는 사건이 일어났다. 이에 그 수병을 인도하도록 영국에 요구하였으나 응하지 않자 마카오 거주 영국인에 대한 물과 식량 공급을 중단하였다. 영국 상인이 임칙서의 명령에 불응한 것은 무역감독관 찰스 엘리엇Charles Elliot의 조종에 의한 것으로, 내심 아편 몰수와 소각을 구실 삼아 군대를 출동시켜 무력으로 일거에 무역 문제를 해결하려 한 것이라는 견해도 있다.

영국 의회에서는 아편을 금지한다는 이유만으로 전쟁을 일으키다니 너무나 수치스러운 일이라는 의견이 있기는 하였으나, 영국 정부는 1840년 여름 48척의 함선과 4천 명의 병력으로 구성된 함대로 북상하여 베이징에 이르는 통로에 위치한 다구大沽와 톈진天津을 위협하고 곧장 베이징에 육박할 기세를 보였다. 그러자 당황한 중국은 강경파인 임칙서를 파면하고 강화론자인 기선琦善을 기용한 후 휴전을 제의한다.

마침내 1841년 광저우에서 열린 앨리엇과 기선의 회담에서 천비
조약川鼻條約이 맺어졌는데, 그 조약문에는 홍콩을 영국의 무역 기지
로 할양하고 동시에 배상금을 지불한다는 등의 굴욕적인 내용이 들
어 있었다. 홍콩할양을 약속한 기선은 패전 책임자로 처벌당하고 주
전론을 주장한 혁산奕山을 등용하는 조치를 취했는데, 천비조약에 대
해서는 중국만 불만이 있던 것은 아니었다. 영국은 전권 사절 엘리
엇을 포틴저Henry Pottinger로 바꾸고 1842년 5월 군함을 25척이나 증
강한 대함대로 상하이를 점령하고 양쯔 강을 거슬러 올라가 전장鎭
江을 함락했다. 중국은 난징마저 위험해지자 강화를 결정하고 난징

조약을 체결하게 된다. 이 조약은 홍콩을 영국에 할양하는 것과 군비와 아편의 배상금 지불, 광저우 외에도 샤먼廈門, 푸저우福州, 닝보寧波, 상하이上海를 무역항으로 개항하는 것과 이상 5개 항에서의 자유로운 활동 보장이 포함된 중국 역사상 돌이킬 수 없는 치욕으로 남는 조약이었다.

어제까지도 이 세계 어디에도 대등국가가 없던 중화의 나라, 절대 자존의 나라, 영국을 오랑캐夷라고 부르며 경멸하던 나라가 반半식민지의 길로 전락하는 모습을 보면서 역사의 아이러니를 실감한다.

여기서 놀라운 사실은 전쟁의 원인을 제공한 차와 아편에 대한 이야기는 일언반구도 찾아볼 수 없다는 점이다. 차 수입으로 은화가 유출되어 국가 재정이 고갈되는 위기의 보완책으로 아편 수출을 하는 과정에서 여러 사건이 발생한 것을 핑계 삼아 중국을 함몰시킨 것이다.

한편, 차는 자급자족 정책으로서 식민지 인도의 아삼Assam 지방과 다르질링Darjeeling을 중심으로 한 대다원운동大茶園政策의 일환으로 티 플랜테이션tea plantation[48] 조성이 적극적으로 추진되어 나갔다. 1815년 영국의 육군대령인 레터Coonel Latter가 아삼 지방 싱글

---

48 노동자를 위한 주택, 교육, 위생, 시장 등 종합적인 생활 기능이 일관되게 갖추어진 차 재배 농원.

로Singlo의 산악 지대에서 싱포 족Singpho이 자생 차나무를 따서 기름과 마늘을 넣어 먹기도 하고 마시기도 하는 것을 목격한 보고가 있었으며 다음 해에는 가드너Edward Gardner가 네팔 카트만두 궁정의 정원에서, 1822년에는 식물학자인 육군대령 로버트 브루스Robert Bruce 형제가 인도 아삼의 오지 사디야Sadiya에서, 1827년에는 카빈F.Carbyn 박사가 아삼 산도우디Sandowdy에서 야생 차나무를 발견하는 등 차 산업 개척자들의 활동이 활발해져 갔다. 이에 따라 '다업위원회茶業委員會'가 설치되어 초기에는 아삼 지방 등에서 채취해 온 야생 차나무의 시험 재배를 위주로 하다가, 중국에서 종자와 묘목을 헌팅[49] 하거나 구입해 와서 중국인 노동자를 고용하여 제품의 시험 생산을 시도하였다. 그러나 번번이 실패를 거듭하던 끝에 아편전쟁 전 해인 1839년에 최초로 아삼홍차 8상자를 런던 경매 시장에 출하시키는 데 성공하였다.

중국의 차나무는 대부분 수령이 많고 야생에서 길러졌기 때문에 잡종이 많아 생육 상태와 품질이 떨어졌으나, 아삼에서 새로이 조성되고 있는 영국식 티 플랜테이션에서는 과학적인 신기술의 도입으로 품질의 안정과 생산 비용의 안정을 동시에 추구함으로써 고품질 차를 대량 생산 할 수 있게 되었다. 또한 수제 중심의 고전적인 방식으로 생산되는 중국식 생산 방식과는 달리, 아삼에서는 기계화가 추

---

49 식물 사냥(plant hunting).

진되면서 값싸고 위생적이며 안정적인 공급이 가능하여 영국의 차 시장 수요에 부응할 수 있게 되면서 점차 중국차를 찾기 힘들어졌다.

이와 동시에 중국의 차는 수출선을 잃은 채 쇠락의 길을 가야 했다. 1867년 영국에 수입된 차의 96%는 중국산이고 나머지 5%만이 인도산이던 것이, 1905년에는 사정이 역전되어 중국산은 불과 2.5%에 불과하고 나머지는 인도의 티 플랜테이션에서 생산되는 차로 대체되었다.

아오키 야스마사荒木安正는 그의 저서 『홍차의 세계』에서 "탄닌이 많은 인도산의 산화 효소 차는 영국인은 물론 고지방성 음식을 많이 섭취하는 민족에게 필수 불가결한 것이다."라고 말하였듯이, 아삼과 다르질링의 차는 영국인은 물론 세계인의 건강 음료로 사랑받게 된 것이다.

차문화의 대이변, 티백 쓰나미

여과지나 목면, 나일론 등으로 만든 백bag에 찻잎 또는 분말을 넣은 것을 티백tea bag이라고 한다.

티백을 처음 고안한 사람은 스미스A. V. Smith라는 영국인으로, 한 스푼의 차를 거즈에 넣은 다음 네모를 모아 실로 상단부를 묶은 것으로 1896년에 처음 특허를 취득하였다. 이것이 티백의 원형이라 할 수 있다. 그러나 정작 티백을 실용화하고 상품화한 사람은 1908년 뉴욕에서 차 판매업을 하던 미국인 토머스 설리번Thomas Sullivan으로, 그는 차 견본을 보낼 때 매번 주석으로 된 상자에 넣어 보냈다가 어느 날 상자 비용을 절감할 생각으로 한 잔 분량씩을 비단絹 봉지에 담아 보내게 되었는데 의외로 많은 고객으로부터 주문이 쇄도하였다고 한다.

그러나 설리번 자신은 정작 그 이유를 알지 못하던 차에 우연하게도 고객이 그가 보낸 티백을 통째로 컵에 넣어 물에 우려 마시는 광경을 목격하고 나서야 그 까닭을 알게 되었다. 그처럼 우려 마심으로써 번거로움이 덜하고 마신 후에 찌꺼기나 잔을 정리하는 데 편리하기 때문이었다.

그로부터 얼마 되지 않아 설리번은 비단이 너무 촘촘해서 차 성분의 침출이 원만치 않다는 것을 알고 거즈 봉지로 바꾸어 판매하게 되었고, 1950년대에는 종이 티백이 개발되면서 티백 단가가 내려가고 소비가 크게 늘어났다.

미국은 티백의 편이성을 아무런 부담감 없이 받아들였으나, 영국은 그와는 달리 오랜 풍습을 버리지 못하고 있던 차에 1935년이 되어서야 테틀리스Tetleys 사에서 영국 최초의 티백을 생산하기 시작했지만 잘 팔리지 않아 회사 경영에 어려움을 겪어야 했다.

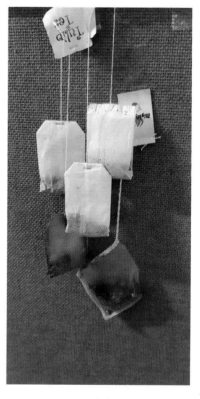

티백

그로부터 30여 년이 지난 1968년에도 영국 차 시장에서 차지하는 티백의 점유율은 3%대에도 미치지 못하였으나, 1971년에 12.5%로 신장되더니 지금은 영국 총 소비의 90%를 점하고 있다. 세계의 차 시장 역시 티백의 점유율은 90%에 육박하고 있다.

한때는 애음가들 사이에 티백에는 품질이 떨어지는 찻잎을 사용한다는 말이 나돌기도 하고, 제조 과정에서 염소 표백된 종이를 사용함으로써 인체에 해로운 다이옥신dioxin이 잔류하고 있다는 말도 있었으나, 근래에 와서는 생산자의 치열한 경쟁으로 고품질 찻잎을 사용하고 있을 뿐만 아니라 포장지 역시 염소 표백 대신 산소 표백 아니면 무표백지를 사용하고 있어 소비층의 모든 기우가 제거된 셈이다.

세계에서 전통차의 맥이 가장 탄탄하게 이어져 내려오고 있는 한·중·일 또한 티백 문화권에서 언제나 안전할 수는 없을 것이다.

일부 차종茶種은 이미 수년 전부터 티백으로 출하되어 시장을 넓혀 가고 있기도 하고, 찻잎을 백에 담아서 편하게 마실 수 있게 만든 백봉지만을 만들어 판매되고 있기도 하다.

티백은 그대로 찻잔에 넣어 끓인 물을 부어 침출시켜 마시는 것으로 홍차는 물론 녹차나 그 밖의 어떤 차에도 사용되고 있다. 차가 우려지면 티백을 들어내 그대로 버리면 된다. 특히 티백은 대부분이 CTC[50] 공법에 의해서 제조되기 때문에 차액의 침출이 빠르다. 이와는 달리 일반적인 재래 방법을 보면, 차통에 보관되어 있는 적정량의 차를 덜어 내어 다관茶罐에 넣은 다음 뜨거운 물을 부어 침출시키고, 침출이 끝나면 거름망을 찻잔에 대고 차를 부어 마신다. 마시고 나면 거름망에 부착된 차 찌꺼기를 버리고 깨끗이 씻어야 한다. 차액의 침출은 티백에 비하여 느리다. 이 두 가지의 우리기를 비교해 보면 티

---

50 홍차의 대량 생산을 위해 고안된 제조 공법이다. 눌러 으깨고(Crush), 잡아 찢고(Tear), 둥글게 뭉치게 하는(Curl) 이 세 가지 공정을 하나의 기계로 자동으로 하여 생산 능률을 대폭 향상시킨 제조법.

백이 훨씬 간단하고 편의성이 높아 노력과 시간이 절약된다는 것을 알 수 있다.

티백은 사무실이나 호텔, 찻집이나 레스토랑 등에서 주로 사용되어 왔으나 요즘은 가정에서도 많이 사용되고 있다. 19세기 말 인도에 이어 세계에서 두 번째로 홍차 생산을 많이 하던 스리랑카가 20세기 중반 한때 불황을 겪었는데, 그 원인은 티백 생산으로의 시설 전환을 소홀히 한데 있었다고 하니 가히 티백의 위세를 알만도 하다.

이와 같은 시류에도 불구하고 많은 차 애호가들은 전통적 분위기를 만끽하면서 차의 맛과 향은 물론 찻잎이 다관이나 찻잔에서 신음하는 듯한 이른바 고투苦鬪 agonize하는 몸부림을 감상하며 시적인 명상을 즐기는 재래 음다 방법을 고수하기도 한다.

메어Victor H. Mair와 호Erling Hor는 『차의 역사The True History of Tea』에서 "티백은 세계의 차 흐름을 바꾼 또 하나의 20세기 발명품the tea bag is another 20th-century invention that has changed the way of tea around the world"이라고 하였다.

현대는 편이성의 시대이다. 편이성이 있으면서도 자랑스러운 우리의 전통이 담긴 차를 마시고 싶다.

웨지우드와 노예 메달

영국 도기산업陶器産業의 선각자인 조시아 웨지우드Josiah Wedgwood 1730~1795는 영국노예무역반대운동의 적극적인 후원자였다.

영국은 대항해시대에 들어서면서 노예무역이 하나의 산업 형태를 띠고 행해졌었다. 그래서 노예무역을 노예산업이라고 불러도 그다지 무리 없을 것 같기도 하다.

노예무역 실적이 우수했던 윌리엄 호킨스William Hawkins같은 초창기 노예무역상은 공로를 인정받아 해군 제독의 자리에 오르기도 하고 왕실로부터 무용과 의협의 상징인 기사Knight 작위를 받기도 하였는데 그는 번번이 항해 중에 다른 무역선을 급습하여 노예와 재물을 약탈하여 서인도제도 여러 곳에 팔아넘기는 해적질도 하는 무뢰한이었으나 왕실은 그를 비호하고 영예를 안겨 주었다. 심지어 1660년에 왕정에 복고한 찰스 2세의 경우를 보면 서인도제도 지역으로 매년 노예를 판매할 수 있도록 면허를 내 주기도 하였었다고 한다.

한두 가지의 사례이지만 당시의 노예무역은 영국 왕실의 장려 하에 이루진 것이다. 그도 그럴 것이 한 때 영국 재정 수입의 30% 이상을 노예무역에서 얻은 것이었다고도 하니 그럴 만도 하다.

그래서 존 리더John Reader는『아프리카, 대륙의 일대기Africa: A Biography of The Continent』에서 "그 무렵 노예무역은 사람들의 존경을 받았을 뿐 아니라 영국의 번영을 가져온 핵심 요소a key aspect of English prosperity"였다고 말 한다.

따라서 "노예는 유럽인들에게 합법적인 상품이었다legitimate item of commerce for Europeans"라고도 적고 있다. 아프리카 흑인을 인간으로 보지 않고 한낱 하물荷物 정도로 취급하는 시대였나 보다.

그와 같은 생각이었기에 아무런 죄책감도 없이 포획을 늘려 치부하는 데에만 매달렸을 것이다. 심지어 영국의 교회마저도 창세기 9장 25절과 레위기 25장 44절, 45절을 근거로 제시하며 함의 후손으로 보았기 때문에 노예무역은 당연시되고 따라서 노예는 운명에 순응해야 한다고 본 것이다. 십자가의 명분하에 노예무역은 보다 합리화되고 미화되고 따뜻한 옹호자가 되기도 한 것이다.

흑인은 사람이 아니었다. 그래서 노예상인은 아무런 죄의식도 없이 남녀노소 가리지 않고 몽둥이와 칼과 총으로 짐승 잡듯이 사냥하거나 아니면 삼각무역三角貿易 방식인데 이를 테면 영국 리버풀에서 아프리카 흑인 왕국의 기호물품인 총포류나 유리구슬 아니면 직물류를 가지고 서아프리카에 가서 노예와 교환하고 이렇게 획득한 노예를 카리브 해 연안 지역 사탕수수 농장이나 목화나 옥수수 농장 등 플랜테이션plantation에 팔아넘기고 설탕이나 면화 등을 사 오거나 아니면 노예 하나에 설탕 몇 킬로그램 하는 따위로 값을 매겨 물물교환한 후에 출발항인 리버풀로 되돌아오는 무역을 한 것이다.

존 리더에 의하면 1654년 네덜란드 상인의 경우 노예 1인당 설탕 2,000파운드(909킬로그램)를 받고 팔았고 1684년 카리브 해 연안에 있는 산토도밍고의 경작자들은 1인당 6,000파운드 즉 2,727킬로그램을 지불하면서 노예를 사 들였다고 하는데 이 둘의 경우를 현 설탕 시세로 환산하면 15킬로그램 당 20,000원으로 보았을 때 네덜란드 상인은 노예 1인의 몸값으로 약 120만원을 받았으며, 그로부터 30년 후에 산토도밍고의 경작자들은 360만원에 사들인 셈이다. 한 차례의 항해에 평균 100명의 노예를 실어 날랐다고 가정하면 네덜란드 노예상은 약 1억 2천만원을 산토도밍고 경작자로 부터서는 약 3억 6천만원을 벌어드린 셈이다. 설탕의 수요에 따라 노예의 수요와 몸값도 상이하였을 것이다. 아무튼 몸값과 설탕의 판매수익까지를 감안하면 노다지를 캐는 장사라 너나할 것 없이 경쟁적으로 노예무역에 뛰어든 것이다.

노예는 체포된 시점으로부터 목적지에 도착하여 팔러 나갈 때까지 최소한 2~3개월의 중앙항로middle passage에서 도망치거나 저항하지 못하도록 쇠사슬로 손발이 묶여 있어야 했다.

저항의 기미가 보이면 손발을 가차 없이 잘라버리거나 항해에 지장이 생기면 바다에 내던져버리기도 하였는데 1791년 영국 무역선 리커버리Recovery 호가 서아프리카에서 노예를 싣고 카리브 해로 향하던 항해 중에 존 킴버John Kimber 선장이 여자 노예를 발가벗겨 마스트에 거꾸로 매달아 매질하다 죽인 일이 있었는데 그 정황을 묘사한 풍자만화가 아이작 크룩섕크Issac Cruikshank의 회화를 보면 이성 있는 사람으로서 도저히 볼 수 없는 증오와 분노를 느끼게 한다.

그와 같은 가학행위 외에도 식수부족에서 생기는 탈수증, 각종 전염병, 선실에 쌓인 토사물과 분뇨와 악취 등의 극도로 비위생적인 환경은 물론 육지에 상륙하면 곧 잡아먹히거나 몸에서 기름을 짜 죽인다는 풍문 등의 공포감에도 시달려야 했다.

아이작 크룩섕크의 회화

그러나 어느 시대이건 양심의 울림은 있는 법이다.

뉴턴John Newton 1725~1807 목사의 열정이야말로 노예무역반대운동을 부추기는 원동력이었다. 그도 그럴 것이 뉴턴 목사 자신이 한때는 노예였고 노예무역선의 선원이자 선장으로 일했던 사람이었기에 그가 참회하고 외치는 절규는 더욱 커다란 파장을 일으킬 수밖에 없었다.

1725년 뉴턴은 영국 상선의 선장이자 가톨릭 신자인 아버지와 독실한 개신교 신자인 어머니 사이에서 태어났다. 어머니는 그를 훌륭한 성직자로 키우고자하였으나 뉴턴이 불과 여섯 살 때 결핵으로 죽고 아버지는 재혼을 하게 되어 계모 밑에서 자라다가 열한 살이 되자 아버지를 따라 상선 사환으로 배를 처음 타게 된 후로 때로는 흑인 노예무역선을 타기도 하였으나 비틀어진 성격 탓으로 규칙적인 생활에 적응하지 못하자 아버지는 이를 바로 잡기 위해서 열아홉 살이 되던 해에 그를 강제로 해군에 입대시켜 선원 생활을 하도록 하였으나 그마저 견뎌내지 못하고 탈영했다가 잡혀 여러 선원이 보는 앞에서 실컷 매도 맞고 영창에 갇히기도 하였으나 이 또한 견디지 못하자 선장은 뉴턴을 아프리카 노예선에 팔아 넘겨버렸다. 일 년 남짓 아프리카 시에라리온에 있는 백인 노예상인 클로의 석회농장 종으로 일하면서 노예들과 침식을 같이하며 급료 한 푼 받지 않고 인간 이하의 혹독한 학대를 받아가며 지내다가 여기서도 탈출하여 도주하던 중 영국 상선에 구출되어 본국으로 돌아 갈 수 있었다.

아는 것이라고는 노예를 잡아다 팔아서 돈을 버는 짓뿐이라 그 후에도 노예무역에 종사하던 1748년 3월 스물세 살이 되던 해에 노예선 그레이하운드Greyhound의 선장이 되어 노예를 실코 항해 중에 거친 폭풍우를 만나 난파의 위기를 맞게 되었는데 뉴턴은 죽음의 공포 앞에서 지금까지의 삶의 잘못을 하느님에게 빌었다. 살려만 주신다면 선량한 사람이 되고 성서 가까이 있겠다고 엎드려 기도하고 또 기도하였다.

한편 노예들은 아무도 시키지 않았는데도 쇠사슬에 묶인 체 파손된 선체에서 거세게 쏟아져 들어오는 바닷물을 몸으로 틀어막기 위해서 아비규환이었다. 내일을 예단할 수 없는 상항에 처해 있으면서도 조금이라도 더 목숨을 부지하겠다는 처절한 몸부림을 보면서 인간의 생명의 소중함을 깨닫게 되고 깊이 참회하였다.

난파 위기에서 간신이 살아남은 뉴턴은 이 사건을 계기로 말썽꾸러기이자 인신 매매업을 하는 악랄한 범죄에서 벗어나 하느님을 믿기로 다짐하였고 한편으로는 극한적인 위기를 이겨낸 노예들의 끈질긴 생명력을 보면서 그로부터 6년간 어쩔 수 없이 노예무역에 더 종사는 하였으나 노예에 대한 가혹행위는 하지 않았다고 한다.

30세가 되면서 건강을 핑계 삼아 노예무역에서 완전히 손을 때고 목사가 되기 위해서 공부에 전념하던 1764년에 첫 목회지인 올니Olney의 목사가 되고 1779년에는 『올니 찬송가집Olney Hymns』을 발간하였는데 그 속에 『신앙의 복습과 기대Faith's Review and Expectation』라는 찬송가 가사를 지어 넣었다.

그 노래가 바로 오늘 날 종교와 이념을 초월하여 전 세계인이 애송하는 『놀라운 은총』 즉 『어메이징 그레이스Amazing grace』이다. 우리 찬송가집을 보면 『나 같은 죄인 살리신』으로 불리고 있다.

> 놀라운 은총(얼마나 감미로운 소리인가)
> 나 같은 비참한 사람을 구해 주셨네.
> 한 때 길을 잃었으나 지금 인도해 주시고
> 한 때 장님이었으나 이제 나 보이네.
> Amazing Grace! (how sweet the sound)
> That sav'd a wretch like me!
> I once was lost, but now am found.
> Was blind, but now I see.
>
> 하느님의 은혜가 내 마음의 두려움을 가르치고
> 그리고 이러한 은혜가 공포를 덜어 주네
> 얼마나 존귀한 은혜가 나타난 것일까.

나 처음 믿을 때

'Twas grace that taught my heart to fear,

And grace my fears reliev'd:

How precious did that grace appear

The hour I first believ'd!

이 노래 가사는 뉴턴의 자전적自傳的 삶을 가사화한 고백서이자
참회록懺悔錄이면서 나아가서는 노예제도반대운동을 견인하는 음악
이 되었고 오늘에 와서는 평등과 평화를 갈망하는 세계인 누구에게
나 사랑받는 구원의 노래가 된 것이다.

미국 동부 테네시, 노스캐롤라이나, 조지아와 앨라배마주 일대에
골드러시가 일기 시작하면서 그 곳에 조상 대대로 살아오던 토착 인
디언들은 1838년 칼바람이 휘몰아치는 추운 겨울에 "미합중국 강제
이주령The Indian Removal Act"에 의해서 대부분 담요도 제대로 걸치
지 못하고 맨발인체로 기병대의 삼엄한 감시 하에 2,000여 km 떨어
진 머나먼 오클라호마 벌판으로 쫓겨나야 했다.

이 '눈물의 행로the Trail of Tears'에서 15,000여명의 인디언이 눈물
을 삼키며 절절이 불렀던 노래, 이동 중에 추위와 굶주림과 질병으로
죽어간 4,000여명의 부모형제 모래 무덤에 묘비 하나 남겨 두지 못
하고 해어지며 서글피 불렀던 통한의 노래이자 원혼을 달래주던 진

혼의 노래가 되기도 하고 1963년 8월 28일에는 미국 역사상 가장 큰 규모의 평화 시위가 열렸던 워싱턴 링컨기념관 앞에서 마틴 루터 킹 Martin Luther King 목사가 이끄는 노예해방 100주년 기념집회에서 25만의 참가 군중이 목 놓아 부르던 평등의 노래로 2001년 9월 11일에는 미국 뉴욕 세계무역센터가 테러단체에 의해서 문어져 내린 폐허 앞에서 많은 시민이 모여 애도하며 부르던 노래, 그 후에도 해마다 그 때가되면 그 날을 새기면서 그라운드 재로Ground Zero에 모여 부르는 저주와 분노의 노래가 되기도 하고 2013년 12월 5일 흑인인권 운동가 넬슨 만델라Nelson Mandela가 서거하였을 때도 모두가 슬피 불렀던 노래이다.

찬송가가 만들어 진 얼마 후 영국에서는 인류를 져버리는 잔학한 사건이 알려 졌는데 이는 1781년 8월 18일 가나의 아크라 항에서 노예를 가득 싣고 출항했던 노예무역선 종Zong호 사건이다.

종호는 본래의 이름을 조르흐Zorg 즉 "보살핌"이라는 인자한 뜻을 한 노예무역선으로 200여명 밖에 실을 수 없는 110톤에 불과한 작은 배에 442명의 노예를 마치 콩나물시루처럼 과적過積한채 4개월 남짓 걸려 대서양을 횡단하는 동안에 과적과 질병, 영양실조로 62명의 노예와 선원이 죽어 바다에 버려지고 항로를 잘 못 잡아 항해 일정이 길어지면서 물이 동나기 시작하자 상품 가치가 떨어지는 어린이와 부녀자 54명을 쇠사슬에 묶인 채 망망대해에 내던져 버리고 얼마 후 또 다시 42명의 노예를 바다에 버렸다. 그 후에도 수차에 걸쳐 36명이 더 내던져졌다. 심지어 이를 바라보던 열 사람의 노예는 선원들의 비인도적 처사에 울분을 참다못해 집단으로 바다에 투신자살하는 등 지옥 보다 더한 잔혹한 나날을 보내던 12월 22일이 되어서야 간신히 카리브 해에 있는 자메이카 서부해안 블랙 리버에 도착하였다. 도착과 동시에 살아남은 노예 200여명을 1인당 36파운드에 팔아넘긴 사건이 있었는데 이 사건을 역사는 종호학살Zong massacre이라고 부르고 있다.

이와 같은 사실이 영국 전역에 알려지면서 노예제도 폐지운동은 보다 확산되고 기왕에 반대운동을 주도해온 뉴턴 목사의 피맺힌 복음의 소리는 한층 더 힘을 얻게 되고 덩달아 노예제도 반대운동의 아버지라고 불리는 그렌빌 샤프Granville Sharp를 시작으로 정치인 윌리엄 윌버포스William Wilberforce 그리고 정치평론가 토머스 클랙슨 Thomas Clarkson 등이 중심이 되어 전개되었던 운동 또한 거세게 확산되어 갔다.

그리고 뉴턴의 열정에 공감하고 이들 운동을 재정적으로 지원한 사람 중에는 조시아 웨지우드Josiah wedgwood가 있었다.

뉴턴의 이념에 공감한 웨지우드는 차를 즐기는 사람 누구에게나 친숙한 영국의 대표적인 찻그릇茶器 제조사인 웨지우드 브랜드의 창시자이다.

영국 도예산업의 아버지인 그는 소년시절에 천연두에 걸린 후 몸
이 불편한데다 37세 때는 오른발을 절단하는 육체적 고통을 극복하
고 도예의 근대화에 기여한 영국 도예계 최대의 신화적 인물이다. 수
작업에 의존하던 요업窯業에 분업과 동력을 채용하여 양질의 도자
기를 대량 생산함으로서 막대한 재산과 명성을 동시에 얻을 수 있었
다. 특히 영국 여왕을 감동시킨 도자기를 선보이기도 하고 크림웨어
cream ware, 블랙 바살트black basalt와 영롱한 푸른빛이 감도는 재스
퍼jasper는 우리에게 너무나 친숙하다.

그는 탁월한 도예가이자 기업인이면서도 사익만을 추구하는 그
런 사람은 아니었다. 사회를 위해서 이익을 환원하는 것을 기업가의
사명으로하고 과학연구와 사회복지를 위해서 솔선하여 큰돈을 아낌
없이 기부하는 사람이자 아주 진보적인 사상의 소유자로 영국인으
로서 식민지 미국의 독립전쟁을 지지하였을 뿐 아니라 뉴턴의 노예
해방운동기금의 제일가는 기부자이기도하다.

어찌 보면 그는 누구보다 노예무역의 혜택을 가장 많이 본 수혜자
였음이 분명했다.

노예들이 혹사당했던 플랜테이션의 주 생산품은 설탕이었고 설
탕은 차 소비를 촉진시킨 매개체였기 때문이다. 특권층이나 부유층

에서만 누리던 차생활이 점차 일반 시민사회로까지 확산하면서 다기와 설탕 수요는 경이적으로 늘어나 웨지우드의 사업은 호항이 이어졌다. 그러나 그는 사업상의 이익에 연연하지 않고 인도주의 즉 검은 피부를 택한 것이다. 웨지우드의 위대성을 말하는 대목이다.

1787년 57세 때 그는 모형 제작자 윌리엄 핫크우드William Hackwood와 조각가 헨리 웨버Henry Webber에게 의뢰하여 노예 메달리온slave medallion을 제작하여 널리 배포함으로서 보다 내실 있는 대중운동으로 확산 시키는 계기를 마련하였다.

노예 메달

손과 발이 쇠사슬에 묶이고 꿇어 앉은 채 두 손 모아 간절한 눈빛으로 위를 쳐다보며 하느님에게 구원하는 듯도 하고, 어찌 보면 주인에게 살려 달라고 애원하는 듯 한 애절한 모습이 새겨진 도안에 "저는 사람도 형제도 아닙니까AM I NOT A MAN AND A BROTHER? 라는 로고를 새긴 메달인데 도자기 쇼윈도를 역사상 제일 처음으로 만들어 홍보한 사람답게 다시 한 번 놀라운 기지가 빛을 보게 된 것이다.

종호학살이 몰고 온 충격과 더불어 이 메달이 계기가 되어 점차적으로 노예제도 반대의 여론은 보다 거세어지고 여러 가지 장신구와 차 상자는 물론 접시, 담뱃갑, 펜던트 등 다양한 제품 도안에 응용되면서 마침내 노예제폐지운동의 아이콘이 된 것이다.

그래서 정치평론가이자 반대운동 지도자의 한 사람이기도한 토머스 클랙슨은 이를 두고 "정의, 인간애, 자유의 대의를 증진시키는 강력한 도구였다"고 논평했던 것이다.

차산업에 몸담고 있던 사람으로서 비인도적 행태에 저항하고 현실정치의 잘못을 거부하고 개선을 위해 전면에 나서 적극 참여한 사례는 역사상 그리 흔치를 않을 것이다.

이러한 일련의 노력들이 1807년에 노예무역을 불법화하고 1833

년에 또한 노예제도폐지법을 통과시키는 강력한 에너지가 되고 나아가서는 1865년 미국의 노예제도를 폐지하는데도 뜨거운 촉매제가 된 것이다.

그래서 조시아 웨지우드는 휴머니즘의 이념을 차 문화에 접목한 위인으로 길이 새겨져야할 사람이다.

『차의 사회사』를 읽고

　　최근 들어 서양의 차문화에 대한 관심이 높아지고 있다. 복잡한 절차와 완벽한 다구를 갖추고 고상하게 상미賞味해야 했던 폐쇄적이고 과시적인 차 생활에서, '다반사'라는 표현처럼 차와 일상생활의 간격이 좁혀지면서 교제와 사교 중심의 서양 차문화에 대한 관심이 커져 가고 있다. 하지만 동서 문화 간에 오랫동안 상호 정보와 교류의 기회가 많지 않았던 이유 때문인지, 서양 차문화에 대한 이해가 부족한 측면이 많았다.

　　몇 가지 예를 들어 보면, 중국의 녹차가 배를 타고 1년여를 항해하여 유럽에 도착하니 홍차로 변해 있었고 이것이 홍차의 효시라는 '발효醱酵에 대한 무지無知'는 물론, 서양차는 의식이나 격식이 없고 녹차만이 고유한 문화와 예법을 지켜 왔다는 설명도 있다. 또한 현대 서양의 차 생활은 티백으로만 명맥을 유지하고 있다는 등 그릇된 상식으로 서양 차문화의 접근에 어려움을 겪어 왔다.

　　나아가 우리에게 소개되는 서양 차문화가 대부분 홍차와 티 비스킷tea biscuit 등을 만드는 요리책 위주였다는 것도 서양 차 문화 부재의 알리바이가 된다고 할 수 있을 것이다.

제인 페티그루의 『차의 사회사』

『차의 사회사A Social History of Tea』는 서양의 차문화와 차 생활을
이해하는 데 중요하고 적절한 자료가 된다. 이 책은 서양에 차가 전
래된 17세기부터 현재까지의 역사를 미시생활사微視生活史 관점에서
저술한 것이다.

저자 제인 패티그루Jane Pettigrew는 차에 관한 책만 20여 권이 넘
게 집필한 차 전문가이며, 현재『차와 커피저널Tea & Coffee Trade
Journal』의 국제편집장으로 일하고 있다.

이제까지 차에 대해서는 많은 책들이 있고 차의 역사에 대해서도 수많은 논저들이 있었으나 『차의 사회사』처럼 포괄적이고 깊이 있게 다룬 책은 없었으며, 일상생활의 미시사微視史를 통해 생생하게 차를 드러낸 저서는 없었다고 생각한다. 이 책은 17세기에서 20세기까지 총 4부로 이루어져 있으며, 다양한 시각 자료와 자상한 해설로 자칫 지루해지기 쉬운 역사 이야기를 흥미진진한 삶의 이야기로 바꾸어 놓는다.

저자는 방대한 1차 자료를 기초로 차가 영국과 유럽의 문화·정치·사회에 미친 영향을 각 세기별로 음다 풍속, 차와 정치, 차와 산업, 다기와 다구의 변천 등으로 나누어 다양한 에피소드와 풍부한 시각 자료로 흥미롭게 서술했으며, 차가 영국과 유럽 사회에 끼친 중요한 역할에 대해 소상히 전해 준다.

초기에는 차 끓이는 방법을 몰라 차를 죽으로 만들어 먹었던 일, 영국의 음다 풍습이 영국 여성의 사회적 지위 향상에 기여하게 된 경위, 즉 최초로 여성이 남성 동반 없이 외식을 할 수 있게 한 경위, 제2차 세계대전 당시 윈스턴 처칠이 군수품보다도 차를 더 중요하게 여겨서 해군에 공급한 사실, 차가 영국의 산업 발전에 미친 중요한 역할들, 차에 설탕과 우유를 넣어 마시게 된 이유, 서양의 다복茶服 tea gown이 일본 기모노의 영향을 받았다는 실증적 근거, 매일 물을 끓여 차를 마시는 습관 덕에 노동 계층이 질병에 저항력이 생겨 차를 마시지 않는 국가의 국민보다 건강한 것이 산업혁명과 영국의 발전에 기여했다는 논리 등 다양한 에피소드는 이 책을 읽는 즐거움을 배가시켜 준다.

1부에는 17세기 동인도회사를 통한 중국으로부터의 차의 도입과 네덜란드와 영국의 경쟁, 차에 대한 관세 부과와 귀족들의 음다 풍속을 생생하게 설명한다. 또한 너무 비싼 값 때문에 서민들은 차를 마시지 못하는데서 오는 상대적 박탈감과 당시의 사회상을 다음과 같이 설명한다.

런던 최초의 차상인, 토머스 가웨이의 차는 1파운드lb 무게에 16실링에서 60실링3파운드£ 정도에 판매되었다. … 중국차는 1파운드lb에 40실링2파운드£을 지불하였다. … 당시의 월급과 소득을 고려해 보면 찻값이 너무도 고가였다는 것을 알 수 있다. 예를 들어 베드퍼드 5대 백작의 시골 영지인 우번 저택의 변호사는 연간 20파운드, 하인은 2~6파운드를 임금으로 받았다. 차 1파운드lb의 값이 40파운드£였다는 것을 생각해 보면, 당시에 이 새로운 상품을 구매할 수 있는 사람은 오직 백작이나 백작 부인밖에는 없었을 것이라는 것이 명백해진다.

다기와 다구에 대한 관찰과 문헌 조사도 놀라울 정도이다. "당시 차는 정확하게 양을 재서 작은 중국제 다관에 넣어 보관했다. 다관에 뜨거운 물을 가득 담아 가루차를 거품 내서 마시던 유행이, 찻잎을 크게 잘라 우려 마시는 경향으로 바뀌면서, 섬세하고 세련된 다관들이 나타나기 시작했다. 가장 유명한 다관 제조지는 중국 장쑤성江蘇省의 이싱宜興이다. 이곳에서 생산되는 자사호紫沙壺가 차향을 가장 좋게 내게 해 준다고 여겼다."

17세기는 귀족적인 차문화의 시대였다. 가정에서 차를 마실 때는 하인들이 다기 세트를 방으로 가지고 왔고, 차를 우려내고 손님과 가족에게 차를 따라 주는 사람은 그 집의 안주인이었다. 차는 방 안에서 준비하고 우려야 하기 때문에, 하인이 정확한 시간에 끓는 물을 가져와서 다관에 부어야만 했다. 직접 열을 가하는 탕관湯罐 tea kettle은 17세기 후반에야 등장한다.

차 예절에 대한 분석과 중국에는 없는 잔 받침의 유래에 대한 저자의 분석을 살펴보자.

다관에서 몇 분 동안 우려진 차는 손잡이 없는 중국제 도자기 찻잔에 따라진다. … 그리고는 고상하게 두세 번 홀짝거리거나 스푼으로 떠서 마신다. 찻잔 받침은 평평하고 낮았다. 이 잔 받침은 17세기경 중국의 한 장군의 딸이 아버지에게 드리기 위해 우려낸 찻잔이 너무 뜨거워 다룰 수가 없자, 지역의 장인을 시켜 찻잔을 놓을 수 있는 작은 그릇을 고안해 내라고 한 데서 유래한다.

저자는 중국과 일본의 다기 문화가 서양에 이식되고 발전하는 과정을 상세히 묘사한다.

청화백자靑華白磁 Blue and white porcelain를 모방한 델프트도기 Delftware의 발전 과정과 동양 다기에 대한 대안으로 등장한 은제 다기의 성장사도 흥미롭다.

유럽의 도공들은 수요에 맞추어 다기의 생산량을 증대시켰으나, 18세기 중엽까지는 그들의 치열한 라이벌인 중국과 일본 도자기의 품질과 미적 감각을 따라가지는 못했다. 따라서 유럽의 부유층이 대안으로 선택한 것은 은제 다기였던 것이다.

2부에서는 18세기 차의 보급과 확산에 따른 사회적 영향을 설명한다. 차에 대한 세금이 높아서 찻값이 비싸면 암시장의 상인이 공급을 확장하는 것은 당연한 일이다. 또한 찻잎에 첨가물을 넣는 일도 빈번했다. 밀수된 차는 파운드lb당 5~7실링에 판매되었으나, 정식으로 통관 절차를 밟은 차는 파운드lb당 1파운드£ 6실링 정도였다. 당시 노동자의 평균 주급이 10실링 정도였던 것을 고려하면, 암시장이 활황을 누린 것은 그리 놀랄 일도 아니다. 또한 차에 불순물 adulteration을 첨가하는 일도 비일비재하였다. 차 도입 초기에는 홍차뿐만 아니라 녹차의 수입도 상당하였는데, 녹차에 불순물을 섞기가 쉽다는 것이 차를 마시는 대중들에게 알려지자 사람들이 홍차만 찾게 되었다. 이것이 아마도 영국인의 홍차 선호 경향의 기원이 될 것이다. 1950~1960년대 우리나라의 홍차 유행이 불량 홍차 파동으로 한순간에 쇠퇴한 경험을 떠오르게 하는 대목이다.

보스턴 차 사건The Boston Tea Party과 영국의 차 독점권Tea Monopoly이 미국인의 커피 선호경향을 촉발했다는 것은 주지의 사실이지만, 저자는 동시에 영국에서 영양혁명榮養革命 dietetic revolution을 촉진시켰고 영국 국민을 커피 애호가에서 차 애호가로 바꾸어 놓은 과정을 상세히 설명한다.

또한 점차 대중화되어 가는 차문화와 이에 회의적이었던 귀족들의 허위의식을 지적한다.

저자는, "차의 성장 과정은 진리가 진보하는 과정과 유사하게 진행되었다the progress of this famous plant(tea) has been something like the progress of truth."라는 디즈레일리Isaac D'Israeli의 명구로 결론짓는다.

18세기 차문화의 중심은 '티 하우스'와 '유원지'이다. 티 하우스는 귀족들의 정원에 정자처럼 만들어 놓은 차 연회장으로 현대까지 내려오는 차 예절이 생성되고 변모하는 과정을 전해 주는 다실이었으며, 유원지와 온천은 차의 대중화와 세속화에 기여한 대중문화의 중심지였다. 귀족들의 다회는 예절을 중시했다. 프랑스 인 드 브로이de Broglie의 일화는 복잡한 차 예절의 일단을 보여 준다.

내가 차를 12잔째 마시고 있을 때 한 대사가 이 뜨거운 물을 그만 마시고 싶으면 스푼을 찻잔 위에 놓으라고 친절하게 알려주지 않았다면, 나는 지금까지도 차를 마시고 있었을 것이다. 그는 차를 권했을 때 거절하는 것은 무례한 행동이라고 했다. 마찬가지로 차 스푼을 보여 줌으로써 더 이상 마시고 싶지 않다는 표현을 했을 때, 파티의 여주인이 차를 더 권하는 것도 분별없는 행동이라고 했다. 이 말은 스푼을 찻잔 위에 수평하게 올려놓거나 찻잔 속에 약간 기울여서 두는 것을 의미한다.

유원지와 온천은 아름답게 배치된 쾌적한 산책로와 차를 마시는 정원이 펼쳐져 있어 고객들을 유인했다. 당시 유원지에서 차를 마신다는 것은 연애와 청혼을 한다는 것을 의미하는 사회적 행동 코드였다. 한 남자가 어떤 여자와 사귀고 싶을 때는, 마치 실수로 그런 것처럼, 여자의 스커트를 살짝 밟은 후에 자신의 둔한 행동에 대해 크게 사과를 하고, 그에 대한 보상으로 작은 정원으로 옮겨서 차 한 잔 할 것을 권하는 것이 일반적인 관례였다.

19세기에는 아편전쟁으로 인해 중국으로부터의 차 수입이 격감하고, 인도와 실론이라는 새로운 차 생산지 개발과 쾌속 범선tea clipper의 등장으로 차의 대중화와 보편화가 빠르게 진행된다.

오후의 차, 하이 티High Tea, 티 파티, 다회 등의 다양한 의식이 발전하고 중국과 일본에 의존하던 다기와 다구의 유럽화가 완성되어 도자기의 명가들이 등장하게 된다. 당시 찻값은 갑자기 가격의 거품이 무너지는 '튤립효과Tulip Bubble craze'를 경험한다. 1890년대에는 실론차가 파운드lb당 4~5파운드£에서 파운드lb당 30~36파운드£로 급상승하였다. 하지만 1891년 12월, 소비자와 상인들이 이처럼 터무니없이 비싼 가격에 차를 사는 것이 어리석다는 것을 깨닫게 되자 엄청난 고가의 실론차의 거품은 하루아침에 꺼져 버렸다.

17세기에는 중국의 차가 런던에 도착하기까지는 18~24개월이 걸렸다. 하지만 차를 100만 파운드 이상 선적할 수 있는 쾌속 범선은 이 운송 기간을 100일로 단축시켰다. 당시 쾌속 범선의 속도 경쟁은 영국 전역에 큰 화젯거리였으며, 차의 인기를 상승시키는 중요한 요인으로 작용하였다.

점심과 저녁 사이에 간식과 함께하는 오후의 차는 간단한 것 같으면서도 상당한 준비와 격식이 필요했다. 최소한 버터 바른 롤빵과 비스킷, 케이크가 놓여 있는 작은 테이블이 필요하며, 여주인은 테이블 옆에 앉거나 서서 차를 따른다. 만일 남자가 있을 때에는, 남자는 여자들에게 찻잔을 건네주어야 한다. 차를 찻잔에 따라서 손님에게 건네줄 때에는 우유나 크림을 섞어서 주어야 한다. 우유나 크림은 찻잔에 차를 따르기 전에 먼저 따라야 한다. 상류층에게 오후의 차가 있다면, 서민들에게는 하이 티가 있었다. 대부분의 가난한 가정에서 오후에 따로 차 마시는 시간을 갖는 경우는 상당히 드물었다. 대신에 늦은 오후에 고기와 감자 등과 함께 강한 차를 가득 채운 큰 다관을 놓고 하루를 마감하는 즐거운 식사를 하였다.

19세기에는 차 예절에 대한 논쟁이 많았다. 특히 잔 받침으로 차를 마시는 관습에 대한 논쟁은 흥미롭다. 저자는 많은 논쟁을 소개한 후에, 찻잔에서 차를 잔 받침에 따라서 약간 식힌 다음에 마시던 때가 있었지만, 이는 노동 계층의 관습이었지 상류 사회에서는 허용되지 않았다고 주장한다. 물론 이러한 관습은 20세기까지 지속되어 왔다.

20세기는 차의 대중화 시대이며 동시에 차 문화가 일상의 삶 속에 체화되어 격식을 갖춘 차문화와 예절이 서서히 자연스러운 생활의 관습으로 스며드는 시기였다. 특히 제2차 세계대전 동안 차는 어려운 시기를 참아 낼 수 있게 해 주며 영국 국민들을 하나로 묶어 주는 중요한 역할을 하였다. 윈스턴 처칠은 차가 군수품보다 더 중요하다고 선언하고, 일반인에게는 제한 공급을 했던 차를 해군들에게 가장 중요한 군수품으로 제공했다.

저자는 서양의 다복이 일본에서 유래했다고 주장하며 다양한 증거를 제시한다. 예를 들어 1910년 런던에서 영국-일본 전시회가 열리자 일본 스타일의 인테리어나 정원, 패션과 가재도구 등의 영향이 커졌으며, 기모노를 닮은 소매가 넓고 헐렁하게 입는 다복이 유행하게 되었다는 것이다.

사람을 만날 때 가볍게 차 한 잔만 하면서 잡담을 나누면 차 한 잔의 대화a cup of tea이지만, 가벼운 음식을 나누면서 진솔한 대화를 하면 리틀 티little tea가 되고, 서로의 흉허물 없는 속마음을 이야기하면 공감하는 차 한 잔Tea and Sympathy이 되며, 꽤 많은 사람이 모여 다담茶談을 나누게 되면 차 모임Teas이 된다.

이러한 용어들은 현재 흔하게 쓰이는 표현이다. 우리도 '다반사'란 표현과 '차나 한 잔 하지'라는 표현을 자주 쓰지만, 실제로는 다반사로 차를 마시지 않고, 후자의 경우 '차'란 음료의 대명사일 뿐 언어만 잔해로 남고 음료로서의 '차'는 우리의 일상과는 상당히 멀어져 있다. 하지만 서구에서는 언어의 유산과 함께 일상생활에서 '차'를 음용한다는 점을 바탕으로 차가 명실상부하게 삶에 뿌리를 내린 것이다.

서양의 차는 하루 종일의 식사와 항상 함께했으며, 차에 곁들이는 먹을거리와 차 행사에 입는 다복, 다양한 행사의 격식, 다기와 다두의 발전 과정을 보면 근대 서구의 사회상은 차를 떼어 놓고서는 설명할 수가 없다는 사실에 직면하게 된다. 즉 삶 속에 싹튼 현대의 서양 차문화가 시사하는 점은 크다고 할 수 있을 것이다.

서양의 차문화를 다양한 에피소드와 함께 흥미롭게 전개하면서 차 문화 형성 과정을 설명하는 저자는 다음의 말로 책을 맺는다.

"차는 언제나 조용하게 문화를 지배해 왔으며, 차문화는 사회

생활의 구석구석에 스며 있다. 이제 다관은 모든 계층의 아이콘

이 되었다tea continues serenely to dominate our culture, its rituals

pervading every area of our social life. The teapot is an icon for all

classes."

히틀러의 비밀병기, 처칠의 비밀병기

1939년 9월 1일 이른 아침 나치스 독일은 선전포고도 없이 폴란드 공격을 개시하였다.

이에 대하여 영국과 프랑스는 폴란드에 대한 안보의무를 이행하기 위하여 참전함으로서 제2차세계대전은 시작되었다. 그러나 독일군의 기계화 부대에 내몰린 영·불 연합군 338천여 명은 독일군에게 밀려 포위되기 직전의 위급한 전황에서 도버해협 연안 프랑스의 덩케르크Dunkirk항으로부터 영국으로 퇴각하는 작전을 펼치는데, 이 작전의 암호명을 다이나모 작전Operation Dynamo이라고 한다. 이 작전은 1940년 5월 26일에서 6월 4일까지 9일간 전개되었다.

"덩케르크의 작은 배"에 황급히 타고 철수하는 모습

영국의 방송들은 급박한 상황을 되풀이하며 알렸다. "어떤 종류의 배이던 사람을 실어 나를 수 있는 배가 필요합니다. 배가 필요합니다!" 방송으로 흘러나오는 해군의 절박한 호소가 계속되자 애국심에 불타는 영국인들은 그 즉시 놀랄 만큼 많은 배들을 제공하기도 하고 기꺼이 징발에 협조하였다.

모두 887척이나 되는 어선, 화물선과 유람선 심지어는 구명정에 이르기까지 병력을 실어 나를 수 있는 모든 선박들이 안개 자욱한 덩케르크 해안으로 쇄도하였다.

연안에 있는 연합군을 먼 바다에서 대기 중인 구축함이나 대형 선박으로 옮겨 후퇴할 수 있게 도우려는 것이다.

영·불 연합군은 사실상의 패잔병이었다. 그러나 영국 해안에는 그들을 기다리는 수많은 천사들이 기다리고 있었다. 연인이나, 어머니처럼 따뜻한 미소로 반겨주는 자원봉사자들이 기다리고 있었다. 그들의 손에는 크고 작은 갖가지의 물통들이 들려있었다. 따끈따끈하게 끓여진 홍차들이다.

사기가 꺾이고 해풍과 풍랑 그리고 공포에 시달려 초췌하고 처참한 몰골을 한 병사들은 그들이 건네주는 따끈한 차를 들이키며 생기를 되찾고 전의를 다시 가다듬은 것이다.

French soldiers are given tea after evacuation from Dunkerque

England
June 1940

부녀 봉사자가 차를 나누어 주는 모습

그들이 마신 차 한 잔으로 "반드시 이겨야 한다"는 국민적 열망이 병사 하나 하나의 가슴에 전해진 것이다. "그래 우리는 결코 패잔병이 아니다"

명예롭지 못한 퇴각작전이지만 작전의 성공이 전해지자 이 "덩케르크의 작은 배들little ships of Dunkirk"의 헌신과 자원봉사자의 자발적인 봉사는 영국민의 마음에 깊이 새겨지고 전의를 북돋아 주었다.

그러나 폴란드와 네덜란드에 이어 벨기에가 무너지고 유일하게 믿었던 프랑스마저 1940년 6월 14일에 파리를 잃고 같은 해 6월 22일에는 독일에 항복하고 말았다.

이제 영국만이 홀로 싸워야하는 지경이 되었다.

"프랑스에서의 전투는 끝났다. 이제 영국의 전쟁이 시작될 것이다" 처칠Winston Churchill 1874~1965 수상의 말이다.

개전 초기에는 전시라는 실감이 나지 않을 정도로 평온했던 영국인들, 이제는 우군도 잃고 본토에 고립된 채 독일군의 상륙에 대비해야 하는 가혹한 현실에 직면하게 되었다.

상륙에 대비하여 연안 곳곳에 참호가 구축되고 방책이 설치되는 등 상륙 저지용 각종 군사시설물은 물론 주민들의 안전을 위해 방공호나 대피호가 만들어졌다.

1940년 8월 하순 드디어 올 것이 오고야 말았다. 런던을 위시하여 여러 도시가 독일 공군의 야간 폭격에 의해서 처절한 상처를 입게 되었다.

독일군의 폭격은 영국 국민들로 하여금 염전사상과 국론분열을 유도하는 전술적 차원에서 행해졌기 때문에 가혹하기 이를 데 없었다. 시가지와 주택가, 병원, 학교와 교회 등 가릴 것 없이 참담하게 파괴되고 사상자는 속출하였다. 어린이들은 시골로 소개되고 시민들은 방공호나 지하철에 대피하여 그 곳에서 살아야 했다.

독일군은 바다에서도 영국을 괴롭혔다. 영국을 드나드는 모든 선박은 잠수함U-Boat의 먹잇감이 되고 외국과의 교역이 차단되면서 생활물자는 물론 유류마저 고갈되어 배급제로 전환되었다. 개전 당시에 영국이 비축하고 있던 식량은 고작 3주간 먹을 수 있는 소맥과 한 달 치의 설탕뿐이었다. 홍차 없이는 잠시도 살 수 없는 영국민으로서는 설탕이 사라지는 건 그야말로 피폭 못지않은 일이다.

1944년 한때 전국이 영국에게 유리하게 전개될 무렵인 6월 8일 독일이 개발한 신병기인 V-1 무선 조정 로봇 폭탄이 런던과 영국 남동부 일대를 맹폭하고, 9월에는 세계 최초의 탄도 미사일이면서 최초의 준 궤도 우주 비행체인 V-2로켓을 개발하여 영국 각 도시에 무차별로 마구 퍼부었다. V-2는 영국에서는 요격할 수 있는 무기가 없었기 때문에 속수무책으로 당하는 수밖에 없었다. 전국이 회복되어 가는 상황에서 다시 방공호로, 지하철 대피호로 대피해야 하는 처지가 되자 국민들이 겪어야 하는 심리적 동요는 형언할 수 없는 것이었다.

독일의 전폭기, U-Boat, V-1, V-2는 가공할 히틀러의 신 병기들이였다. 그러나 이러한 물리적 위력도 따뜻한 차 한 잔의 결의와 애국심에 패배한 것이다. 영국은 승리한 것이다.

제2차 세계대전이 일어난 이틀 후 영국은 홍차를 즉시 배급제로 전환하고 국내에 있는 홍차회사에서 약 3만 톤의 재고리스트를 제출받아 전량 매수하여 전국 요소요소에 분산 소개시키고 그 찻잎은 수요에 따라 여러 홍차회사에 나누어 제품화하여 배급하였다.

혼잡하고 위험스런 포연 속을 차 배달차만은 경적을 울리면서 쉬지 않고 부지런히 달렸다. 피난처와 병원마다 부녀봉사자와 공인된 홍차감정사 아니면 그 일을 대행할 수 있는 담당자가 배치되어 있었다 하니 놀랍기만 하다.

그런 와중에도 공습으로 큰 피해를 입어 가동이 중단되었던 타이푸Typhoo사의 종업원들이 스스로 다른 정상 가동 중인 회사 일을 돕기도 하고 자사의 차tea car로 폐허의 거리를 누비면서 홍차를 배달하는 봉사를 한 이야기는 널리 알려진 이야기이다.

그런가하면 1647년에 개장한 차 경매시장tea auction은 독일군의 폭격으로 개장 이래 처음으로 폐쇄되었다. 이 무렵 윈스턴 처칠이 탄약보다 차가 더 절실한 것이라며 해군 함정 장병들에게 무제한으로 필요한 양의 차를 공급하도록 명령한 일화는 너무나도 유명하다.

영국 정부는 인도 생산 현지의 산차散茶 leaf tea 생산을 최소화하고 파쇄차broken tea를 제조하도록 하여 용량을 늘리고 위험한 선박 운송 횟수를 줄이도록 명령하기도 하였는데 이는 훗날 티백tea bag 발전의 원인이 되기도 하였다. 또한 군수공장의 노동생산성을 높이기 위하여 오전과 오후 한차례씩 하루 두 차례 짧은 차 마시는 휴식시간tea break을 주어 노동자의 집중력과 생산성을 높이게 하였다.

전선이나 후방 어디에서나 예외 없이 홍차는 이미 기호품으로 보는 일반적인 인식을 떠나 능률과 건강, 불안과 공포를 덜어내는 위기관리음료로 각광 받게 된 것이다.

메아와 호V. H. Mair & E. Hoh는 『차의 역사The True History of Tea』에서 "미국인이 코카콜라로 제2차 세계대전에서 싸웠다고 한다면 영국인의 영웅적 투쟁심을 자극하여 독일 제3제국을 타도한 것은 차였다"고 적고 있다.

차 한 잔으로 몸을 따뜻하게 녹이고 위안을 받으면서 전쟁의 광기를 이겨낸 것이다. 그리고 병원에서 대피소에서 부녀봉사자들의 헌신적인 봉사를 보면서 전쟁에 반드시 이겨야겠다는 국민적 결의가 모아져 승전한 것이다.

전승의 촉매제가 된 차는 위대하기만 하다.

"그들은 히틀러의 비밀병기에 대해서 말하지만 영국의 비밀병기는 차다. 차만이 우리를 버티게 하고 어려움을 이겨내게 하였다. They talk about Hitler's secret weapon, but what about England's secret weapon - tea. That's what keeps us going and that's what's going to carry us through," 사학자 A. 톰프슨A. Thompson이 한 말이다.

제4부, 차문화의 만남과 교류

『다경』과『차의 모든 것』

　필자는 오래전부터 당나라의 육우陸羽가 저술한『다경茶經』과『차와 커피저널Tea & Coffee Trade Journal』의 주간이었던 유커스William H. Ukers가 1935년에 저술한『차의 모든 것All About Tea』, 이 두 권의 다서야말로 인류 차문화사에 길이 남을 위대한 업적이자 유산이라고 생각해 왔다.

　『다경』은 쉽게 접할 수 있는 데 반해『차의 모든 것』은 외국의 인터넷을 통해서 간신히 개략적인 소개에 만족해야 했던 터라, 다서를 애장하고 있는 필자로서는『차의 모든 것』을 제대로 보지 못한 아쉬움이 언제나 뇌리에서 떠나지를 않았던 차에 그토록 바라던 책이 서울시립대학교 남기범 교수를 통해서 필자의 서가에서『다경』과 함께 자리하게 되었으니 실로 10여 년에 걸친 기나긴 바람 끝에 일구어 낸 만남이라 할 수 있다.

　이 책을 보면서 과연『다경』과 함께 차의 세계를 문화의 반석 위에 굳게 올려놓은 압권이라는 것을 실감할 수 있게 되었다.

　"세계는 몇 권의 책에 의해서 지배되었다."이 말은 18세기 계몽주의 작가 볼테르voltaire가 한 말이다.『다경』과『차의 모든 것』은 분명 차문화 사상 가장 높이 평가받고 있을 뿐만 아니라, 오늘에 이르기까지 차문화 연구의 교본이자 지침서로서 차의 세계를 지배해 온 것이다.

그 이유는 무엇일까? 몇 가지 사실만으로도 당위성을 찾아볼 수 있다.

먼저 이 두 권의 명저는 세계 최초로 체계적으로 정리된 단행본의 차 전문 서적이자 최고의 고전이다. 당대 이전에 편집된 책 중에서 역사서와 제도에 연관된 책을 제외하고는 대부분의 책이 시문이나 수필 등 단문의 에세이 형식으로 되어 있는 데 반하여, 『다경』은 상·중·하의 3권으로 구분하고 이를 일지一之에서 십지十之까지 분류함으로써 편집을 체계화하였다. 『차의 모든 것』또한 두 권으로 하고 6편과 54장, 그리고 4편의 부록과 색인으로 구성되어 가장 현대적이고 문헌적인 기법으로 편집되어 있어 다서로서의 가치에 더하여 서지학적으로도 높이 평가하여도 손색없을 것이다.

둘째, 이 두 권의 책은 다른 사람의 이야기나 자료를 인용하여 집대성한 것이 아니라 다년간의 각고 끝에 실증적으로 저술한 책이다. 『다경』은 760년경부터 시작하여 765년에 초고가 탈고되고 그로부터 15년 후인 780년에 마지막 제 3권을 탈고하였으며, 『차의 모든 것』은 집필하기 25년 전부터 기획되어 자료를 수집하고 답사와 확인을 거쳐 수집된 자료를 12년에 걸쳐 정리한 끝에 1935년에 출간한 노작이다. 육우나 유커스 모두 기나긴 로드맵으로 치밀한 기획과 광범위한 자료의 수집 및 정리 그리고 실증을 통하여 일구어 낸 것이다.

다작多作과 모작模作이 성행하는 요즘의 출판 풍조를 보면서 깊이 감명할 뿐이다. 특히 이 과정에서 빼놓을 수 없는 것은 육우의 폭넓은 교유이다.『신당서新唐書』에 의하면 차인茶人은 물론 시인, 선승, 관료와 유가, 도사 등 많은 당대의 현학들과 교유가 있었다.

유소년기에는 용개사 지적선사智積禪師로부터 불교를 배우고, 스무 살에 최국보崔國輔와의 교유에서 시문과 차를 익혔으며, 그로부터 4년 후인 스물넷에 고시古詩의 걸작으로 널리 알려진 용문팔영龍門八詠으로 이름난 유장경劉長卿을, 스물여섯에 유담柳澹과 황보염黃甫冉·황보증黃甫曾 형제를 만나 차와 시문을 논하고, 당나라 중기 저명한 시승詩僧인 교연皎然과 만나게 된다. 육우는 그의 자전에서 교연과의 만남을, 승려와 속인이 나이와 세대를 잊은 채 교유했었다고 말한 바와 같이 열 살 이상 연상인 교연과의 우정은 각별하였다. 함께 시작詩作을 즐기고 불교를 연구하기도 하고 여행 동반자가 되어 차의 정신을 말하기도 하였다. 특히 교연은 차 생활에 있어 검덕儉德 정신을 중요시하고 차에 관한 식물학, 차 따기, 차 우리기, 품차 등 이론적으로 출중했던 선승으로 육우의 차 문화사상 형성에 가장 많은 영향을 끼쳤을 뿐 아니라 실제로『다경』에 이러한 교연의 사상이 많이 반영된 것으로 평가되고 있다.

스물일곱 살이 되면서 육우의 차 산지 답사가 활발해진다. 후베이성湖北省의 동부, 장시성江西省의 북부, 안후이성安徽省의 남부와 북부, 장쑤성江蘇省 등의 차 산지나 사찰을 찾아다니면서 차를 따서 우려 보고 물맛을 보기도 하고 지역의 지명도 높은 인사들과 만나 차를 이야기하고 물어 들으며 실증을 거듭하고 식견을 넓혀 갔다.

또한 평원태수이자 당대 최고의 서예가 안진경顔眞卿을 알게 된다. 안진경은 불의를 모르고 언제나 정의만을 앞세우는 완고한 처신으로 조정이나 고관들의 미움을사 좌천만을 거듭하던 인물로, 예절에 엄격하며 소박하고 검소한 생활을 하면서도 글을 쓰고 시작을 하면서 차를 사랑하고 검덕의 미를 추구한 고매한 인품의 소유자였다. 육우는 안진경의 도움으로 계속 인맥을 넓혀 갔는데, 시인 대숙윤戴叔倫도 이 무렵에 알게 된다.

서른한 살에는 도사道士이면서 여중시호女中詩豪로 불려 오던 이야李冶를 만나 도학을 깊이 접하게 된다.『다경』에 팔괘와 음양오행 등 주역 사상이 적극적으로 반영되어 있는 것은 이야와의 교유의 영향이라 할 수 있다. 서른세 살 젊은 나이에 초고를 펴낸 후 마흔여덟에 상재하였다. 이 밖에도 육우는『군신계君臣契』,『원해源海』,『강표사성보江表四姓譜』,『남북인물지南北人物志』,『오흥역관기吳興歷官記』,『호주자사기湖州刺史記』,『점몽占夢』등의 저서를 지었다고 하나 전해 내려오기는 것은『다경』뿐이다.

한편, 유커스는 다양한 차문화 자료를 수집하기 위하여 차 생산국인 중국, 일본, 인도, 스리랑카, 인도네시아, 브라질 등과 소비국인 영국, 소련, 프랑스 등 세계 여러 나라를 편력하면서 많은 박물관과 도서관, 대학, 관련 단체, 생산 현장, 그 밖에도 수없이 많은 전문가의 면담과 자문을 얻어 낸 끝에 감히 누구도 엄두 못 대던 세계 최고의 사전적 다서茶書, 즉 차의 백과전서격인『차의 모든 것』이라는 대작을 1935년에 출간하기에 이른 것이다.

그 밖에도『차와 커피구매자를 위한 안내서Tea and Coffee Buyers Guide』,『간추린 차의 지식Tea in a Nut-shell』,『다섯 권의 짧은 여행기 Little Journey Series of Five Booklet: Trip to China, India, Ceylon, Japan, Formosa, Java and Sumatra』,『우리가 알아야 할 차 상식What Everyone Should Know About Tea』,『차 이야기The Romance of Tea』등의 명저들을 남긴 바 있다.

그 무엇에도 비견할 수 없는 것은 이 책들만이 가지는 금과옥조와 같이 소중한 창의력과 풍부한 내용상의 가치이다. 육우는 식물로서의 차, 약물로서의 차를 초월하여 자연과학과 사회과학으로서의 차에 불교·유교·도교, 즉 삼교정신三敎精神을 융화시킴으로써 인간과 차의 정신적 교감을 도모하였고, 유커스는 은둔과 내향적인 동양적 차 규범과 외향적이고 엑티브한 서양의 차 규범을 실증적으로 세상에 널리 알리고, 변화하는 산업 사회에 부응하려는 노력을 시도하였다.

먼저『다경』을 보면 일지원一之源에서는 차의 식물적 해설과 차의 문자와 이름의 변천 과정, 차나무의 생육 재배와 차의 효능 등을 말하고 있다. 이지구二之具에서는 차를 만드는 데 쓰이는 기구들을 나열하고 바른 사용법을 설명하고 있다. 삼지조三之造에서는 찻잎 따는 시기, 찻잎 따는 요령과 차싹 선별법을, 사지기四之器에서는 차를 우려 마시는 데 쓰이는 24종류의 도구 크기와 재질에 대하여 구체적으로 설명하였다. 오지자五之煮에서는 알맞게 굽기, 차 땔감과 물의 선택, 찻물 끓이기, 간 맞추기, 차 가루 넣기, 나누어 따르기 등을, 육지음六之飮에서는 차 마시기의 역사, 차 마시기의 폐습, 차를 마시게 되기까지의 아홉 가지 어려움九難과 사람 수에 따른 행다법이 쓰어 있다.

칠지사七之事에서는 책을 집필하기 이전의 사료 48종을 인용하고 있다. 팔지출八之出에서는 차의 산지가 창장長江 양안의 유역으로 특히 창장 지류의 민장岷江 유역에 밀집되어 있으며, 구이저우성, 후베이와 후난성, 장시성, 허난성 남부, 안후이성, 장쑤성, 저장성에 이른다고 하였다. 구지략九之略에서는 들이나 절이나 별장 등에서 갖는 다회에서 생략할 수 있는 다구茶具를 정식 다회와 구별하였고, 돌 위에 앉을 수 있을 때에는 진열대를 폐하고 다섯 사람 이하면 체를, 그 밖에도 높은 곳에서나 광주리 사용 시에 폐할 다구 등 차의 응용 형식을 설명하고 있다. 마지막으로 십지도十之圖에서는 『다경』의 본문을 비단에 써서 찻자리에 걸어 두고 좌우명으로 하는 요령을 설명하였다.

유커스의 『차의 모든 것』은 2권, 6편, 54장, 1,151쪽1권 575p, 2권 576p, 60만 자로 되어 있고, 부록으로는 500건에 달하는 방대한 분량의 차의 역사 연표와 425개의 차 용어를 해설한 사전, 2천 권이 넘는 차와 연관되는 서적 목록과 1만 항목이 넘는 색인이 포함된 대작으로, 유커스 이후 아직까지 이에 비견할 만한 전서적인 책은 나오지 않고 있다.

책의 구성과 내용을 약술하자면, 1권은 3편 27장으로 구성되어 있다. 1편은 역사Historical Aspects 편으로 기원전의 전설과 차의 원산지, 차의 재배와 끽다 습관, 차의 전파 과정을 자세히 설명하고 있으며, 특히 세계 최초의 『다경Ch'a Ching: Tea Scripture』영문 요약 번역본을 소개하고 있다. 그밖에 동인도회사 이야기, 차세茶稅와 미국, 클리

퍼Tea Clippers, 차 생산국들의 차의 역사가 기록되어 있다.

2편 기술Technical Aspects 편에서는 각종 차의 특징과 상업상의 가치, 차의 심사 방법과 물의 중요성을 서술하고, 중국을 비롯한 여러 생산국들의 재배와 제조, 중국에서의 초기 수제차 제다에서 기계화된 공장의 변천사에 이르기까지를 논하였다. 3편은 과학Scientific Aspects 편으로 차의 어원, 차의 식물학과 조직학에 대하여 논하였다. 다만 차의 화학, 약리학, 위생학 분야는 인도 차업협회 화학 담당자의 도움을 받아 쓰였으며, 차와 건강에 대한 신문 기사들을 발췌·수록하였다.

2권은 3편4~6편 29장으로 구성되었다. 4편은 상업Commercial Aspects 편으로 차 상품의 생산에서 소비 단계에 이르는 차의 유통과 차 광고의 역사가 진귀한 사진들과 더불어 소개되어 있다. 5편은 사회Social Aspects 편으로 중국과 일본, 네덜란드, 영국, 미국 등 사회생활에서의 차의 역할과 18세기 런던의 티가든Tea Garden, 초기와 현대 세계의 음다 풍속, 음다 도구의 변천, 티백, 과학적인 음다법과 차의 구매 방법에 대해 해설하고 있다. 6편은 예술Artistic Aspects 편으로 차에 관한 진귀한 회화, 조각, 사진, 차요茶謠 Tea in Music의 해설과 춤을 소개하고 있어 문화적 가치를 더해 준다.

『다경』은 여러 나라 말로 번역되어 세계인의 애독서가 된 지 오래이다. 이와는 달리 『차의 모든 것』은 영어 언어권에서는 많이 읽혀 왔으나 그 밖의 지역에서는 내용의 전문성과 방대한 분량으로 인한 번역의 어려움과 막대한 출판 비용 때문에 번역이 늦어져 보급에 어려움을 겪고 있다. 출판된 지 14년 후인 1949년에 중국 오각농吳覺農에 의해서『차엽전서茶葉全書』라는 이름으로 중요한 부분만을 추려서 중국어로 번역되기는 하였으나 보급에는 실패했다.

이어 2011년에도 중국의 의가依佳, 유도劉濤, 강해체姜海蒂 등 세 사람이『차엽전서茶葉全書』라는 이름으로 중요 부분만을 요약 편역하여 출판한 바 있다.

일본에서는 시즈오카대학靜岡大學을 중심으로 분야별 번역완역작업이 한창 진행되고 있다. 우리도 하루빨리 학계나 문화 재단 등이 중심이 되어 번역이 이루어졌으면 하는 바람이다.

이상 두 권의 구성과 개략적인 내용에서 보는 바와 같이 실로 육우의 해박한 지식과 폭넓은 우주관, 논리의 정연성과 체계화된 응집력 등 놀라운 천재성과 유커스의 범세계적인 방대한 자료 수집과 실증적 연구로 동서 차문화의 정체성을 규명함은 물론 산업화를 촉진하는 동기가 되고 글로벌화한 획기적 노력과 공헌에 경탄할 뿐이다.

"책은 대천재大天才가 인류에게 남긴 유산"이라는 말이 있듯이『다경』은 차문화의 성서적 길잡이로,『차의 모든 것』또한 전서적 교본으로 차문화사에 길이 빛날 불후의 명작들이다.

마르코 폴로의 『동방견문록』

이탈리아 베네치아의 상인이자 모험가인 마르코 폴로Marco Polo 1254~1324는 1271년부터 1295년까지 24년에 걸친 아시아 여행을 마치고 귀국한 3년 후 제노바와 전쟁이 일어나자 병사로 자원하여 종군 중에 포로가 되어 투옥된다. 그와 함께 수감된 전문 저술가 루스티첼로Rustichello Da Pisa에게 그동안의 여행담을 구술한 이야기 기록본을 『동방견문록The Travels of Marco Polo』이라고 하는데, 원본은 일찍 분실되어 없고 130여 종의 사본만이 남아 있을 뿐이다.

루스티첼로는 마르코 폴로가 구술한 내용에 자신이 들은 이야기나 뜬소문을 제멋대로 가필하였다는 견해가 지배적이어서 그러한 부분을 바로 잡기 위해서 1934년 저명한 학자들이 기왕에 나온 사본들을 종합적으로 검토한 끝에 공동 편집 형식으로 단일본을 만들어 내게 되었다.

문제는 당나라와 송대를 거쳐 오면서 중국의 차문화가 전성기를 맞아 서민층에까지 차 생활 습관이 보편화되고 있던 시점이자, 염세鹽稅와 더불어 높은 차세茶稅가 부과되고 거래 허가 제도인 인제引制마저 엄격하게 시행되면서 여러 지방의 민심이 극도로 흉흉했던 시기에 중국에 있었으면서도, 마르코 폴로의 여행기에는 차에 관한 기록을 전혀 찾아 볼 수 없다는 점이다.

　마르코 폴로가 소아시아, 이란, 타지키스탄, 장안을 거쳐 원元의 쿠빌라이 궁전이 있는 상도上都, 현재의 張家口 근처에 도착한 것은 1274년의 일이다. 그때의 상도는 쿠빌라이가 몽골 고원 남부에 세운 도성으로 베이징에서 북쪽으로 약 275km되는 곳에 위치하고 있었으나, 남송南宋이 멸망하고 남쪽에 위치한 대도大都, 즉 지금의 베이징으로 천도하고 상도는 여름 피서용 행궁으로 사용되고 있었다. 상도에서 대도로 간 마르코 폴로는 쿠빌라이의 지극한 총애를 받으면서 자그마치 17년간 원 왕조의 정치관이 되기도 하고 왕실의 사관仕官과 여러 관직을 지냈으며, 중국 남서부의 윈난雲南, 쑤저우蘇州, 양저우楊州에서 징세 실무를 보기도 하고 사절로서 남부 지방과 동부 여러 곳을 여행하였는데 어찌 차를 접하지 않았겠는가 라는 것이다.

　이에 대하여 『차의 모든 것All About Tea』의 저자 유거스William H. Ukers 1873~1954는 『차 이야기The Romance of Tea』에서 "마르코 폴로가 중국을 찾았을 때는 중국인들 사이에 차를 즐겨 마셨음에도 차에 대한 언급이 없다. 그 이유는 간단하다. 폴로는 타타르 인Tatar 침략자인 쿠빌라이 칸 밑에서 대부분의 시간을 보냄으로써 피지배자의 습관에는 거의 관심을 보이지 않았기 때문이다."라고 하였다. 또한 "지배 계층인 몽골 족 사이에 그 당시 아직 음다 풍습이 보급되지 않았기 때문이다. 피지배 민족인 한족 사이에서는 음다와 투차鬪茶가 성행하였고 여성의 전족纏足 풍습도 유행했던 때인데도 관심 밖"의 일로 언급하지 않았다는 것이다. 같은 시기에 대도를 찾은 몇몇 선교사 역시 수기를 남겼으나 차에 대한 언급이 없는 점으로 보아 같은 맥락에서일 것이라는 견해이다. 중국의 저명한 역사학자 양즈주楊志玖 교수도 유커스와 비슷한 견해를 보이고 있다.

동방견문록 초판에 실린 마르코 폴로

이와 같은 긍정적인 평가와는 달리 일부 소수 학자들은 차뿐만 아니라 만리장성, 문자, 전족, 목판화, 젓가락 등 중요 지물과 풍속 등이 언급되지 않은 점으로 보아 마르코 폴로가 원나라를 방문하지도 않고 흑해黑海 근방에서 얻은 정보를 모은 것이 라기도 하고, 몽골과 원의 역사에 마르코 폴로에 대한 기록이 전무한 것으로 보아 대필 작가ghost writer인 루스티첼로의 풍부한 상상력이 마르코 폴로로부터 들은 이야기를 기초로 하여 당시에 떠돌던 아시아에 대한 풍물들을 섞어 꾸며 낸 것이라고 말하기도 한다. 하지만 마르코 폴로의 여행기 자체는 유럽 세계에 미지의 동방 세계를 알리는 계기가 되었다는 역사적 의미는 부정할 수 없는 사실로 인식되고 있다.

『동방견문록』에서 비록 전성기를 이루었던 차 생활이 소외된 아쉬움은 많으나 그 자체가 견문이냐 풍문이냐를 떠나서 아시아를 이해하는 대 로망으로 각색되어 오늘에 이르고 있다.

문헌을 통해서 유럽 지역으로 차가 소개되기는 마르코 폴로가 세상을 떠난 지 235년 후인 1559년경의 일이다. 베네치아인 작가이자 십인위원회十人委員會[51] 서기관인 조반니 바티스타 라무시오Giovanni Battista Ramusio의 『항해와 여행기navigatori et viaggi』에서이다.

---

51 베네치아 공화국 대평의회에서 선정된 10인의 위원회.

먹거리 환경과 좋은 차

사람이 살아가는 데는 체온 조절에 필요한 열에너지와 다양한 신체활동에 필요한 화학적 에너지, 그리고 신경 계통의 운용을 지원할 전기에너지의 원활한 공급은 물론 생체 형성과 성장, 조직 재생 등의 여러 가지 생명 현상의 유지와 조절에도 많은 생화학 물질들을 필요로 한다. 그 밖에도 감각을 충족시키기도 하고 면역 강화와 생리 활성을 조절하는 일련의 생명체 유지와 보존을 위한 기본적인 전 과정을 우리는 식품 섭취를 통해서 달성한다. 다시 말하면 우리가 생존해 나가기 위한 가장 기본적이고 직접적인 조건은 먹는 것이다.

인간은 생명을 유지하고 연장하는 데 필수적으로 요구되는 영양소를 양적으로 알맞으면서도 질적으로 배합이 잘되게 먹음으로써 건강한 삶을 유지하는 동력을 얻게 된다. 이와 같이 인간이 살아가는 데 없어서는 안 될 필수 영향소를 공급해 주는 물질을 먹거리 또는 식품이라고 하며, 이 먹거리 가운데 마실 거리는 특성과 기능에 따라 일반적으로 세 가지로 분류된다. 첫째는 생명을 유지하기 위한 영양 기능으로 1차 기능음료라고 하며, 둘째는 향이나 맛, 색과 같은 감각 기능으로 2차기능이라고 하며 기호음료라고도 한다. 셋째는 생체 방어, 질병의 예방과 노화 방지, 질병 회복과 같은 생체 조절기능을 3차 기능이라 하며 기능음료라고도 한다.

차는 몇 해 전까지만 하여도 1차기능인 영양기능과 2차기능인 감각기능이 혼재하는 식품으로 인식되어 왔으나, 근년에 와서 식품 화학의 눈부신 발달에 힘입어 3차기능인 생체 조절기능도 함께하는 훌륭한 식품으로 판명되었다.

확고한 치유식품Healing food의 반열에 들어서면서 차를 건강음료라 부르기도 하고, 건강과 장수를 확실하게 보장해 준다는 뜻에서 보험음료라고 말하는 사람도 있다. 이와 같이 차에 대한 인식이 변화하면서 엄청난 수요 증가를 가져왔다.

그러나 이러한 수요 증가의 이면에 일어나고 있는 먹거리 환경은 어떠한가를 냉철히 살펴볼 필요가 있다.

전 지구적 규모로 일어나고 있는 인간의 먹거리 환경은 극도로 열악한 나머지 인류의 생존 자체를 위협하는 심각한 수준에까지 이르고 있다.

산업화에 따라 필연적으로 일어나는 대량 생산과 대량 소비 생활에 기인하는 오존층의 파괴와 그에 따른 지구 온난화로 기상 이변이 빈발하고, 산성비는 토양 표층수表層水의 알칼리도를 저하시켜 토양에서 생명 유지에 필요한 영양분이 씻겨 내려가고 중금속의 용출을 촉진시켜 호수와 늪의 수소 이온 농도를 낮춤으로써 수생 동식물의 생장 환경을 악화시키며, 육상에서는 농작물의 생산량이 감소되고 산림이 쇠퇴하여 고사되고 있다. 그런가 하면 인간이 지금까지 만들어 낸 막대한 양의 화학 물질, 그중에서 공업용으로 쓰이는 물질만도 수만 종이 될 것으로 보고 있다. 특히 석유 화학공업, 플라스틱 수지 제조공업, 화학 약품공업, 농약 제조공업 등에서는 제조 과정 등에서 유해한 화학 물질 등 많은 양의 폐기물을 배출한다.

그 밖에도 수질 오염, 지구의 사막화, 열대림의 감소, 생물종의 감소, 유전자 재결합과 조작을 포함한 생명공학 등의 첨단 기술 개발에 따른 후유증, 또한 그러한 여러 요인들의 화학적 상승 현상은 심각하다 못해 우리 인류의 생존마저 한시적 상황으로 내몰고 있다. 이와 같은 지구 규모적인 열악한 환경과 재앙 속에서 먹거리 식재들이 제공되고 있는 것이 오늘의 현실이다.

2005년 9월에 한국소비자보호원에서는 시중에 유통 중인 외국산 차 30개 제품과 국내산 차 29개 제품을 수거하여 농약과 중금속 잔류 여부를 시험한 결과를 발표한 일이 있는데 그에 의하면 대부분의 차에서 잔류 허용 기준치를 웃도는 양의 유해성분이 검출되었다.

하나의 위해를 피하고 나면 또 다른 변형된 악재가 밀려오는 악순환은 끝이 없다.

생산자의 무너진 윤리관과 소비자의 분노와 불신감이 먹거리 환경의 혼돈을 낳고 있다.

우리가 마시는 차 또한 이와 같은 먹거리 환경의 굴레에서 생산되는 것이다.

참선수행參禪修行을 매개하고 자양소를 통해 인체의 필수 기능을 보조해 온 차는 기나긴 세월을 지나오면서 천하에서 제1가는 마실거리로 찬사를 받아 왔다. 그러나 오늘과 같이 윤리와 도덕 그리고 인간성이 상실된 위기에 놓인 먹거리 환경에서 우리는 과연 어떤 차를 마셔야 하는가.

일반적으로 좋은 차라 하면 생잎生葉일 때 맑은 녹색을 띠고, 윤택이 나며, 잎의 모양이 단정한 것을 말하며, 가공된 잎의 경우에는 건조·보관 상태가 양호하고, 색이 짙은 녹색으로 균일하고 신선하며, 세세하게 비벼 만들어진 것이 좋은 것이다. 우려진 차는 찻그릇이나 차의 종류에 따라 다르기 때문에 일정하게 어떻다고 말할 수 없으나 대체로 찻물 빛깔이 맑고淸, 맛은 단 감칠맛이거나 향기롭고 달콤香甛하며 향기는 청향淸香이라는 말을 많이 쓰고 있으며, 임어당林語堂은 어린애의 살결에서 풍기는 유현한 맛이라 하였다. 왠지 동화 속의 이야기만 같다.

이상에서 보는 바와 같이 우리는 차를 식별하는데 색, 향, 미와 형태 등 관능적인 방법으로 식별하는 전통적인 방법이 일반적이지만, 이러한 관능적인 방법만으로는 성에 맞지 않은 현실과 괴리된 비과학적인 방법이라는 것을 알고 있다.

소비자 스스로의 자각은 물론 과학적인 제도적 장치로 좋고 나쁨을 분별하고 안심하고 이용할 수 있게 하는 슬기로움이 따라야 할 것이라고 생각된다. 몇 가지 이유를 들어 보자.

첫째, 차나무는 여느 식물과는 달리 1년에 수차례의 새잎 따기로 나무의 양분 소모가 많아 재생장再生長을 위한 축적 양분이 필요하기 때문에 질소를 중심으로 많은 비료 성분을 보급하여야 한다. 이때의 비료는 화학 비료와 유기질 비료를 쓰고 있는데, 차나무의 경우 품질 향상을 위해서 유기질 비료를 많이 사용하는 것이 특징이라고 할 수 있다. 다시 말하면 완전히 숙성한 톱밥 퇴비, 나무껍질 퇴비, 돈분, 계분, 우분 등을 사용한다.

몇 년 전부터 생산자들은 제품 포장지에 '유기질 비료 사용'이라는 표시를 넣어 화학 비료로 재배한 차와 차별화 전략을 쓰고 있다. 유기질 비료로 재배한 차나무가 화학 비료 재배 차에 비하여 토양교정土壤矯正 효과가 크기 때문에 찻잎이 보다 건강하고 차의 품질 또한 좋다고 할 것이다.

둘째, 차나무도 식물인 이상 병충해가 있기 마련이다. 병충해는 품질을 떨어뜨리고 생산 감소를 초래하게 된다. 일본의 한 연구 기관의 보고에 의하면 무농약으로 재배할 경우 평균 20~30% 정도 수확이 감소한다고 한다. 물론 무농약 재배가 이상적이기는 하나 수확을 늘려야 하는 생산자 입장에서는 현실성이 부족하다고 할 것이다.

우리나라에서 발생 빈도가 높은 병해로는 탄저병, 차나무 겹둥 무늬병, 차 떡병, 붉은 잎마름병, 흰별 무늬병 등이 있고, 해충으로는 오누키 애매미충, 차 응애, 동백 가는나방, 차 애모무늬잎말이나방, 애무늬고리장님노린재, 볼록총채벌레 등이 있다. 이들 차나무의 병충해 방제는 천적 등에 의한 생물학적 방제가 가장 바람직하나 실용화까지는 요원한 실정이고, 오직 농약 등에 의한 살균제의 사용만이 방제 수단일 뿐이다.

정부에서는 차로 인한 인체 피해 예방을 위하여 농약 안전 사용 기준과 농약 잔류 허용 기준을 마련하여 농약 잔류와 잔취殘臭 문제의 안전을 도모하고 있으나, 차나무가 깊은 산골짜기나 인적이 드문 곳에 광범위하게 산재되어 있고, 농약 사용이 최적 시간대가 아침과 저녁이라는 특수성으로 인해 지도와 단속에 어려움이 있다. 그뿐만 아니라 차밭에는 이랑에서 자라는 잡초로 차나무의 생육을 저해하는 경우가 허다하다. 차밭에서 자라는 잡초는 다년생이 많고 무성해지면 차나무와의 사이에 영양과 수분의 흡수 경합관계가 형성되기 때문에 인력으로 제초를 하거나 이랑에 검정 필름이나 부직포, 왕겨, 볏짚 등을 피복하여 미리 잡초의 발아 · 생육을 억제시키기도 하지만, 노동력 부족 등으로 발아를 억제시키는 토양처리제土壤處理劑와 생육한 잡초에 살포하는 경엽처리제莖葉處理劑를 사용하기도 하기 때문에 이 또한 잔효성殘效性 · 잔독성殘毒性 등의 약해가 없도록 부단한 관심과 노력을 기울여야 한다.

수입차의 경우 수입선의 대부분이 개발도상국이거나 후진국이어서 위생적인 품질 관리보다는 대량 생산에 치중한다. 따라서 수입 개방이 광범위하게 이루어지고 외국을 드나드는 관광, 출입인구가 늘어나는 추세에서 수입품과 행낭을 통해 들어오는 차의 품질은 여간 걱정스러운 것이 아니다. 차 먹거리에서만이라도 발생하지 않도록 법적인 재정비와 통관 물품의 검사 강화, 시중 유통 차에 대한 불시 품질 검사 등을 일상화하였으면 한다.

또한 수입차가 늘어남에 따라서 몰지각한 악덕 상인들이 값싸고 농약으로 오염된 수입차 원료와 국내차를 혼합한 불량 제품을 국내산 등으로 둔갑하여 유통시키는 불행한 일이 없으리라는 보장도 없지 않은가 하는 걱정이 앞선다.

일부 국가에서는 예방 차원에서 외국 농가의 생산에 직접 참여하는 이른바 이력 추적 가능성traceability, 즉 생산 현장으로부터 식품의 이력을 추적하는 제도를 도입하고 있다.

넷째, 수입차나 행낭차가 과연 이물질adulteration이나 착색coloring 하지 않고 깨끗이 정선된 순수한 차인가 하는 것이다. 제인 패티그루Jane Pettigrew는 『차의 사회사』에서 1725년경의 영국에서는 "많은 양의 자두나무잎, 리커나무잎, 한 번 사용한 찻잎, 기타 다른 나뭇잎, 차와 비슷한 관목류의 나뭇잎, 이러한 나뭇잎을 섞고 착색하고 변형시키는 일 등 녹차에 불순물을 넣기가 쉽다는 것이 차를 마시는 대중에게 알려지자 이제는 많은 사람들이 오직 홍차만 찾게 되었다고 소개하고 있다. 이것이 아마도 영국인의 홍차 선호 경향의 기원이 될 것이다.”라고 말했다. 그리고 로버트 포천Robert Fortune 또한 『차의 나라 중국 여행기A Journey to the Tea Countries of China』에서 “찻잎에 불순물을 섞는 일은 비단 영국뿐만 아니라 다른 나라에서도 행해졌다. 사실상 차에 첨가물을 넣는 것은 중국에서는 오랜 관행이다. 중국인의 방법은 때때로 감청색의 차를 으깨서 고운 가루로 만드는데 여기에 석고를 약간 섞어서 연한 청색으로 만든다. 이 석고 가루는 마지막 덖음 과정roasting의 5분 전에 첨가한다.”라고 하였는가 하면, 리처드 트와이닝Richard Twining은 그의 저서 『차와 창호세에 관한 법률과 차 무역에 관한 고찰Observations on the Tea & Window Act and on the Tea Trade』에서 ‘물푸레나무잎과 혼합하여 가짜 차를 만드는 방법’을 설명하고 있다.

또한 일본에서는 1862년 요코하마에 거주하던 외국 상인들이 중국인들을 상하이에서 불러들여 착색차着色茶를 만들었다고 한다. 이 착색차는 활석분滑石粉, 흑연黑鉛 등을 조합한 것을 차와 함께 가열·교반·마찰하면 찻잎에 윤이 나고 짙은 녹색이 된다는 것이다. 당시 중국과 일본에서 수출되던 차의 대부분이 착색차였다는 사실이 점차 알려짐에 따라 영국으로의 수출이 격감되었고, 미국에서는 1911년 착색차의 수입을 전면 금지한 바도 있다.

이와 같은 몇 가지 사례에서 보는 바와 같이 과학 문명과 인지가 보다 발달한 오늘에는 한층 더 교묘하고 은밀한 방법의 차가 유통될 가능성이 있을 것이라고 예상한다면 과연 지나친 기우일까 먹거리는 우리의 생명을 담보로 하는 것이다. 과학적인 배경과 위생적인 검증이 보장된 먹거리 문화의 기틀이 굳게 다져지기를 바라는 마음이다. 다시 말하거니와 현대적 의미에서의 좋은 차는 작위적作爲的 오염이 없는 것이 전제가 되는 차로서 색, 향, 미의 이른바 삼절三絶을 겸비한 것이라야 할 것이다.

당나라의 시인 피일휴皮日休는 차사茶舍에 "청향만산월淸香滿山月"이라는 글귀를 써 두었다. "차의 맑고 향기로움이 산에 걸린 달에 다다를 만큼 널리 퍼져 자욱하구나"라는 말로 차 세계의 신묘함을 표현한 바 있다.

우리 곁에 언재나 그와 같은 순정한 차가 채워져 있기를 바라는 마음이다.

말차의 눈물

차를 즐겨 마시는 사람 중에서 말차를 마셔 본 적이 있는 사람은 얼마나 될까. 평소에 차를 가까이 하면서도 좀처럼 접할 기회가 흔치를 않기 때문에 많지 않을 성 싶다.

우리는 말차를 순수 우리말로 가루차라고 부르는데 한자로는 末茶, 抹茶 등으로 쓰이고 있는데다 말차沫茶라는 어휘가 또 있어서 혼란스러울 때가 있다.

동국대 동양학연구소 발행 『한한대사전漢韓大辭典』과 모로하시諸橋轍次가 편술한 『대한화사전大漢和辭典』에서 末은 끝이나 다함을 뜻하면서도 가루, 분말, 갈아서 가루로 만든다는 뜻을 가진 글이라 하였다.

당 나라 육우陸羽의 다서 『다경茶經』 차 마시기에서 보면 "마실 거리로는 추차, 산차, 말차, 병차가 있다飮有觕茶 散茶 末茶 餠茶者"라고 하였는데 여기서 말차는 가루 末자를 사용하였고 중국경공업출판사에서 펴낸 『중국차엽대사전中國茶葉大辭典』에서도 가루차를 末자로 쓰고 있다. 즉 가루로 만든 차를 의미하며 주로 중화권에서 많이 사용하고 있다.

末은 차의 입자粒子를 보고 지어진 말인데 대하여 抹은 손 수변에 가루 말자와 결합된 글에서도 알 수 있듯이 사람 손으로 맷돌에 갈아서 만든 가루차라는 의미로 모양새와 만들어지는 과정을 동시에 나타낸 회의문자로 우리나라와 일본에서는 대부분 이 말자를 사용하고 있다.

이 밖에도 말沫이라는 글이 자주 나오는데 이 말은 물방울, 물이 끓을 때 생기는 거품을 말 한다.

『다경』차 달이기에서 보면 "탕의 기세가 커져서 물방울이 쏟아져 흐를 듯이 흐트러지면勢若奔 濤濺沫"에서의 말과 "꽃이 엷은 것을 거품이라 한다華之薄者曰沫"라 하여 물방울인 수적水滴이나 거품인 기포氣泡를 모두 아울러 沫이라하였다. 때문에 末과 抹이 차 가루를 말하는 데 대하여 沫은 찻물이 끓어오르는 과정에서 일어나는 물방울과 거품을 뜻한다.

영미권에서는 말차를 티끌과 같다하여 Dust Tea라 하기도하고 일부는 말차 문화가 활발한 일본식 음을 따서 맛차matcha 라기도 한다. 켐펠D. L. Campbell은 『차 책The Tea Book』에서 가루, 분쇄의 뜻인Pulverized Tea라고 하였으나 통상적으로 가루, 분말의 일상어인 powdered Tea라 부르고 있다. 유커스W. H. Ukers와 제인 페티그루 Jane Pettigrew 역시 각각 『차의 모든 것All about Tea』과 『차의 사회사A Social History of Tea』에서 그와 같이 쓰고 있다.

차 문화의 발원지를 통상 중국이라고 말한다. 중국의 초기 차 문화를 집대성한 『다경』이 나오기 전 후의 차 문화를 가늠하게 하는 수

많은 사료 가운데 그 대표적인 것 몇 가지를 추려 보면서 차 문화 개화기를 견인해 온 말차 문화의 명암을 들추어 본다

신농神農이 물을 끓이고 있을 때 바람에 날려 그릇에 떨어진 찻잎에서 우러나온 물을 마시고나서 차의 신묘함을 알게 되었다고 하였다. 이때가 차를 마시게 된 시초라고는 하지만 어디까지나 신화에 지나지 않고 사실을 인정할 단서가 되는 것은 전한前漢 말기인 기원전 59년 문인 왕포王褒의 일종의 노예매매계약서인 「동약僮約」에 "차 도구를 갖추어 차를 다린다烹茶盡具" "무양에서 차를 사다武陽買茶"에서이다. 무양은 지금의 쓰촨성四川省 지방으로 그 시기에 이미 차 마시는 풍습이 있었고 차가 상품으로서 유통되고 있었다는 것을 입증하는 첫 기록이다.

또한 후한 말后漢末의 전설적 명의名醫이자 세계 최초의 외과의로서 도교의학의 기본인 양생술養生術의 창안자인 무의巫醫 화타華佗 145~208년는 『식론食論』에서 "차를 오래토록 마시면 사색에 유익하다苦茶久食 益意思"라고 하였는데 화타는 삼국시대 위왕魏王 조조曹操 155~220년 와 같은 패국沛國 초현譙縣 출신으로 화타의 이름이 널리 알려지자 조조가 시의侍醫로 삼았는데 정작 화타 자신은 불만이었다. 사대부 정도의 대우를 바랐는데 천하의 화타가 평범한 시의 대우에 그쳤기 때문이다. 화타는 어느 날 부인이 병환으로 고생하고 있다는 핑계를 대고 조조 곁을 떠났는데 날이 지나도 돌아오지를 않자 사람

을 보내어 알아본즉 거짓말이었음이 밝혀지자 감옥에 가두어 넣고 처형만을 기다리고 있던 중 화타는 어느 날 간수에게 책 한권을 보이면서 잘 보관해 달라고 하였으나 간수는 후환이 두려워 보관을 꺼리자 "이 한 권이면 많은 사람을 구할 수가 있는데"라고 탄식하면서 그가 그토록 아끼던 단 한 권의 의서를 불태워 버렸다고 한다. 그로 인하여 그의 의술은 후대에 전해지지 못하였다.

조조가 지극히 아끼던 서자 조충曹沖이 병으로 눕게 되었을 때나 자신의 지병인 두통과 현기증이 날 때 마다 화타의 죽음을 후회하였다고 한다. 그 책이 전수되었다면 차의 의약적 역할이 전해 내려 올 수도 있었을 것이다.

『삼국지三國志』오지 위요전吳志, 韋曜傳에서 오나라吳 222~280 손호孫皓가 위요韋曜에게 내렸다는 이주대차以酒代茶 이야기와 동진東晉 초기 재상의 막료와 비서장 등을 역임한 왕호王濠 ?~347가 차를 너무 좋아한 나머지 용무가 있어서 그를 찾아 가면 으레 차로 배를 채워 보냈다하여 사람들은 그를 만나면 수액水厄을 입는다하였다는데 이 수액이라는 말이 왕호의 별명이 되었다는 이야기, 남북조시대 두 번째 왕조인 남제南齊의 비서승인 왕숙王肅 464~501년 역시 엄청난 양의 차를 마신 것으로 유명하다.

또한 당 중기에 일어났던 안사의 난安史의 亂, 755~763 때 소수의 병력으로 10만이 넘는 반란군에게 포위된 체 수양성河南省 睢陽城을 사수하던 장순張巡, 허원許遠이 성 안에 식량이 떨어지자 병사들에게 곡

물에 차와 종이, 나무껍질을 섞어 먹이기도하고 그마져 떨어져 병사들이 굶어 죽게 되자 애첩과 종복들을 차례로 죽여 먹였다는 일화에서와 공차貢茶가 대대적으로 행해지고, 안사의 난을 겪은 후에 극도로 궁핍해진 나라 재정을 충당하기 위해서 차가 쌀이나 소금과 같이 상품 대금의 10분의 1에 해당하는 세금을 내는 차세제도茶稅制度가 시행되었는데 이때가 건중 원년建中元年, 780의 일이다. 그러나 실제로 시행되기는 정원 9년貞元 9년, 793에 와서야 비로소 독립적인 형태가 되었고 태화9년太和, 835에는 차 전매제도專賣制度가 시행되는 등 차가 차지하는 사회 경제적, 정치적 위치는 확고했다는 것을 입증하는 예이다.

이상의 여러 사실로 보아 당대 말기에는 음차가 광범하게 보급되어 있었다는 것을 알 수 있는데 그렇다면 어떻게 차를 만들어 마셨을까

차가 약용으로 사용되던 고대에는 우리가 야채를 생식하는 것처럼 찻잎을 생잎으로 씹어 먹었을 것으로 생각된다. 그로부터 불의 문화가 일반화되면서 찻잎을 불에 가볍게 쬐었다 먹었을 것이다. 이런 경우는 지금도 중국 윈난성雲南省이나 동남아 등의 오지에 사는 소수민족의 생활 속에서 볼 수 있다.

그 후 약용과 마실 거리로 병용되면서 비상약으로서 뿐만이 아니라 일상의 마실 거리가 되기도 하고 동시에 생활권이 넓어지면서 장기 보관과 휴대가 편이하도록 고형차가 고안되었을 것이다.

육우가 『다경』에서 말한 추차의 추觕는 조粗자와 같은 의미의 글로 대략적으로, 간략하게 만든 차라는 뜻인데 일본의 중국차연구가 누노메 죠후布目潮渢는 『다경상해茶經詳解』에서 추차를 "찻잎을 따지 않고 가지를 꺾어 그대로 불에 쬔 다음 잎을 탕에 넣어 끓여 마시는 원시적인 차의 형태"일 것이라고 말한다. 산차는 잎차를, 말차는 분말차가루차, 병차는 속되게 떡차라고도 하는 고형차로서 말차의 재료가 됨으로 가루차와 같고 추차와 산차는 잎차와 같으므로 크게 나누어 산차와 병차로 대별 할 수도 있다. 송 대의 『송사宋史』「식화지食貨志」에 차를 고형차인 편차片茶와 산차로 크게 두 가지로 나누어 보았다는 견해와도 맥락을 같이한다고 본다.

고형차는 떼어서 분말로 갈아 마셨는데 서진 말西晉末 300년경의 문인 두육杜育의 「천부荈賦」에서 볼 수 있고沫沈華浮 『동군록桐君錄』에서는 가루로 만들어 차를 마신다取爲屑茶飮라 하였다.

『다경』에서 차 만들기를 보면 "맑게 갠 날에 찻잎을 따서 시루에 찐 후 절구통에 찧고晴, 採之, 蒸之, 擣之 틀에 넣어 손으로 쳐서 모양을 만들고 말린 다음 차 덩어리를 꿰어 잘 봉해拍之, 焙之, 穿之, 封之 차를 건조 보관 한다茶之乾矣"하였다. 이를 차의 연모에 비추어 보면, 찻잎을 종다래끼簞 속에 넣고 시루甑에 담아 푹 익힌 다음 꺼내어 절굿공이杵와 절구臼로 찧어 내어 여러 모양의 틀에 박아 모양이 만들어 지면 송곳칼錐刀로 완성된 차 한 복판에 구멍을 뚫은 다음에 대꼬챙이竹串에 꿰어 불에 말려 건조하고 대나무 또는 닥나무로 만든 줄에 일정한 수량을 매여 저장 건조 기구인 육育에서 저장하고 습기를 예방한다고 한 것이나 차 마시기에서 차 마시는 풍습은 당나라에서 성행하여 집집마다 차 마시기를 한다고 한 것으로 보아 이때 이미 일상의 생활에 밀착되었음을 알 수 있다.

특히 이상에서 보는 네 가지의 차 가운데 말차는 공차로 조정에 바쳐졌고 따라서 상류계층에서 가장 선호하는 차로 각광받게 되었으나 이 무렵의 고형차餅茶는 점차 정교하고 고급화된 연고차研膏茶로 바뀌면서 백성들의 원성은 날로 더 해 갔다. 심지어는 용봉차龍鳳茶에서 신용원승설新龍園勝雪에 이르기 까지 수많은 고급차는 차강茶綱에 의해서 황실로 운반되었는데 차가 지나가는 길목에는 백성들이 얼씬거리지 못하였다는 이야기만으로도 공차제도가 주는 폐해는 이루 말 할 수 없었다.

"망망한 바다와 같은 세상, 가슴 맺힌 울분을 뉘에게 하소연 할꼬 茫茫滄海間 丹憤何由申" 라고 개탄한 원고袁高의 「다산가茶山歌」는 그 무렵의 시대상을 보는 듯하다.

이렇게 하여 흥성했던 고형차餅茶는 당과 송, 원을 거쳐 왔으나 명나라1368~1644 대에 와서는 점차 잎차를 우려 마시는 전차煎茶시대로 바뀐다.

그 결정적인 원인에 대하여 동군東君은 『차에서 다도로茶から茶道

∧』에서 중국과 일본 학계의 두 가지 대표적 견해를 소개하고 있는데, 먼저 중국 측의 견해를 보면 첫째 명대 이전의 쪄서蒸 만드는 방법으로는 차 본래의 향이 나지 않는다. 볶아서炒 만들므로서 향을 살리고 제다 비용도 낮아진다. 둘째는 볶음 방식의 차는 중국 차 문화 발전의 커다란 전기가 되었다. 이 제다 기술의 진보로 차의 품종이 늘어나고 기술개발에도 길이 열렸다 하였다.

이에 대하여 일본에서는 첫째 명나라 이전, 지배 세력인 몽고족의 야만적 지배로 송나라 문화가 혹독하게 유린되고 풍습마저 철저하게 자취를 감추고 말았다. 따라서 말차도 사라진 것이다. 둘째 송나라 휘종徽宗황제로 대표되는 전 시대의 예술적 세련미가 사치스러운 것으로 평가 절하되었다. 셋째 이러한 분위기 속에서 명나라 황실 진공차進貢茶는 송나라 때 건안建安 지방에서 만들어 진 용단봉병龍團鳳餠계통의 고형차였으나 태조 주원장朱元璋이 홍무洪武 24년인 1391년 9월 16일에 "단차를 만드는 것을 금하고 산차를 만들도록 하라罷造龍團, 惟採茶芽以進"는 조서詔書를 내림으로서 진공품인 말차는 폐지되고 산차인 잎차가 그 자리를 대신하게 된 것이라고 말한다.

이는 주원장이 고형차로 인한 백성들의 피폐를 덜기 위해서 이기도 하지만 실은 안후이성 산차 주산지이자 빈농 출신으로 고형차에 익숙하지 않을 뿐 아니라 번거로운 음차의 형식이 싫어서 취해진 조치라기도 하고, 고형차 제다 과정에서 향료를 첨가하는 것이 싫어서

잎차를 선호했다고 주장하는 사람들도 없지 않다. 어쨌든 이렇게 하여 고형차를 원료로 하는 말차의 시대는 중국의 차문화사에서 지워지고 역사에서 밀려나게 되었다는 견해이다. 이를 두고 작가 진순신陳舜臣은『차사편로茶事遍路』에서 '말차의 소멸'이라고 말한다.

광주 혜명전통다례교육원 장문자 원장이 몇 해 전2012년 저장성浙江省 항저우와 가까운 린안臨安을 방문하여 말차 시연을 할 기회가 있었는데 관객 너나없이 처음 보는 다법에 신기해했다는 이야기를 들은 적이 있다.

그러나 명나라에 의해서 말차가 쇠퇴하기 이전까지의 시기는 세계 차 문화사상 유례없는 황금기라 할 수 있는 소중한 시기였다.

다성 육우는『다경』을 통하여 차 문화를 집대성하였고 장우신張又新의『전차수기煎茶水記』, 소이蘇廙의『십육탕품十六湯品』, 모문석毛文錫의『다보茶譜』, 채양蔡襄의『다록茶錄』, 온정규溫庭筠의『채다록採茶錄』, 휘종徽宗의『대관다론大觀茶論』, 웅번熊蕃의『선화북원공차록宣和北苑貢茶錄』, 조여려趙汝礪의『북원별록北苑別錄』등을 비롯하여 헤아릴 수 없이 많은 잡서雜書들은 모두 그 연간에 태어난 것들이다.

두육杜育과 이백李白, 두보杜甫 그리고 백거이白居易, 피일휴皮日休와 교연皎然, 안진경顔眞卿과 구양수歐陽修, 소식蘇軾, 육유陸游 등 세계 차문화사에 길이 빛나는 업적을 남긴 문인 또한 동시대 인물들이다.

차를 신묘한 철학적 경지와 낭만의 세계로 인도한 노동蘆仝 불후의 시, 속칭 「칠완다가七椀茶歌」도 이 시대에 태어난 명작이 아닌가.

말차문화의 그림자마저 찾아보기 힘든 우리와 중국의 현실과는 달리 일본은 가마쿠라시대鎌倉時代 에이사이榮西 1141~1215 선승이 송나라에 다녀와 전파한 말차의 음차법을 일본화하여 개량한 다법이 오늘날 일본 다도의 주류를 이루고 있으나 그마저 1980년대 후반부터서는 새로운 시류에 밀려 차 문화가 재편되고 있는 추세에 있다.

바쁜 생활을 하는 현대인은 철저하게 편이성에 의존하게 되고 경제적 효율을 지향하는 현실 속에서 고도의 정신문화를 수용할 능력마저 잃고 있는 것이다.

따라서 사회적, 문화적 환경이 바뀌고, 식생활 패턴의 변화와 간편화, 다양한 경합음료의 경쟁 속에서 선禪과 유선遊仙문화의 버팀목이 되어온 본래의 모습을 잊은 채 우리에게 영양을 공급하는 에너지로, 경제력을 지원하는 비즈Biz 문화로 현실에 영합하면서 부침浮沈을 거듭하고 있다.

머지않은 장래에 말차의 순수성은 찾아보기 힘들어 질지도 모르겠다.

이처럼 말차를 차 문화의 꽃으로 찬미하는 일본마저 이제는 차실을 떠나 식품 가공용 등으로 변신을 하고 있는 것이다. 다도의 용도 만으로 쓰이는 것이 아니라 과자류, 면류와 드링크류, 화장품 등의 식품 첨가물과 의약용 등으로 외연外延을 넓혀 가고 있다.

찻잎은 기능성을 지닌 식재食材가 되고 마시는 차에서 먹는 차로 변신하고 있는 것이다.

일본 말차에 대한 정확한 통계는 없으나 일본 농림수산성에 의하면 말차의 원료가 되는 연차碾茶의 생산량은 1980년 연간 400톤 내외이던 것이 그 후 급속하게 늘어나 2006년에는 1,650톤, 2011년에는 3,000~4,500톤으로 급신장하였고 그 중에서 약 90%인 3,600톤 내외가 가공용으로 쓰이는 것으로 추계되고 있는 실정이다. 이에 더하여 말차 제조 기술은 나노nanotechnology 기술의 혁신으로 입경粒徑 즉 말차 알粒의 크기도 극세화極細化되고 이화학적인 연구가 가속화하면서 소비성향은 날로 다양화되어가고 있다.

말차문화는 편이성과 참살이well-being 바람에 밀려 차실에서 점차 멀어져 가고 있다.

루저loser의 눈물인가.

카페인의 비밀을 엿보다

사람은 굶어도 1~2주는 살 수 있지만 물을 마시지 않으면 2~3일 버터 내기 어렵다고 한다. 인체에서 수분은 공기, 즉 호흡 다음으로 중요하다. 그렇기 때문에 우리의 조상들은 신선한 물을 찾아 하천이나 호수 또는 우물가에서 살아온 것이다. 그러나 인지가 발달하면서 인류는 물이 아닌 마실 거리를 손으로 직접 만들어 냄으로써 세균에 오염된 위험한 물을 대신할 수 있게 되고, 생의 가치를 높여 주는 문화 · 예술적 낭만과 종교 행사의 필수품으로 이용되어 왔다.

탄생과 승리, 영광과 흥분, 경이와 환희의 매개자로, 때로는 고뇌와 절망, 비탄과 패배, 죽음을 애도하는 슬픔의 화신으로 변신을 거듭하면서 수많은 마실거리가 태어났다.

그러나 이들 수 많은 마실거리 대부분은 생겨났다가 곧 사라지는 수명이 짧은 마실거리였음에도 이와는 달리 유독 생명력이 질긴 마실거리가 있다.

톰 스탠데이지Tom Standage는 『여섯 가지 음료의 세계사A History of World in 6 glasses』에서 수명이 길고 세계사를 바꾼 마실거리 여섯 가지를 말한다. 맥주, 와인, 증류주와 차, 커피, 콜라 이 여섯 가지의 마실거리인데 이 마실거리는 두 가지의 공통된 유형으로 나누어 볼 수 있다. 맥주, 와인, 증류주는 알코올 음료이고 차, 커피, 콜라는 카페인 음료라는 점이다.

버넷 와인버그Bennett Alan Weinberg와 보니 빌러Bonnie K. Bealer는 저서 『카페인의 세계The World of Caffeine』에서, "이상의 세 가지 카페인 음료는 알코올 음료를 훨씬 능가하는 대중적이고 보편화된 음료로서 습관성이 있는 정신 활성 물질 가운데 유일하게 많은 사람들의 반대와 저항을 이겨 내고 세계 어디서나 규제받지 않고 자유로이 손에 넣을 수 있다."라고 말한다. 다시 말하면 카페인 음료가 알코올 음료에 비해 세계인이 즐기는 훨씬 보편화된 음료라는 것이다.

세 가지의 카페인 음료는 각각 맛과 향은 다르지만 어느 것이나 카페인을 함유하는 공통점을 가진 점으로 미루어보아 마실거리로서의 매력이 카페인에 있다는 것을 알 수 있다.

카페인의 화학적 역사는 1819년 룽게가 커피에서 처음으로 카페인 성분을 분리한 데 이어 8년 후인 1827년 우드리라는 과학자가 차에서 카페인 성분을 분리하고 그 화학 물질을 '테인thein'이라고 명명하였다. 정작 본인은 카페인과는 별개의 화학 성분인 것으로 알고 있었으나 훗날 조바Jobat가 카페인과 같은 성분이라는 것을 밝혀 낸 데에서 시작한다.

카페인은 물에 잘 용해되고 체내 흡수가 빨라 차를 마시면 바로 몸에 골고루 투과되는 특성으로 혈액, 침 심지어는 모유나 정액에 이르기까지 거의 같은 농도로 고루 퍼진다. 이와 같이 체내에 침투한 카페인은 최종적으로 인체의 혈액 청정 기능을 하는 간장을 거쳐 뇨에 섞여 배출된다.

카페인을 장려하거나 반대하는 사람 모두가 카페인이 기분을 맑게 하고 잠을 쫓고 활력을 증대하기도 하며 사고 능력을 높인다는 데에 동의한다. 그렇다면 도대체 카페인이 우리 체내에서 작용하는 구조는 어떤 것일까. 물론 아직까지 그 작용에 대하여 모두 밝혀진 것은 아니지만 최소한 심장 혈관계, 호흡기계, 신장, 중추 및 말초 신경계 등에 걸쳐 많은 작용을 하고 있을 것이라는 것이다.

차의 카페인 함량은 잎이나 싹에 약 3.5% 정도이고, 커피의 열매 Caffea arabica에는 1~2.2%, 콜라Cola nitida 열매에 1.5% 내외이다. 다만 1컵의 차를 우리는 경우 커피와 비교해 보면 카페인의 양은 커피보다 적다. 5분간 우린 홍차 1컵에는 약 40~100mg의 카페인이 함유되고, 3분 우리면 그 반 정도인 50mg 내외의 양이 된다. 녹차에는 홍차보다 함량이 낮고, 티백에는 홍차보다 많이 함유되어 있다. 이에 반해서 커피는 평균적으로 1컵에 100mg의 카페인이 함유되는 것으로 보고 있다. 이상의 함량은 종류와 우리는 방법, 사용량에 따라서 변수가 될 수 있음은 물론이다.

차는 커피에 비해서 일찍 유럽으로 전해졌으나 17세기 당시에는 차의 가격이 워낙 비싸 그 영향력은 커피에 미치지 못했다. 그럼에도 신비스럽고 사치스럽기까지 했던 차는 급속도로 확산되어 갔다. 그리하여 커피는 차에게 왕좌를 물려주게 되었으나 대신 세계 최대의 환금 작물이 되었다. 차가 커피의 위세를 꺾고 역전한 것이다.

기원전 2700여 년경 신농씨의 전설로부터 출발한 차는 일찍이 아시아 지역을 섭렵하고 드디어 1610년대에는 포르투갈과 네덜란드의 무역상이 중국 광둥의 마카오와 인도네시아 자바의 밴텀에서 차를 수입했다. 1630년대에 네덜란드 인에 의해서 미지의 땅 프랑스로, 1651년에는 차를 세계화하는데 결정적인 역할을 했던 영국으로 전해졌다.

아시아 지역과는 달리 유럽 지역으로 차가 전파되는 초기에 의약용 음료로서 또는 건강 음료로서의 효능을 두고 맹렬한 논쟁에 휩싸이기도 했다.

차에 독성이 있어 "40세 이상의 사람이 마시면 죽음을 앞당긴다."라고 한 독일인 의사 사이몬 파울리Simon Pauli의 주장이 있었는가 하면, 네덜란드 인 의사 니콜라스 더크스Nikolas Dirx는 "차는 만병통치약panacea"이라면서 "이 식물에 비견할 만한 것이 없다. 그러므로 이를 마시면 여러 가지 병을 이겨내고 상당히 고령이 되기까지 살 수 있다."라고 하였고, 네덜란드 인 의사 콜네리스 덱커Cornelis Decker는 "위장이 허락하는 한 많이 마시는 것이 좋다. 환자는 1일 50잔으로부터 200잔까지 마셔도 된다."라고 하였다.

본테쿠의 그런 주장이 있은 후 차의 소비가 엄청나게 늘어나자 네덜란드 동인도 회사는 그에게 명예의 상을 주었다고 한다. 차의 찬양론은 영국의 비평가이자 역사학자인 아이작 디즈레일리Isac Disraeli의 다음과 같은 말로 요약할 수 있다. "이 이름난 식물의 걸어온 길은 진실의 길과 대단히 닮았다. 최초에는 사람들로부터 의심스러운 눈으로 비쳐졌었다. 맛보기 좋아하는 용기 있는 자만이 그 참맛을 알고 있었다. 그 후 저항에 부딪히면서도 서서히 사회에 침투하여, 욕먹어 가면서도 인기를 높여 갔다. 마침내 대승리를 거두어 궁전에서부터 시골집에까지 전 국민을 즐겁게 하기에 이르렀다. 오로지 천천히 거역할 수 없는 시대 흐름과 그 식물만이 가진 가치 때문이었다."라고 말하였다.

그러면 식물에 있어서 카페인은 무엇 때문에 존재하는 것일까? 식물은 카페인을 생성하여 자기에게 해로운 세균이나 균류를 죽이기도 하고 해충을 불임시켜 자기 보존을 한다. 천연의 화학적 방어 수단이 되는 것이다. 그뿐만 아니라 주위의 흙에 침투되어 잡초의 생장을 억제하기도 한다. 실로 경이적이다.

여러 가지 사회적 저항과 문화적 갈등과 시련을 이겨 내고 카페인 음료인 차는 성장을 거듭하면서 우리의 생활에서 뗄 수 없는 필수적인 마실 거리로 정착하게 되었다.

몇 가지 예를 들어 보자. 18세기 말 산업혁명의 영향으로 차는 급속도로 보급되기 시작하면서 공장주들은 종업원들에게 오전, 오후, 그리고 중간 시간대에 티 브레이크tea break를 인정하게 되었다. 알코올 음료를 마시면 집중력이 떨어져서 능률이 저하되고 동시에 산업 재해로 인한 손실이 발생하므로 이를 방지하기 위하여 차를 마시게 한 것이다.

한편 국민 건강 차원에서도 엄청난 기여를 하였다. 차에 함유된 항균성분인 페놀로 인하여 물을 매개로 하는 병의 만연을 방지하기도 하고, 어머니가 차를 마시는 것만으로도 모유 중의 향균 성분이 카페인의 도움을 받아 급속도로 고르게 옮기기 때문에 유아 사망률이 감소하는가 하면, 차에 대한 인기가 높아지면서 도자기 산업과 그 연관 산업이 일어나는 등 사회·문화·산업 모든 분야에 걸쳐 놀라운 변화가 일어나기 시작하였다.

"차의 고마움이여! 만약에 차가 없다면, 세계는 도대체 어떻게 될까? 멸망하지나 않을 것인가?" 영국 작가 시드니 스미스Sydney Smith의 말이다. 차가 우리 인류 문화에 극명하게 밀착되었음을 거리낌 없이 나타낸 말이 아닌가.

세계인이 가장 즐겨 마시는 음료, 맛과 향은 비록 다르지만 어느 것이나 카페인을 함유함으로써 공통 성분인 카페인은 인간으로부터 사랑받는 매혹의 물질이라는 것을 입증한다.

따라서 수천 년의 인류 역사를 통하여 이 매력적인 침출액, 세련된 자극제는 꾸준히 사회 관습과 문화·예술 등 여러 분야에 걸쳐 가장 인기 있는 마실 거리의 주역으로 자리하고 있다.

생명의 액체인 '차'는 카페인으로 인하여 비로소 완성된 것이다.

차문화는 종합 문화이다

　차를 즐기는 인구가 날로 늘어나는 추세에 있다. 몇 해 전까지만 해도 찾아보기 힘들었던 전통찻집이 이제는 마을 어귀나 도심, 한적한 교외 등 우리의 근린 생활권이나 1일 레저권에서도 어렵사리 접할 수 있게 되었을 뿐 아니라 많은 가정에까지 일상화되어 가는 추세이다.

　음다 인구의 증가는 해방 이후 서구 문화의 유입에 편승하여 음료 문화의 상당한 위치를 잠식해 왔던 커피에서 다시 우리의 전승 음료로 회귀하는 일종의 '르네상스'가 일고 있다. 결코 외래 음료를 배척하려는 의도에서가 아니다. 음료 문화는 세계인 공유의 문화이기 때문이다.

　다성茶聖으로 추앙받고 있는 육우는 그의 저서 『다경茶經』「육지음六之飮」에서, "(사람은) 만약에 목이 마르면 미음이나 숭늉을, 우울함과 분노를 가라앉히려면 술을, 정신의 혼매함을 깨우치려면 차를 마신다至若救渴 飮之以漿 蠲憂忿 飮之以酒 蕩昏寐 飮之以茶"라고 하여 세 가지의 마실 거리를 말한 바 있다. 그중에서도 차는 커피와 함께 우리 인간에게 가장 많은 영향을 끼친 마실거리이다. 아열대의 야생에서 자란 차나무 잎은 염제 신농씨 이후의 약식동원藥食同源 사상과 맥을 같이하는 치유 식품으로 인식되어 오면서, 역사의 흐름과 함께 인간과의 관계가 꾸준히 깊어져 왔다.

　한편 차에는 카테킨류와 카페인, 플라보놀, 항산화성 비타민, 항당

뇨성 헤트로다당, 아미노산, 사포닌, 미네랄 등 다양하고 많은 생리 기능성 성분이 함유되어 있어서 식품의 1차기능인 영양 기능과 2차기능인 감각기능을 넘어 질병의 예방과 회복, 노화 억제 등 체조절기능인 3차기능까지 있다는 것이 밝혀지면서 다른 마실거리와는 한 차원 다른 식품으로 인식이 바뀌었다. 특히 우리의 오랜 문화적 배경과 테라피 therapy 산업의 보급 등으로 음다 인구가 놀라운 기세로 늘어나고 있다.

현대 문명은 빈곤과 포식의 시대를 동시에 맞고 있다. 빈곤층에게는 설탕이나 육류가 구제의 수단일 수 있으나, 포식층에서는 과식과 거식拒食이 큰 사회 문제가 되고 있다.

앞으로 차문화의 발전은 빈곤과 포식을 같이 아우르면서 인류 건강에 크게 기여하게 될 것으로 기대된다.

그러나 그토록 훌륭한 차의 실체는 과연 어떻게 이해되고 있는 것일까. 차문화가 어떤 방향에서 어느 정도로 투사되고 있는 것일까.

안타깝게도 차문화를 이해하려 하는 많은 사람들이 차의 약리 효능과 예禮와 종교적인 선禪의 관계로서만 이해하려 드는 경향이 있는데 이는 자못 안타까운 일이다. 왜냐하면 차문화의 어느 편린片鱗을 전체로 인식하기 때문이다.

차는 인간과의 상관 관계에서 형성되는 단순 문화의 영역을 넘어

복합적인 종합 문화인 것이다. 이를 차문화의 주요 요소별로 살펴보면 다음과 같다.

1. 차의 역사학 : 차의 기원 / 차와 신화 / 민속과 전통 / 차와 고전 / 차의 전파 / 차의 교류 / 차의 문화사 / 차에 얽힌 역사적 사건

2. 차나무의 식물학 : 식물학적 분류 / 식물학적 특성 / 유전 형질 / 종내 변이와 유연관계 / 차나무의 재배 / 생육 환경 / 육종(育種) / 갱신(更新) / 토양 관리 / 비배 관리 / 기상 재해 / 병충해

3. 차의 과학(의약학) : 차의 성분 / 차의 생화학 / 차의 약 · 의학 / 치유 식품 (Healing Food) / 대체의학과 테라피 / 찻물의 과학

4. 차의 가공 · 식품학 : 발효 / 차종별 최적의 가공 / 제품의 품질 식별 및 관리 / 포장과 보장 / 다과 / 음식 문화 발달사

5. 차와 공예학 : 도예 / 금속 공예 / 목 · 죽공예 / 다기 · 다구의 변천사 / 차종별 다기의 특성 / 다기와 예술 / 다기의 미학 / 차의 공예 문화와 인류 문화

6. 차와 종교 : 차와 선사상(禪思想) / 차와 종교 / 차의 정신 / 차의 철학 / 차의 윤리

7. 차와 건축, 조경학 : 다실 구조의 변천 / 다실 인테리어 / 시대별 · 국가별 다실 공간 구조의 특성 / 다실 정원의 축조와 사상 / 음양오행(陰陽五行)

8. 차의 예절학 : 예사상(禮思想) / 의식 차와 생활 차 예절 / 전통 예절과 현대 차 생활 / 차 생활과 복식(服飾) / 다회 (茶會) 운용과 행동거지 / 외국차 예절의 이해

9. 차와 문예 : 한국과 외국의 차시(茶詩) / 차와 문학 / 차와 서예, 미술, 음악, 꽃꽂이 / 비교 문화로서의 차문화

10. 제품의 상품학 : 지역별 · 품종별 제품의 특화 / 광고 / 포장 디자인 / 소비 유통 (생산과 수요) / 수출입 등

이와 같은 요소들의 합성으로 된 무한의 세계를 보면서, 과연 우리는 지금 어떤 마음가짐과 수준에서 차문화를 접하고 있는 것인지, 차문화를 배우는 방법론상의 문제는 없는지, 차 세계의 어느 한 모서리에서 편협하고 방만하게 안주하고 있지나 않은지 자성해 볼 일이다.

예나 선이, 행다 기법이 차문화의 전부인 양 생각하는 것은 문화 인식에 대한 착각이 아닐까.

몇 해 전에 차에 조예가 깊은 고향 후배를 만났는데 그 자리에서 다도사전을 한 권 펴내고 싶다는 이야기를 하기에 극력 만류하면서 차문화는 종합 문화이기 때문에 각계각층의 전문가들이 분야별로 서로 참여해서 엮어야 한다고 조언한 적이 있다.

일본 도쿄 대학 구와다 다다지카桑田忠親 교수가 편술한『다도사전』은 29명의 저명 학자들이 참여하였고,『중국차엽대사전中國茶葉大辭典』은 천쭝마오陳宗懋가 편집을 주관하고 관계 인사 200여 명의 참여로 이루어진 것이다.

차문화는 오직 종합 문화의 토대 위에서만이 문화적 가치가 형성되는 것이라는 점을 알아야 한다.

차의 세계는 정신세계와 물질세계가 조화를 이루고, 전승 문화를 소중히 보전하면서 현대 과학에 적극적으로 접근하여야 하며, 이질적인 동서양의 차문화를 조화하고 순화하면서 사회과학과 자연과학이 상호 의존적으로 연구 발전되어야 할 소우주이다.

차, 질대신이 아니다

  우리 몸의 전신 또는 어느 부분에 장애가 생긴 현상을 병이라고 한다. 이 병을 신체적인 병과 정신적인 병의 두 가지로 크게 나누어 말한다. 한데 차를 즐기는 일부 사람들은 한결같이 차가 마치 신체와 정신적인 질환 모두를 다스리는 만병통치약panacea인 양 추켜세운다. 가히 맹목적이다. 갈등은 여기서부터 시작이다.

  『다부茶賦』를 노래한 이목李穆,『동다송東茶頌』의 초의선사草衣禪師,『다경茶經』의 육우陸羽,『다보茶譜』의 모문석毛文錫,『다록茶錄』의 채양蔡襄,『대관다론大觀茶論』의 휘종 황제徽宗皇帝,『다소茶疏』의 허차서許次紓,『끽다양생기喫茶養生記』의 영서선사榮西禪師 등 많은 이들이 입이 닳도록 차의 공덕을 찬양하였다.

  차에 대한 찬미론은 서양에서도 매양 마찬가지이다. 1904년 조너선 허친슨 경Sir Jonathan Hutchinson은 차를 "신경의 영양nerve nutrient"이라고 하였는가 하면, 1905년 조지 시라디George F. Shrady 박사는 "기계 시대의 정신안정제machine-age tranquillizer", 심지어 1908년 에든버러 왕립협회 살리비C. W. Saleeby 박사는 차를 "선한 사마리아 인good Samaritan"이라고 하였다. 니콜라스 브래디Nicholas Brady는 그의 시 「티 테이블」에서 차를 식물의 여왕이라면서 "그대의 미묘한 힘을 어찌 다 말할 수 있으리오How Shall we speak thy complicated Pow'rs?"라고 찬미하였다.

신비로운 선약으로 인식되면서 그 밖에도 수없이 많은 사람들이 찬미를 거듭해 왔다.

저명한 차문화 저술가인 유커스 또한 그의 저서『차 이야기The Romance of Tea』에서 "옛날 중국과 일본의 저술가는 차의 미덕에 대해서 많은 칭찬을 아끼지 않는다, 육체가 겪을 수 있는 거의 모든 병의 특효약이기 때문에 차 자체가 완벽한 약상자complete medicine-chest와 같은 것으로 알았다."라고 말하고 있다. 그런 덕분에 맹목적이든 의도적이든 차는 마실거리의 왕자로 군림해 왔다.

그러나 정작 차가 우리의 몸에 좋은 식품인 것이 과학적으로 확고하게 인정받게 된 것은 그들의 시대와는 한참 동떨어진 1992년 이후의 일이다. 식품 섬유나 5대 영양소에 이어서 여러 가지 종류의 폴리페놀이 발견되었는데, 특히 녹차에 500여 종의 다양한 화학 성분을 함유하고 있다는 사실이 점차 밝혀지고 그중에서도 폴리페놀 함량이 10~24%에 달한다는 것이 입증되면서 항산화 작용과 호르몬 작용을 향상시키는 유익한 식품이라는 것이 확인된 이후부터이다.

그와 같은 과학적인 확증에 따라 차는 기호음료에서 건강음료로, 기능성음료에서 웰빙음료로, 후생음료에서 보험음료로 그 위상이 대

약진하게 된다. 그러나 이는 결코 만병통치와는 다른 말이다.

이 세상 어디에 만병을 통치하는 약이 있겠는가. 차가 삼신산 불사약이 아니고서야.

모든 사물은 겉이 있으면 속이 있고 이로움이 있으면 해로움도 있듯이 절대선은 절대 존재하지 않는다는 것이 만물의 이치이다. 차 또한 그러하다. 차를 우려내는 방법과 체질, 마시는 시기와 양, 그리고 다른 먹거리와의 합성에 따라서 이롭기도 하고 해로워지기도 하는 것이다. 그럼에도 지금까지의 차는 이로움만 있고 해로움은 대부분 가려져온 것이 사실이다.

찬미론이 판치던 와중에도 북송의 소식은 「동파잡기東坡雜記」에서 차는 "양을 약하게 하고 음을 돕는다而消陽助陰"라고 하였다. 중국 의학에서는 인간의 생명을 천기天氣와 지기地氣, 즉 양기와 음기의 합기合氣로 만들어진 것으로 이 양기와 음기가 우리 몸에 있으면서 순환하는 과정에서 어느 한쪽이 균형을 잃으면 병이 된다는 음양순환론陰陽循環論의 이치에서 풀이하면서, 그는 세상에 차가 없어서는 안 되지만 사람을 해롭게 하는 것도 적지 않다고 하였다. 양이 적은 사람에게는 실이 되고, 음이 모자라는 사람에게는 득이라는 것이다.

또한 명나라 허차서許次紓는 『다소茶疏』에서 "차는 늘 마시기에는 알맞은 것이지만 많이 마시기에는 마땅치가 않다."라고 하였다. 명나라 말기의 약학자 이시진李時珍 또한 『본초강목本草綱目』에서 "연령과 체질에 따라 이해가 다르다."라고 하면서 이롭지 못한 경우를 구체적으로 설명하였다.

수년 전의 이야기이다. 티베트 소수 민족의 건강 상태 자료를 수집하고 있던 중국 후난성 의과대학 건강실험실팀은 놀라운 사실을 보고한 일이 있었다. 티베트 도부현道孚縣에서 740명을 대상으로 표본 조사를 하였는데 40세 이상 남녀의 73.53%와 51.2%의 아동이 불소중독증에 시달리고 있었다고 한다. 원인은 그들이 즐겨 마시는 보이전차普洱錢茶 때문이었다.

불소는 다른 식물에 비해서 찻잎에 압도적으로 많은 양이 함유되어 있어 차를 마시면 불소 성분이 인체의 치아와 뼈에 스며든다. 적은 양의 불소는 치아 표면에 에나멜질을 강화시켜 산酸에 대한 저항을 높여 충치를 예방해 주기 때문에 우리가 평소 사용하는 치약이나 수돗물에도 불소를 사용한다. 그러나 불소 자체는 독성 물질로서 과량을 섭취하여 인체에 누적되면 치아와 뼈에 발육 장애를 일으켜 치아가 얼룩덜룩해지며 골경화증, 척추와골증 등 뼈의 변화를 일으킨다.

도부현에 이러한 증상이 일어난 동기는 1959년부터 많은 양의 값싼 전차가 보급되면서 과도한 양을 마신 것이 지금에 와서 만성적인 불소중독증으로 나타난 것이라고 한다.

시중에서 판매하는 치약 갑을 유심히 보면 깨알만한 글씨로 된

'사용상의 주의 사항'이라고 적힌 곳이 있다. 거기에는 불소 함유량이 적혀 있고 6세 이하의 어린이가 사용할 경우 1회에 완두콩 크기의 소량을 사용하여야 하며, 빨아먹거나 삼키지 않도록 지도하고, 혹시라도 많은 양을 삼켰을 때는 즉시 병원으로 가서 의사와 상의하고, 치약은 어린이의 손에 닿지 않도록 놓아두도록 주의하고 있다.

차, 절대선일 수도 있다. 이 말은 적정량을 지혜롭게 가려 마실 때만이 적용되는 말이다.

좋은 물, 생명의 찻물

　우리 몸은 언제나 일정한 양의 수분을 확보하고 있어야만 한다. 1% 부족하면 목에 갈증을 느끼고, 20% 부족하면 죽음에 이른다는 말이 있듯이 인간은 물을 떠나서 생존할 수가 없다. 사람 몸의 60%는 수분으로 형성되어 있다. 갓난아기는 80%가 되나 일반적으로 연령과 성별, 지방량 등에 의해서 변화하고 나이가 들수록 수분을 잃게 되는데 고령자는 50% 정도까지 줄어든다. 수분 이외의 40%는 단백질, 지방, 뼈 등으로 구성된다.

　체내의 수분은 세포 내에 있는 세포내액과 세포 외에 있는 세포외액으로 나누어지는데, 체내 수분이 60%라면 세포 내에 40%, 세포 외에 20%를 함유하고 있다.

　물은 체내에서 영양소의 소화, 흡수, 운반이나 노폐물의 배설 그리고 체세포나 각 조직의 체액으로 중요한 역할을 하고 있다. 모든 것을 용해하는 성질이 있어서 혈액과 같이 온몸을 돌아다니면서 몸에서 일어나는 여러 반응을 주도하기도 한다. 또한 칼슘 등 미네랄을 용해함으로써 인체에 흡수되기에 용이하도록 모양을 바꿔 체내의 산소와 침투압의 균형을 유지시켜 주는 역할도 한다.

　물은 주로 혈액에 의해서 영양소와 산소를 온몸의 세포에 고루 운반해 주는 반면 노폐물과 이산화탄소를 배설한다. 따라서 체내의 수분이 모자라게 되면 혈액 농도가 높아져서 혈액의 흐름이 나빠지고 그 운반기능은 저하된다.

그뿐 아니라 체온을 일정하게 유지시켜 주는 체온 조절 기능도 한다. 많은 수분을 함유하고 있는 몸은 열용량이 많기 때문에 기온이 내려가더라도 체온이 잘 내려가지 않고, 또한 체온이 높아지면 땀을 배출하여 체온을 내려가게 조절하기도 한다.

인간은 1일 오줌으로 1~2리터, 땀이나 호흡 그리고 피부와 같이 감지 할 수 없는 곳으로부터 1리터전후, 변에 포함되는 수분 0.1리터, 모두 합하여 2~2.5리터의 수분을 배설한다. 그래서 하루 평균 배설하는 2~2.5리터의 수분을 매일 공급받아야 한다.

이를 수학적으로 풀어 보면 먼저 식사에서 1리터 전후를, 또한 야채나 과일과 체내에 있는 단백질이나 지방 등의 산화 연소에서 생성되는 대사수代謝水 0.3리터를 얻을 수 있으나 부족한 나머지 1.2~1.5리터는 음료수에서 얻어야 한다.

음료수를 마실 때는 1회에 많이 마셔도 전부 흡수할 수 없기 때문에 하루 분량을 여러 차례 나누어 마셔야 한다. 아침에 일어나서, 세 끼 식사 때, 입욕 전후, 일하는 사이사이, 운동할 때 수시로 마시면 된다. 우리가 일상 사용하는 컵의 경우 대부분 150ml 용량인 것을 감안할 때 하루 10잔의 분량이 되는 셈이다.

1945년 미 의학연구소 식품영양국의 연구 보고서에 의하면 매일 8온스227ml 잔으로 물 8잔을 마시는 것이 건강에 알맞은 양이라는 이른바 '8×8 이론'이 있으나, 2002년 미 다트머스 의과대학 하인스 발턴 박사는 미 생리학회 저널에 '8×8 이론'은 아무런 과학적 증거가 없으므로 목마를 때마다 물을 마시면 된다는 반론을 제기한 바 있다.

아무튼 생활 리듬에 맞추어 물을 섭취하는 습관을 들이는 것이 가장 현명한 방법이다. 목이 마르다는 감이 들 때는 이미 체내의 수분이 부족하다는 신호라는 사실을 잊어서는 안 된다. 탈수 현상이 생기지 않도록 즉시 물을 섭취해야 한다.

물을 섭취하면 소화 흡수가 잘되어 노폐물이 체외 배출이 되면서 신진대사가 원활해진다. 그뿐 아니라 물에는 긴장을 풀어 주는 긴장 완화 효과relax effect가 있다고 한다. 스트레스를 느낄 때는 사람의 혈관이 수축되고 혈액의 농도가 높아진다. 이럴 때 물 한 컵 마시면 개운해지는데 이는 혈액 순환이 원만해지기 때문이다.

인간은 물을 섭취하여 혈액을 순환시킴으로써 생명을 유지하고 정신적인 안정을 얻을 수 있는 것이다.

그러면 어떤 물을 마셔야 하는가. 어떤 물이 가장 좋다는 부러진 답은 없다. 그러나 일반적으로 생물학적으로나 화학적으로 좋고 미네랄 함량이 높으며, 수소 이온PH이 7.5 정도의 약알칼리성이고, 물에 산소가 녹아 있는 용존 산소량이 높은 물을 좋은 물이라고 말한다.

매일 보충해야 할 1.2~1.5리터의 물은 어떻게 충당하여야 하는가? 차를 통해서 일부 보충하는 방법도 하나의 지혜이다. 찻잎의 침출액과 물의 조합으로 창조해 낸 테라피 음료이기 때문이다.

차와 22,000이라는 숫자

차는 우리 인간에게 수많은 이로움을 준다. 다양한 효능 때문이다. 그렇다면 효능은 도대체 몇 가지나 된다는 말인가. 예로부터 차가 지니는 효능은 수없이 많은 것으로 전해져 내려오고 있다.

심지어 도교 설화에는 어느 나이 많은 본초本草, 지금의 약학 연구가의 이야기가 있는데, 그가 알고 있는 약초는 모두 84,000종으로 대를 이을 자식에게 약초의 효능을 전수해 오던 중 62,000종만을 전수한 채 죽고 말았다. 꿈에서라도 아버지가 나타나서 나머지 약초를 알려주기를 소망하던 아들에게 어느 날 그는 꿈에 나타나 "내 묘에 와 보아라. 그러면 나머지 22,000가지를 알 수 있을 것이다."라는 말을 남기고 사라졌다.

해가 밝자 아버지의 묘소를 찾았으나 거기에는 22,000종의 나무가 있기는커녕 이름 모를 가냘픈 나무 한 그루만이 덜렁 서 있었다. 아들은 이 한 그루의 나무를 왜 22,000가지의 나무라고 말했을까 하고 의아해하던 차에 "아! 이 나무에는 22,000가지의 효능이 있다는 것을 암시한 것이로구나."하고 깨닫게 되었다. 그 나무가 차나무였다. 그로부터 도가에서는 차나무의 효능을 22,000가지 나무로 말하게 되었다는 이야기이다.

물론 22,000가지나 되는 많은 효능을 가졌다기보다는 '아주 많은'

또는 '탁월한', '다른 초목에 비할 바가 아닌' 등의 의미를 과장해서 비유한 말일 것이다. 그 시대 도가에서는 노장의 과장법誇張法이 한창일 때였으니 그럴 법도 하다.

흰 머리털이 삼천 장이나 되네	白髮三千丈
시름에 지쳐 그같이 길어졌나	綠愁似箇長

이처럼 탄식한 이백李白의 「추포가秋浦歌」를 연상케 한다. 일 장一丈이 약 3m이니 흰 머리털이 9천 m나 되는 셈이다.

본초本草는 본디 신선 사상을 믿는 도사들이 불로장생의 효능이 있는 선약을 찾아서 헤매던 시기로부터 시작되었다고 보기 때문에 이상의 설화는 흥미로울 수밖에 없다.

차의 효능은 8세기 육우의 『다경』 이후 중국을 중심으로 꾸준히 연구되어 주로 질병에 대한 예방과 치유, 그리고 도교·불교와 접목되면서 보건음료이자 종교음료로 인식되어 왔으나, 음다 풍습이 점차 넓어지고 대중화되어 가면서 차의 비중은 약용에서 일상적인 기호성음료로 변화하였다.

17세기 중국에서 유럽으로 전파된 음다 문화는 때마침 일어난 유럽의 근대 과학을 만나게 되고 특히 19세기 전반기부터 그동안 베일에 가려졌던 약용식물의 성분이 하나 둘 밝혀지면서 차의 약효가 화학 물질에 의한다는 사실이 과학적으로 판명됨으로써 화학 성분이 차 품질을 가늠하는 척도가 된다는 것 또한 알게 되었다.

1820년 독일인 룽게Friedlieb Ferdinand Runge가 커피에서 카페인을 발견한지 7년 후인 1827년에 프랑스의 우드리Oudry가 차에서 카페인을 분리하는 데 성공하였다.

이와 같은 차의 단일 성분 분석을 이룩한 시점을 계기로 단백질의 구성 요소로 알려진 아미노산과 그 유도체, 비타민 C, 카테킨류 Catechins, 차의 향기 성분, 색소류 등의 허다한 성분들이 속속 밝혀지고 기능 과학의 진보에 힘입어 이제는 생활 습관병의 예방 등 기능음료로 눈부시게 발전하고 있다. 이를테면 스트레스 해소에 마시는 차, 두통에 마시는 차, 피부 미용 차, 머리를 맑게 하는 차, 입 냄새를 없애는 차, 신경통에 마시는 차 등 정말 22,000가지 비밀이 밝혀질까? 그렇다면 도가의 이야기가 과장된 말이 아니라는 것인가?

차 예찬론자들은 차를 천국의 식물이자 만병통치약이라 하였다. 1724년 니콜라스 브래디가 노래한 시「티 테이블」을 음미해 보자.

식물의 여왕을 칭송하자, 천상의 휴식을 찬양하자!
그대의 미묘한 힘을 어찌 다 말할 수 있으리오?
젊은이의 끓어오르는 격정과 열사병을 모두 진정시키는,
늙은이의 얼어붙은 혈관에 생명을 불어넣는,
그대, 경이로운 만병통치약이여
…

우리들의 다담茶談은

환희에 넘치고 교훈을 즐기네.

시간과 돈 낭비 말고 단숨에 마시자,

희열을 주는 건강 음료의 제왕을.

Hail Queen of Plants, Pride of Elysian Bowers!

How shall we speak thy complicated Pow'rs?

Thou wond'rous panacea to asswage

The calentures of Youth's fermenting rage,

And animate the freezing veins of age

…

Thus our Tea-Conversation we employ

Where with Delight, Instruction we enjoy.

Quaffing, without waste of Time or Wealth,

The Sov'reign Drink of Pleasure and of Health.